浙江省媒体传播优化协同创新中心支持项目
浙江传媒学院融合传播研究中心在研项目
浙江传媒学院新闻传播研究院研究课题

王文科 史 征◇主编

中国市县融媒体中心建设
研究报告（2019）

·MEDIA·

ZHEJIANG UNIVERSITY PRESS
浙江大学出版社

图书在版编目（CIP）数据

中国市县融媒体中心建设研究报告（2019）/ 王文科，史征主编. —杭州：浙江大学出版社，2019.10
ISBN 978-7-308-19658-1

Ⅰ. ①中… Ⅱ. ①王… ②史… Ⅲ. ①县—传播媒介—研究报告—中国—2019 Ⅳ. ①G206.2

中国版本图书馆 CIP 数据核字（2019）第 234703 号

中国市县融媒体中心建设研究报告(2019)

王文科　史　征　主编

责任编辑　李海燕
责任校对　董雯兰
封面设计　雷建军
出版发行　浙江大学出版社
（杭州市天目山路 148 号　邮政编码 310007）
（网址：http://www.zjupress.com）
排　　版　杭州好友排版工作室
印　　刷　杭州高腾印务有限公司
开　　本　710mm×1000mm　1/16
印　　张　15.25
字　　数　275 千
版 印 次　2019 年 11 月第 1 版　2019 年 11 月第 1 次印刷
书　　号　ISBN 978-7-308-19658-1
定　　价　60.00 元

浙江大学出版社市场运营中心联系方式：（0571）88925591；http://zjdxcbs.tmall.com

目　录

加强基层主流媒体建设的"尤溪模式"

福建省尤溪县融媒体中心主任、广播电视台台长　张　敏

为贯彻落实习近平总书记在全国宣传思想工作会议上的重要讲话精神和省、市关于推进媒体融合发展的工作部署，尤溪县在近年来探索传统媒体和新兴媒体融合发展路径的基础上，积极推进县级融媒体中心建设，开创和建构基层主流媒体建设的"尤溪模式"。

一、县级媒体融合改革的"尤溪模式"

尤溪县位于福建省中部，是南宋著名理学家、教育家朱熹的诞生地，县域面积位居福建全省县（市）第二，经济实力强劲，交通便捷，环境优美，旅游资源丰富，被誉为天然氧吧，是福建省会福州的后花园。

尤溪县融媒体中心矩阵平台和内设机构包括新闻、节目、运营三大中心、10个部室；1个指挥中心平台、2个高标清电视频道（新闻综合频道、城市生活频道）、广播电台（FM106.6）、尤溪新闻网、尤溪政府网及多个新媒体平台（"福建微尤溪"微信公众号、"尤溪头条"微信公众号、智慧尤溪APP以及头条号、企鹅号、微博号、抖音号等），并入驻央视新闻移动网（央视新闻＋APP）和福建广电IPTV。

作为尤溪县融媒体中心的中枢核心——尤溪县广播电视台，早在2005年就与广电局、网络公司分离，是福建省最早独立运作的县级广播电视台。2011年，尤溪县广播电视台合并尤溪新闻网，并开通了微信、微博等新媒体平台，确立了"新闻立台、影视兴台、人才强台、产业活台"的发展思路，尝试探索县级媒体融合改革路径。2016年6月，尤溪县政府注资5000万元，注册成立台管国有独资企业——福建省朱子文化传媒有限公司。公司从"承接大型影视项目、加大新媒体融合发展、整合尤溪相关资源、开发旅游文创产品"等方面入手，扩大经营区域和业务范围。在此基础上，尤溪广播电视台紧抓机遇，顺势而上，不断加快推动媒体融合发展，构建全媒体传播格局，全力推进县级融媒体中心建设。2018年9月21日，尤溪县融媒体中心正式挂牌成立。融媒体中心成

立后，从“技术创新、机制创活、内容创优、产业创效”四个方面入手，在全省乃至全国开辟了一条县级媒体融合改革发展的新路子，开创了独特的“尤溪模式”。

《光明日报》以县级媒体融合改革的“报春花”为标题，并配评论员文章“融合探索要经得起时间检验”，整版报道尤溪县融媒体中心建设做法；《中国新闻出版广电报》以“县级台也有春天”和“闯出县级台融合新天地”为标题，对尤溪台融媒体做法进行了报道；《文艺报》在评价尤溪台时说：作为县级电视台，他们在“敢于担当，勇于作为”的信念下，创造了“小舞台、大故事”的奇迹。2018年7月1日，中国电视艺术家协会在北京召开尤溪电视台精品节目研讨会，这也是中视协首次为县级台召开研讨会。“尤溪路径”引起业界广泛关注和研究并在全国得以推广。仅2018年就有来自全国600多家宣传部门和影视机构的2000多人前来参观考察。尤溪县融媒体中心主任、尤溪县广播电视台台长张敏也多次应国家广播电视局和相关部门邀请，到北京、河北、四川、湖北、海南、浙江、湖南、广东、江苏、山西、西藏、新疆、重庆等地以及本省举办的融媒体研讨会上交流经验。

尤溪县融媒体中心先后荣获“全国市县20强电视台”“全国县级十佳电视台”“全国推动城市创新・广播影视影响力机构”“福建省十佳影视创作机构”“福建省五四青年奖章先进集体标兵”“三明市先进基层党组织”等称号；《尤溪新闻》栏目被评为福建省县级“十佳电视新闻栏目”。目前尤溪县融媒体中心是中国市县电视台影视研发基地、福建省市县电视台融合发展实训基地、福建省电视艺术家协会创作基地、中国电视艺术家协会市县电视委员会福建分会、中国传媒大学培训学院融媒体内容生产实践基地、福建省广播影视集团县级融媒体内容应用中心、浙江传媒学院产学研实践教学基地，以及山西传媒学院、吉林艺术学院、三明学院教学实践基地。

(一)尤溪县融媒体中心指挥平台

媒体融合作为国家战略正在向纵深发展，无论对传播界还是政务界都是一个很重大的挑战。目前，尤溪县域内的主流媒体以县广播电视台为核心，整合县政府网、各乡镇县直机关网站、县委报道组、手机客户端、微博、微信等所有尤溪县域公共媒体资源，以此建成融媒体中心。

2018年9月21日，尤溪县融媒体中心正式揭牌成立。中心不仅融合了机构、人员、业务、平台，而且将媒体资源有效“融合”到具体工作环节中。通过“线上＋线下、政务＋服务、互动＋联动”的运营模式，形成“一体策划、线索汇聚、一次采集、多元生成、多端发布”的运行格局，打造以新技术、新应用为引领,以融媒体采编中心为核心,把电视台、广播电台、智慧尤溪 APP、网站、微博、微信融合起来,充分发挥“两台一端一网两微”的资源优势,运用大数据、云计算构建一体化融媒体中心,打造“思想工厂”的媒体智库。

1. 平台机构合而为一

尤溪县融媒体中心集采、编、播(发)于一体,多媒体统筹协调、多元化服务民生的中央厨房式矩阵发布平台,打造多位一体的新时代宣传新格局。

2. 内容生产融为一体

整合后的尤溪县融媒体中心,全力培养全媒体记者,每一个记者的采访,都需要根据新闻表达的不同要求为多个分发平台提供内容生产,在不同工作站完成编辑后的音视频、图文产品经过审核后,按照平台需要进行分发。

3. 指挥调度一键多发

尤溪县融媒体中心指挥平台,除固定设置了内容生产流程图外,还设置了“采访任务安排”“平台数据监测”“本周值班轮次”等动态调度内容,既利于流程管理,也促进各工作站对标进度。

4. 延伸发布渠道整合

尤溪县融媒体中心建设,还统筹谋划将县域内延伸的发布渠道进行整合,包括数字电视、农村广播、户外 LED 屏等资源的综合利用。同时,还以全媒体中央厨房为基础,将发布渠道延伸到县级部门、各乡镇、村(社区),充分聚合本地发布资源,实现传播效力最大化。

5. 创新引领产品之变

创新报道内容、报道方式和手段,将传统深度与新媒灵动相结合,打通短视频、H5、图表、直播、VR 等各种传播介质,让直播化、移动化和产品化成为尤溪融媒体报道新趋势。

尤溪县融媒体中心着力打造“智慧城市”服务,在“智慧尤溪”手机客户端推出了“智慧党建”“智慧政务”“智慧环保”等服务板块,打造掌上移动政务办事大厅;开通生活服务、移动支付、医疗养老等民生服务。此外,还开辟短视频等影视窗口。尤溪电视台还成功入驻“央视新闻+”APP,打造以移动直播和微视频为主要内容的移动融媒体新闻资讯“央媒平台”。

(二)融媒体平台的特色做法

围绕组织机构一体化、内容生产一体化、传播体系一体化的目标,尤溪县融媒体中心立足本土、着眼实际,在实践和探索中做出了自己的特色。

1. 体制机制灵活

打破原先各个平台各自为战的模式，实现平台、部门、人员、素材、资源的充分融合。一方面要“打通”，按照工作实际需要，全盘打通所有部门和岗位，进行重新定位，将传统媒体和新兴媒体“合二为一”；另一方面要“分开”，通过顶层设计，推动“事企分开”、采编经营“两分开”，逐步实现人员、岗位、业务资产、经费来源、日常管理等“五分开”，严格执行采编和经营分离制度。

2. 生产流程再造

改变生产流程的关键是重新再造新闻采编的整个流程，优化采编平台，通过融媒体中心指挥平台的统一调度，实现采访任务、记者队伍、稿件素材等的统一管理和运作，一次采集，多元生成，多平台分发。以县广播电视台为基础，整合县政府网、各乡镇县直机关网站、客户端、微信微博等所有尤溪县域公共媒体资源，建立集采、编、播(发)于一体，多媒体统筹协调、多元化服务民生的中央厨房式矩阵发布平台。融媒体中心，既是调度指令发布平台，也是内容生产发布平台。内容生产始终是媒体持续发展的核心。要在融媒体中心独立完成新闻、专题内容生产的基础上，再造内容生产流程，创新生产方式。建立一次采集、多元生成、多渠道传播的融媒体采编流程。

3.人才队伍优化

为适应融媒体中心建设需要，在人才配备上，要不断拓宽渠道：一是选一个有担当、敢创新、懂专业、能战斗的台长。二是在用人机制上必须打破身份的限制。不拘一格降人才，用能力和实力去衡量人才，而不是用所谓的“身份”来衡量人才。优化人才结构，在岗位调配上，务求人尽其才、适应发展，采取专职、兼职、协同等多种组织形式。三是启动人才引进机制。根据平台专业岗位的具体需要，加大新媒体编辑策划人才、专业运营人才、技术研发人才、经营管理人才等的引进力度，优待高级特优人才，给予最大的实惠政策。同时，加强人才的考核和激励制度。通过实实在在的绩效来对人才进行统一考核，做到有奖有罚、奖惩分明，大力支持和鼓励人才创新发展，吸引更多的优秀人才加入县级融媒体中心。四是加强人才培养，成立全能型人才学习兴趣小组，培养一支能采访、会写稿、懂编辑、善制作的全媒体人才队伍。

4. 技术核心攻关

融媒体中心要顺利地运转，技术是一大关键支撑。尤溪县融媒体中心是以县域综合智慧平台为建设目标，在本县域搭建一个综合性、智慧型平台，通过这个平台连接政府、县域各行业、县域各用户。指挥平台是根据县域的实际情况,根据我们行业的特点,由尤溪电视台的技术人员、业务骨干与技术公司共同研发,这是一套可操作、实用性强又有中长期规划的融媒体平台,真正符合县级融媒体中心的实际需要。为此,我们专门成立了技术攻关小组,研发设计融媒体指挥系统具有声话、视频和生产任务可视化的三维通信功能,可实现多屏互动、全流程实时掌控、调度以及云数据统计、分析等强大功能,在调度指挥、线索汇聚、内容生产、平台分发等方面皆进行统一管理和共享,为融合生产业务提供强大的技术支撑。主要特点:根据我们的需求,委托第三方开发软件,自己拥有融媒体大屏、采编一线、短视频、APP 程序的开发文档和接口标准,并能自行在平台基础上进行二次开发;所有的软硬件系统全部本地化部署,保障系统平台自主可控管理;相关数据内容都本地化存储,并由合作方做好安全配置工作,防止数据泄露。

5. 绩效分配提升

一线采编人员实行灵活的绩效工资制,革除"干多干少一个样"、吃"大锅饭"的痼疾。传统媒体由于传播渠道的原因,不能实现传播效果的数据采集,在绩效考评上难以充分考核生产的质量。融媒体中心建设突出的是新媒体,这为实施绩效评估提供了量化条件,通过组织全流程的质量评估,也进一步提升了媒体生产者的积极性,体现全员生产链的融媒体考评目标。为此,经尤溪县委县政府同意,尤溪县融媒体中心设立了专项人才奖励基金,拟对全能型的记者、编辑予以 2 万元/年的奖励。

二、县级媒体融合存在的几大问题

融合发展是融媒体中心建设的基本要义。首先是机构、人员、业务、平台的合并,这也是融合发展的前提;其次是将媒体资源有效"融合"到具体工作环节,即生产运营过程中的"融合"。真正的融合不是不同媒介的简单相加,而是不同部门、平台、资源、内容、人才等各方面要素的科学融合、有机融合,这对县级广播电视媒体而言并不容易。它既是机遇,又是挑战,面临着诸多问题和困难。主要有以下几个方面。

(一)认知不足、一知半解

媒体融合,必须要认识到的一点是:不论是哪一层次、哪一方面的融合,并不是简单的机构整合,或者合署办公,首先应该是各类新闻资源的融合。因为只有新闻资源实现了融合,才能够为舆论传播、媒介运营、应用功能等的融合提供基础。但是,事实上,目前不少地方所谓的媒体融合只是不同部门、机构的合署办公,挂上一块牌子,就摇身一变成了融媒体中心。这种融合往往是单纯地依靠行政指令形成一种“相加”的物理堆砌,其内部恐怕很难产生“1+1>2”的化学效应,甚至还有可能会影响各个机构原来的正常运转,对媒体融合并没有好处。

(二)一哄而上、不切实际

不少地方的普遍现象就是,一哄而上,大上快上。即使是一些省市中央级媒体的融媒体中心建设,也出现以“高大上”作为追求,在硬件上必须到位的问题。要有一个“大屏”,还要有一个占地面积很大的“中央办公区”。全国宣传思想工作会议的精神是很明确的:“更好引导群众、服务群众。”“要把握正确舆论导向,提高新闻舆论传播力、引导力、影响力、公信力,巩固壮大主流思想舆论。”

(三)人才不足、队伍不稳

近几年,传统媒体培养的骨干人才开始大量流失,一部分加盟民营企业,一部分到压力相对较小的国有企业从事公关、宣传等工作,还有一些选择自主创业。对于县级媒体而言,人才流失、人才队伍流动性大的问题则更为突出,除了上述原因外,县级媒体由于地域、经济、薪资等方面的弱势,还面临着省市等媒体、互联网媒体的人才竞争压力。县级融媒体中心的建设,人才是第一要素,没有人才,没有稳定的队伍,即使融媒体中心建立起来了,恐怕也难以运转。

(四)技术不均、难以使用

对于处在最基层的主流媒体而言,不论是内部还是外部,在技术布局上依然是很薄弱,存在技术人员、技术资金及技术创新观念等方面的弱势,一些低层次的技术问题以及产品性能不稳定导致的打不开、用不了等低级问题时常出现。就拿建设县级融媒体中心来说,大多数的县级还只能依靠第三方技术公司,以此来购买“大屏”,设计“中央办公区”,在技术上完全依靠他人,完全是“拿来主义”,甚至融媒体中心建立起来了,连自己都搞不清楚什么是融媒体,融媒体如何运转、如何使用、未来如何发展。

三、推进县级融媒体中心建设的几点建议

(一)加强认识,完善顶层设计

要坚持“党管媒体”原则,充分释放主流媒体的政治优势,要让政治强、作风正、懂媒体、懂宣传、懂业务的人来管媒体,在官方的新闻信息来源、稳定的新闻通讯队伍、特定的新闻资质和独家的采访权限等方面予以倾斜。鼓励一

些有能力的媒体巨头通过资本运作在“主战场”做大做强，对一些目前处于弱势的小众主流媒体也应给予适当扶持。

（二）着眼实际，贴地飞行

县级广播电视媒体开展媒体融合，应探索适合本地实际和本部门特色的组织体系，无论是为新媒体单独设置部门，还是将其融入新闻编辑部门，都应做到新媒体能与传统媒体采访、编辑有机结合，使之拥有广泛的新闻源和线索资源。县级融媒体中心建设最应该着力的是如何从自身的实际情况出发，发挥自身的优势，提升媒体传播力、引导力、影响力、公信力，真正贴地飞行，在为政府服务的同时，也为群众服务。

（三）建立科学的人才选拔制度

在媒体融合的条件下，县级媒体需要培养能写、能说、能拍摄视频和照片的全能记者，适应广播、电视、微信、微博、APP 等平台的不同需要，可以说对人才的要求更高、更综合、更全面。在人才选拔上，必须要打破人才的身份界限，实行竞争上岗，任人唯优，对表现特别优异的员工，破格提升，对表现不佳的，则适时调岗让位，形成“有进有出能上能下”的良性循环。通过人才退出机制，对绩效持续不理想的员工，进行内部调岗后仍然不适合岗位工作的，则果断进行劝退。同时，实行自主轮岗、换岗制度。

（四）打造技术领先型主流媒体

主流媒体应主动加强技术力量，结合自身发展规划，注入技术改革活力。注重优化生产流程，加强数据新闻生产、用户数据库建设，提高内容制作和信息处理的能力，为内容生产提供有效支撑。注重产品端的研发，通过大数据技术，更敏锐地把握用户需求，不断提高内容与受众的匹配性。有针对性地生产特色信息产品，做到量身定做、精准传播。

总之，县级媒体融合建设一定要以广电为主，要切合实际，不能盲目跟风，也不一定每个地方都要建大屏。县级广电媒体融合发展的“尤溪模式”其实很简单，那就是立足实际，练好内功，做好自己的主业和专业。最关键的就是做好“内容生产”的融合，实现更好地引导群众。一方面在技术上，联合研发、自主攻关；另一方面在人才上，培养全能型专业采编队伍。在做好“内容生产”融合的基础上，力争做好“服务功能”的融合，比如政务服务、便民服务，实现“更好地服务群众”。只有这样，才无愧于“举旗帜、聚民心、育新人、兴文化、展形象”的使命担当。

多领域拓展，全媒体联动

——县级融媒体中心建设和发展的“浏阳实践”

浏阳市融媒体中心党组书记、主任　王桃文

近年来，浏阳以习近平新时代中国特色社会主义思想为指引，认真贯彻落实中央决策部署和省、市工作要求，把融媒体中心建设作为落实意识形态责任制、壮大基层主流思想舆论的政治任务，作为宣传思想战线一项战略性、基础性工作来大力完成和扎实推进，加快实施机构、平台、项目、人才等深度融合，取得了媒体融合发展的阶段性成效。

一、融合发展基本情况

党的十八大以来，习近平总书记亲自谋划、指导、推动媒体融合发展。党的十八届三中全会提出，要整合新闻媒体资源，推动传统媒体和新兴媒体融合发展。从那时起，浏阳就因势而动、顺势而为，在“一报一台”体系完备、基础扎实、发展良好的情况下，自我加压，自我革命，启动全媒体建设和融媒体探索，寻找媒体融合的浏阳路径。

目前，原浏阳日报社和原浏阳广播电视台已整合组建浏阳市融媒体中心(以下简称中心)。中心拥有多个媒体发布平台和传播平台。一是拥有《浏阳日报》、浏阳电视台、浏阳人民广播电台等三个传统媒体平台。《浏阳日报》是湖南省唯一保留公开刊号的县市报，年发行量4.5万份；浏阳电视台是全国20强市县电视台；浏阳人民广播电台综合实力在湖南省内电台排名第五。二是拥有网络公司、无线公司、发射台等传输机构。浏阳有线、无线数字电视网络“全城同网”自主可控，拥有30万数字电视用户。三是拥有浏阳发布、掌上浏阳、浏阳网、微浏阳、浏阳995等“一网一端三微”新媒体矩阵。“掌上浏阳”APP是浏阳信息量最大、点击率最高、最受关注的综合信息服务平台，总点击量近2.8亿，下载注册量40万、日均点击量35万，总阅读量和传播能力稳居全国县市前茅，获评湖南十大最受欢迎移动应用软件产品，为全省县级唯一；“微浏阳”微信公众号总用户数25万，荣获“2018—2019全国新媒体最具号召力品牌奖”。四是拥有多个区域性合作平台和全国性节目生产发布平台,新闻宣传和产业经营网络覆盖全国。

二、融合发展的做法

中心坚持以全媒体调度为抓手、以媒体融合为基础、以手机APP为核心、以互联网技术为纽带、以用户需求为价值取向,在推进新闻传播全方位覆盖、全天候传播的基础上,注重媒体融合多领域拓展,深入推进媒体、区域、产业、项目、机构、人才等要素的深度融合,构建相互支撑、互为补充、持续完善的媒体融合生态链。

(一)实现全媒体调度

中心实施策、采、编、发全媒体调度,实现人员、内容、技术、渠道、市场等要素的融合发展。一是全媒发布。对报纸、电视台、电台及新媒体实施全媒体统一指挥调度,形成“一体策划、一次采集、多种生成、多元传播、全天滚动、全媒覆盖”调度机制。2019年5月,中心全面负责第十四届中国(浏阳)国际花炮文化节的宣传、策划和推广,传播总量突破4700万人次,创造了品牌节会传播的“浏阳现象”。二是融合经营。“大型活动举办专家”“专业视频提供商”“直播浏阳”三大品牌成为“中心”重要产业经营支撑。中心每年承办政府、部门、商家以及跨区域活动200余场,全程开展全媒体直播,“直播浏阳”品牌深入人心。坚持做“专业视频提供商”,每年制作宣传片、专题片150余件,业务辐射周边区县。将各平台广告发布集成打包,统一刊例,建立适应市场和受众的广告发布集群。三是媒资共享。以“掌上浏阳”为依托,建立融媒体大数据中心和“媒资库”,整合报纸、电视台、电台和新媒体平台媒资,收集储存各乡镇(街道)、市直部门和各行各业的数据信息,实现数据互联互通,利用“多端分发”技术,同步分发到各终端,构建完整的资讯传播链条。

(二)推进移动端融合

坚持“移动优先”策略,把“掌上浏阳”客户端的开发、建设、运用、推广作为媒体融合发展的“龙头工程”和主力平台,打造集大数据分析、“智慧城市”运营、新闻资讯发布等为一体的载体,提升引导群众、服务群众的能力。一是数据分析运营。浏阳融媒体大数据中心与浏阳市数据资源管理服务中心实现数据对接、资源共享。数据资源管理服务中心负责收集、管理、审核全市政务数据,融媒体数据中心负责数据储存、分析、发布和运营。发布的环保、交通、教育、医疗、扶贫等多领域大数据报告,助力科学决策。二是“智慧城市”建设。

在“掌上浏阳”建设“智慧城市”项目18个,政务信息类项目包括学习强国、掌上政务、天天学习、文明实践、智慧环保、智慧党建、E监督、智慧安监、掌上税务,生活服务类项目包括智慧教育、智慧停车、智慧旅游、智慧人社、和包支付、公益扶贫、12315、食药监、云保险,为市民提供互动式、体验式服务。2018年浏阳办理“最多跑一次”事项1.8万件,通过“掌上浏阳”办理的占比80%。三是新闻资讯发布。及时发布图文、视频新闻资讯,群众一键选择即可读报纸、看电视、听广播;95个市直单位、32个乡镇(街道)、5个园区在“掌上浏阳”开设政务板块,统一政务信息发布通道。

(三)延伸“媒体+”链条

县市媒体一直面临经营结构单一、产业链条短小等问题。“中心”立足资源优势,积极推进“媒体+”项目,拓展媒体与其他行业、产业的融合。开发“媒体+项目”。利用广电网络优势,承建“村村响”“天网”等市政重点信息工程项目,对全市所有医院和乡镇卫生院进行卫计专网建设和服务。开发“结对共建智慧乡村”项目,建设党员视频会议系统。“媒体+项目”有效提升网络通达率、渗透率和使用率,带动用户数量稳步回升和经营收入稳步增长。打造“媒体+教育”。创办艺术培训中心实体,开办小记者、小主持人和各类艺术培训班,每年培养1000多名小主持人和8000多名小记者。开发“在线教育”项目,将教育资源分发到每台电视终端和手机终端,让师生共享浏阳、长沙甚至全国名师优质教育资源,助推教育信息化、均衡化发展。撬动“媒体+商贸”。在电视端开发应用商店、在线游戏、电商平台等增值业务,实现用户从“看电视”向“用电视”转变。与中国联通全面战略合作,将资源相互置入、平台相互整合、业务共同营销,开辟网络发展新局面。开发“智能家居”项目,为客户量身打造智能家居产品。策划组织车展、家电节、家博会等商贸活动,提升品牌影响力。

(四)拓展跨区域合作

受人口、区域和经济体量等因素影响,平台少、影响力小成为制约县级媒体发展的瓶颈。“中心”既“立足本土”,又“着眼全国”;既狠抓“内”融,又拓展“外”融。一是成立湘鄂赣城市广播电视联盟。联盟成员台43个,《周边动态》和《行走湘鄂赣》栏目在联盟台的电视和手机“双屏”播出,覆盖3000万人口,充分发挥“中心”在湘赣边区域合作融合领域的引领作用,带动交流合作,拓展深化。二是成立湘赣边网络媒体联盟。以《浏阳日报》、浏阳网为主阵地,发起成立湘赣边网络媒体联盟,推动34个成员单位间的交流与合作。三是成立全国市县媒体手机直播联盟平台。全国85家成员台同步联合直播区域内大型活动，提升传播影响力，2018 年开展联合直播 12 场。四是设立中国市县电视台原创节目交流中心。2016 年，“中国市县电视台原创节目交流中心”落地浏阳，开发《联盟视界》栏目，330 家电视台会员和 280 家手机客户端“双屏”落地播出，覆盖 1 亿以上人口。五是设立中国供销频道节目制作中心。供销频道在浏阳挂牌设立“中国供销频道节目制作中心”，开设特色栏目《美丽神州行》《美丽乡村大舞台》，每日播出 2 小时，为全国市县台优秀原创节目实现上星和全国传播创造条件，同时“中心”参股供销频道经营，扩大跨域经营发展规模。

三、融合发展的成效

（一）舆论阵地巩固壮大

通过媒体融合，中心新闻生产能力、活动举办实力和作品创作水平获得极大提升。2018 年向上级媒体平台推送浏阳新闻 1300 余篇（条），党媒传播力、引导力、影响力、公信力显著提升。

（二）服务能力显著增强

通过全媒体获取新闻资讯，通过监督平台向政府部门发表建议、反映诉求，通过“智慧城市”项目办理各类审批手续，通过“在线教育”获取优质教育资源。目前，中心融媒项目已辐射到群众生产生活的诸多领域，较好地实现了引导群众、服务群众的目标。

（三）经营收入逆势上扬

浏阳媒体经营收入持续保持逆势上扬的良好态势。2018 年，中心经营收入达 1.86 亿元，同比增长 4.5%，其中媒体收入 8300 万元，增长 11.3%。近五年，经营收入累计增长 7176 万元，净增 62.8%，其中媒体收入累计增长 4302 万元，净增 108%。

（四）融合影响持续扩大

中心的探索得到国家、省、市行业主管部门和相关领导的充分肯定，中心的综合实力稳居县市媒体全省第一、全国一流。浏阳融媒经验在全国和全省融媒体中心建设研讨会上作为典型推介；中宣部副部长、国新办主任徐麟调研浏阳融媒体中心建设时，表示，“浏阳媒体融合是对融媒建设规律性的探索”；浏阳在全国县级融媒体中心建设现场推进会上作典型发言，被中宣部列入 59 个重点联系推动的县级融媒体中心建设县市；湖南省县级融媒体中心建设现场推进会观摩活动在浏阳举行，浏阳融媒经验和模式在全省推广；来自全国各地的168位媒体同行齐聚浏阳参加中心第一届融媒培训，共同“论道融媒”。

四、融合发展的体会

(一)党政重视是媒体融合发展的强力支撑

一直以来，浏阳市委市政府高度重视媒体发展，在政策、人才、资金等方面给予充分保障，筑牢了媒体融合发展的根基。特别是中央部署县级融媒体中心建设以来，浏阳更是将媒体融合作为深化改革的重大任务，按照“努力建成具有浏阳特色、全国领先的县级融媒体中心”目标，将“中心”建设工作作为“一把手”工程和宣传思想战线战略性、基础性工作，在资金、编制、机制等方面给予大力支持。党政高度重视，加快了发展步伐，蓄积了强劲动能。

(二)提升价值是媒体融合发展的根本目的

中心在推进媒体融合发展上，始终践行“贴牢党政、贴紧基层、贴近群众”的理念，坚持“党政满意、群众喜欢”的价值取向，通过“做强新闻、做精专题、做大活动”，提升媒体品牌影响力，充分发挥宣传舆论主阵地作用，充分彰显主流媒体引导力，有效带动事业产业的快速发展。

(三)融合创新是媒体融合发展的不二选择

中心深入研究、深刻洞悉新时期媒体发展趋势和动向，把握大势、锐意改革，为融媒建设赢得发展先机。在推进过程中，从传统媒体与新媒体的简单相“加”入手，逐步推进内容、理念、体制、技术、管理、人才等方面的深度相“融”，开创了媒体融合创新发展新局面。

(四)平台载体是媒体融合发展的关键要素

中心将拓展平台作为优化格局的关键，早在2015年就提出“建设全国影响力传媒”发展目标，明确“高清时代、直播时代、融媒时代、数据时代、上星时代和上市时代”发展路径，积极搭建新平台、创造新载体、拓展新业务、开发新技术。

(五)内生动力是媒体融合发展的不竭源泉

坚持以人为本，创新管理方式和激励机制，凝聚激发拼搏精神，彻底打破在编职工与招聘员工的身份界限，在全省县市一级率先实行媒体“企业化管理、公司化运作”，建立机动灵活的用人用工制度，实行全员绩效制；对特殊岗位的优秀聘用制人才采取最低薪酬保障制度。倡导做“奔跑媒体人”，设立创新案例奖、外宣创优奖，开展“明星团队”“十佳经营能手”评选，营造创先争优、赶超奋进氛围。

目前，中心正在加快融媒建设和发展步伐，全面推进新闻生产指挥调度发布中心（浏阳市新闻发布大厅）、大数据储存分析应用中心和智慧城市融媒项目集成展示中心等平台建设，致力于"出'爆品'、上央媒、创国优"，推动浏阳媒体融合工作在全国作出示范，为全国县级融媒体中心建设提供可复制、可借鉴的"浏阳样板"。

以“共”为抓手，纵深推进媒体融合

——金华广播电视总台“中央厨房”运行分析

金华广播电视总台党委委员、副台长　陈建飞

金华广播电视总台按照“融合方案广电化、融合机构实体化、融合平台集成化、融合内容特色化、融合保障机制化、融合队伍全能化”理念，于2017年底建成“中央厨房”并投入使用，实现实体化运行。作为先行先试的新生事物，“中央厨房”的运行，给新闻的“策、采、编、发、转”环节究竟带来了哪些改变，发挥了哪些作用，实现了哪些提升，达成了哪些效果？经过梳理，我们把它概括为“五个提升”。

一是融合意识提升。金华台的媒体融合目前是通过核心圈、紧密圈、协作圈、朋友圈，来规划统筹各平台渠道内容生产、信息发布、绩效考核以及分工合作。

核心圈为融媒体中心，由原来的新闻综合频道、都市农村频道和广众网、无限金华客户端整合而来，并实现在一个物理场所集中办公。紧密圈由民生频道群、电台及广电报组成，虚拟进入融媒体中心，暂未进入统一办公。协同圈就是与各县(市)台、各区新闻中心之间的友好合作。朋友圈则包括加入“中央厨房”的各个部门(镇、街)、企事业单位及有影响力的社会组织、自媒体等。

刚开始，对每天上午召开的“中央厨房”联席晨会，有的单位都不愿意参加。但现在每天早上的晨会已雷打不动，参会率高了，报题质量好了，各个宣传单位联系合作多了，新老媒体一起策划、一起布置、一起实施的意识强了。特别是广播“金广早新闻”和电视《金华新闻联播》之间的分工协作已越来越紧密、越来越顺畅。

二是采编效率提升。媒体融合促进了传媒生产力的释放，打破了传媒形态间的固有壁垒。新闻线索多了，“中央厨房”后台已具备一定的互联网内容抓取功能。同质竞争少了，内容生产从节目口各自为政，到初步实现统一规划题材，统一策划内容，统一分层传播。生产效度高了，通过晨会等制度，每天对广播电视及客户端首发内容的采集制作分配任务，各个宣传口协作采访、共享

题材的多了，做大重要题材，合并同类题材，避免老旧题材，避免了一些重复劳动和资源浪费。传播速度快了，由于各个口分工更加科学，任务更加明确，生产内容的传播更有针对性，也更有时效性。

三是产品质量提升。爆款增多，生产的作品越来越匹配新媒体传播。2019 年金华“两会”期间，金华台创作的作品有三件阅读量达到全网百万＋，这在以前是不可想象的。过去台内人员推送无限金华客户端作品时扭扭捏捏，现在推送的人明显多了，频次也高了起来。2019 年 5 月，《浙江新闻联播》与我台联合开展庆祝新中国成立 70 周年大型新闻行动——“一起翱翔”，经过全台动员一起推送，现场直播无限金华客户端点击量超过 22 万，微信公众号不到 24 小时阅读量达到 10 万＋。

四是传播效应提升。互联网新媒体带来的是传播格局的扩大、传播途径的增加及传播方式的改变。传统媒体的影响力在某种程度上说可能在下降，但我们主办的新媒体的影响力毋庸置疑是在持续上升，整个台的综合传播力更是在向上高扬。目前，金华台无限金华客户端装机用户数已超过 80 万，用户的开机率和活跃度明显提升。更可喜的是，传统广播各频率主要栏目的赛立信收听率、电视各频道主要栏目的尼尔森收视率止跌回稳、保持稳定，《名师零距离》《金华新观察》等栏目还有提高，有一档栏目甚至是 2018 年的两倍，最高值达到 2，这也是该电视栏目创办以来的最好表现。

五是广电形象提升。金华台“中央厨房”启用以来，前来考察参观者众多，从天南到海北，从圈内到圈外，从市各部门主要负责人到各县（市、区）领导，包括市委党校市管班中青班学员、市级离退休老同志等，仅 2018 年就有 280 多批次，被誉为“5A 级景区”。这对多年来缺少爆点的金华广电来说，有很好的宣传效应，极大地提高了知名度和美誉度。

在对金华台媒体融合工作所取得的成绩给予肯定的同时，也要对“中央厨房”的运行现状及所产生的效用有一个清醒的判断：不要期望过高，想着一朝蝶变、一步登天、一次解决所有问题；也不要妄自菲薄，认为“中央厨房”只是一个摆设、一个花瓶，是供参观展示用的面子工程。我们必须深刻地认识到，广电的媒体融合确实比报纸要更复杂一些，广电的媒体转型之路走起来要更曲折一些，广电记者转型全媒体记者的难度也更大一些。

切实把工作重心转移到新媒体上来，把媒体融合向纵深推进，不仅是口头上重视，思想上重视，认识上重视，而且是在工作上、政策上、行动上、体制机制上、人员配置上等各个层面，都要向新媒体倾斜，为其提供最有力的支撑。

在推进媒体融合过程中，横亘在广电人面前有三座大山，等着我们去攀登,去跨越,去征服。

一是受众这座冰山。我们广播电视的报道有多少人关注?我们的播音主持人有多少人认识?我们的收视收听率、我们的市场份额为什么逐年下降?我们做得这么辛苦,干得这么卖力,为什么受众还是无动于衷?冷冰冰的受众,我们触动不了,感动不了,搅动不了,更撼动不了。

二是技术这座高山。我们无法预测传播平台的终极形态是什么,我们不能判断自己生产的内容最终会以什么形式呈现。技术的高山上是什么,是鸟语花香,还是天坑黑幕?我们甚至不知道自己缺什么,更提不出自己需要什么。因为不懂技术、不会技术、不熟悉技术、不了解技术,所以要么不语,要么失语,要么乱语,或说些无关痛痒、永远正确的废话,或说些云里雾里、让人摸不着头脑的空话,或说些漏洞百出、让人取笑的外行话。

三是转型这座火山。为什么我们广播电视很多节目涛声依旧多年不变?为什么我们有些栏目主持人多年一面长生不老?因为我们没把握怕转型,没担当不想转型,没能力不敢转型,生怕转型打乱现有一切、吞噬现有一切。

当前像很多城市台一样,金华台在推进媒体融合向纵深发展中或多或少存在以下方面问题:氛围不浓,热情不高,指挥不强,机制不活,技术不硬,投入不足,人手不够,能力不精,考核不细,保障不足等。

推进媒体融合向纵深发展,目的是推动全台各种媒介资源、生产要素有效整合,让新闻传播效果最优化最大化,实现传统媒体与新兴媒体此长彼长、融合发展。“中央厨房”不仅要建起来、用起来,还要融起来、强起来,接下来,主要做好八篇“共”字文章。

1. 人心共融

人员的组合和空间物理上的并合是媒体融合的第一步,是形式、是表层。更重要、更深层的是人心上的“通”,只有心贴得更近、黏得更紧,这样才能鱼水交融,互为依存,不分彼此。

人心共融,主要解决一个认识问题,即对“为什么要推进媒体融合,建了‘中央厨房’能发挥什么作用”之类的问题有个清醒而正确的认识。

经过“中央厨房”一年多时间运行,金华台对媒体融合的认识有了很大提升,但这种认识有时候是被动、被迫的。现在,还有一些采编人员尚未确立融媒体意识,从单一媒体向全媒体转变的思想观念还没有完全到位,依然是推一推动一动,依然有你我意识、小我观念和本位思想。有的采编人员至今对“‘中央厨房’是谁的,与谁有关”的认识还很模糊,认为媒体融合是新媒体部门的工作,“中央厨房”是属于某个部门的,与自己没什么关系。这种认识显然是错识的。而事实上，媒体融合是一项全员工作，是一个系统工程，一个人都不能少，一个环节都不能缺，而"中央厨房"只是个演出舞台，用不用、如何用、用得怎么样，全看各个单位的自觉与主动。

2. 平台共建

"中央厨房"是一个多种传播媒体间互联互通、进行融合生产的平台。通过融合指挥部和生产线，采编人员在这里就能完成信息交流、采集制作、实时分发、协调调度等工作。这些功能的实现，既离不开每个采编人员的积极参与，也离不开一套管用有效、切实可行的运行机制。

共建平台的核心是流程再造。流程再造要发挥不同媒体平台的优势，兼顾不同媒体平台的需求。当前，要以"中央厨房"联席晨会为抓手，以实现"策采编发转"扁平化管理为目标，进一步将各自为政变成资源共享，更好地实现资源汇聚、集成、分发和控制，更有效地形成统一指挥、实时策划、快速采编、及时发布、轮次转发的整体运行体制。通过"核心圈"的提档运行，带动"紧密圈""协同圈""朋友圈"的有效跟进，共建"快速、高效、互动、共享"的融合大平台。接下来应切实提升"中央厨房"的信息抓取能力，加快"金彩云"平台二期项目建设，推进全台"策采编发"各环节统一使用平台，并适时向各县(市、区)及部门等开展业务输出和项目合作。

3. 资源共用

做广电传媒，单打独斗、互相隔离已行不通。现在应该追求的是整体宣传效益、综合传播效果。资源共用，强强联合，目的是优势互补，集合所有优质资源，让资源效益实现最大化。

一是节目资源的共用。必须看到，新媒体的资源整合优势是站在传统媒体这位巨人的肩膀上取得的。我们要变"被新媒体整合"为"整合新媒体"。现在的"中央厨房"，规划上主要有以下功能：指挥调度系统、文稿处理系统、融媒生产系统、舆情监控系统、全媒考核系统。这些系统对提升我们的内容获取能力、分析能力、整合能力、生产能力、传播能力，显然是有促进作用的。在这个平台上，电视、广播、网站、新媒体要各取所需、各展所能，对各类资源应用尽用、用足用好。

二是人力资源的共用。中央广播电视总台成立不久的首次融合之举，就是"广播人"第一次为《新闻联播》配音。如今三台主持人共同主持、共享重点节目资源、共享播发平台等已成为常态。这为我们如何共用人力资源提供了借鉴。

三是技术功能的共用。当前,金华台"中央厨房"和"无限金华客户端"已有不少新功能上线。"中央厨房"里的直播功能在"网聚新春"金华首届网络春晚和金华"两会"期间先后使用,取得不错的传播效果。而"无限金华客户端4.0"版本里的"星秀主播"早已可以使用,也曾对记者和主播做过培训,通过列入考核等措施,使用率开始高起来。未来,有必要下功夫研究推进怎样更好更大范围地发挥直播功能。

4. 内容共创

2018年3月2日,新华社"媒体大脑"自动分析"两会"舆情,从5亿网页中,仅用15秒就生产出第一条全国"两会"舆情热词MGC(机器生产内容)视频新闻,就连配音、可视化配图和视频剪辑都由"媒体大脑"自动完成。

内容的生产方式已经从专业生产、受众参与生产,开始进入到机器生产。内容的表现形态,也早已从文字、图片、单一音视频,开始演进到集3D特效、动画模拟、增强现实、无人机航拍、虚拟演播室、数据可视化等新技术新手段于一体的融视频。

应该看到,即便是最重视发展新技术的网络传播平台,对于优质内容,仍然在不遗余力地去挖掘,甚至是争夺。所以,我们要立足自己的优势,根据不同的受众对象、不同的传播渠道,坚持生产具有广电特色、适销对路的优质内容,这是在竞争中取胜的王道。2019年全国"两会",无论是中央媒体还是地方媒体,融媒产品爆款频出。如北京广播电视台融媒体中心精心策划制作了一款H5交互融媒体产品——《假如70年前有微信》。该H5通过当年有微信这一假设,将1949年首届政协会议上确立国号、国都、国歌、国旗等严肃的历史信息通过现代的技术创意展现给用户,内容选取不仅兼顾全面、准确,注重故事和亮点,而且将历史和现代相结合,做到了生动有趣,活泼严谨,互动性和参与感强,取得了良好的传播效果。这种"富创意""高颜值"让人惊艳的产品,显然是合作共创的成果!

当然,各个平台在共创内容的过程中,一定要尊重采编人员和主创人员的创作权、署名权。只要每个平台都有署名,对于记者来说,传播平台越多,影响也就越大,何乐而不为?

5. 应用共研

要达到好的传播效果,内容创新和形式创新缺一不可。新媒体需要技术的创新,"好内容+新技术"才能真正赢得新媒体的传播新优势,否则就会很快蜕变为"旧媒体"。要让技术革新为形态创新带来更多的想象力和爆发力。当然,形式上的突破有时候更难。如何运用融媒体技术,创新表达手段,通过集图文、短视频、直播、网页产品、线下活动等多元化传播介质"取悦"受众;如何在常规的文字、图片、音频、视频的基础上,融入动图、手绘、漫画、互动等新形式,特别是将 VR、AR、3D、H5、实时弹幕、移动直播等科技元素融入节目;如何探索网络用户喜爱的话语体系和表达方式,让我们的作品每次都能以新的面貌出现在受众面前,不仅充分传达信息,还能让受众喜闻乐见,有意愿分享和转发,实现节目的网络化转换,这是我们必须重点努力的方向。

目前,地方城市台的新媒体平台大多是第三方开发的,但我们也应有自己的网络技术人才,以改变目前"中央厨房"和"客户端"功能的开发完全依赖外包的现状,否则完全受制于人,会比较被动。

6. 渠道共享

在传播格局"去中心化"趋势日益明显、媒体结构越来越多样、受众需求越来越多元化的今天,我们的产品很难通过单一的渠道抵达所有受众,实现理想的传播效果。我们要适应多屏互动、分众传播、共享受众的媒介发展趋势,充分利用台内台外广播、电视、网站、微信、微博、客户端等各个传播渠道,实现单一渠道传播向立体化全媒体传播的转变,实现精准推送、精准抵达、精准传播,有效覆盖目标受众,以提升新闻传播力,提升广电的综合影响力。

一方面,金华台内各传播渠道在内容和推广上要实现互联互通,协同发力。如某媒体发布一条消息,其他媒体可以轮次推送,把全台各媒体的传播力极大化。另一方面,我们要跟台外各媒体特别是央视卫视及其新媒体加强合作,最大限度地落地扩大自身的影响力。我们还可以将电视节目碎片化处理,扩散到各细分领域的自媒体、拥有广大用户规模的社交媒体等多样化传播渠道,实现传播效果最大化。2017 年央视《辉煌中国》纪录片开播后,澎湃新闻全程参与,不仅在报道思路上自觉主动生产更多产品,扩大传播链,形成全方位立体宣传,而且活用包括开机屏、弹窗推送、原创 H5 动画、视频直播等在内的多种新媒体手段,精心组织策划了一系列原创评论及跟踪落地报道,在"两微一端"全方位推送传播,总点击量、转发量、阅读量过亿,传播效果显著。

7. 目标共达

宣传目标,创优目标,营收目标……脱离"你就是你,我就是我"的旧思维,升华"你成就我,我成就你"的小格调,实现"你就是我,我就是你"的大局观,树立全台一盘棋思想,达成你的目标就是我的目标愿景。

传播效果最大化是实现一切目标的基础和前提。我们身处媒体的每个人都要从各自的职责出发,为全台宣传事业、经营发展作出自己的贡献。媒体融合需要一专多能、多专多能的复合型人才,需要记者能熟悉运用各种新媒体技术,编辑也要新老媒体兼顾,能够吸收消化“中央厨房”软件系统功能并运用于采编流程。对此,既需要总台及时安排对一线采编人员进行培训、提升,并能积极引进互联网思维和新媒体人才,更需每个采编人员自觉地学习提升、主动地转型发展。

8. 利益共赢

金华台媒体融合的目标是“力争在 2022 年建设成为舆论引导更强、新闻服务更优、产业发展更好、体制机制更活,拥有显著社会影响力和市场竞争力的地市级新型主流媒体”,切实实现习近平总书记强调的提升我们媒体的传播力、引导力、公信力、影响力的目标。这一目标的实现,是建立在各宣传口传播能力极大释放、传播水平极大提升的基础上。在推进媒体融合发展的关键时期,千万不能忘了广电自身品牌的打造,不要忘了我们的初心和本源。毕竟广电独有的影响力和公信力才是广电事业发展的根本保障。

总之,我们要继续边实践、边探索,边研究、边落实,边总结、边提升,以期走出一条具有金华广电特色的媒体融合创新发展之路。

融媒体时代县级台新闻宣传的方略探究

河南省鹤壁市淇县广播电视台副台长　王金萍

当下，新媒体的冲击使传统媒体的优势几乎荡然无存，如何保持电视受众的收视率，促动电视媒体尤其是基层电视台的变革已经迫在眉睫。

随着互联网新媒体快速发展，人们通过微博、微信、APP 网络客户端，全时全程全方位获取大量信息，随时随地随意网上阅读和收看影视节目已成为一种生活的新常态，这种快速、便捷、灵活的接收传播方式，既极大拓展了人们的阅读和获取信息的途径，又带来了生活的快节奏。对此，广电媒体的传播方式在全媒体时代背景下的未来在哪里？我们认为，与新媒体深度融合，才能适应当今全媒体时代发展的要求。

一、伴随着信息技术产业的不断革新和强力推动，新媒体传播以前所未有的手段和方式影响着现代人，电视、报纸、电台等传统媒体“江湖老大”的地位已受到严重冲击

不可否认，区县级电视台在新媒体的冲击下呈现了诸多问题，进入了危机阶段，很多的棘手问题造成了当前的困境。

1. 专业人才匮乏

很多区县级电视台半路出家年龄老化的从业人员占比很高。前来应聘的人员干一段时间后觉得区县级电视台平台小、待遇低，往往另谋高就。区县级电视台几乎成了上级电视台的培训流转基地，“高薪聘不起，自培留不住”的现象一再发生，造成了人力资源匮乏。

2. 节目质量不高、内容陈旧

由于区县级电视台的资金、人才、设备等条件的限制，高质量的节目不多，创新节目更少。新闻类节目大多存在报道程式化、概念化，结构相似、内容平淡、语言生硬等现象。

3. 采编设备落后

区县级电视台的资金主要由政府财政支出,只能保证电视台的正常运转,要想靠政府财政投入更多的资金购买设备是非常困难的。采编设备落后带来的最直接影响就是节目拍摄、制作质量不高。

4. 新媒体的冲击

新媒体的冲击让电视收视率明显下降,受众群体也在减少。由于新媒体传播速度快、便捷、互动等优势明显,更多的人习惯于通过手机了解新闻信息,习惯于用手机在各大视频网站上观看电视剧和电影。

5. 广告创收微弱

随着新广告法的实施,区县级电视台对广告进行了清理和整顿,加之其覆盖区域本身就很小,所以广告创收的空间并不是很大,基本上没有多少收入。

这些都是当今区县级电视台遇到的重重困境,由此可见,想要办好一个区县级电视台是多么不易。加之在新闻这条"腿"上,新的格局正在猛烈冲击传统媒体的思维模式,无形当中将处于基层的区县级电视台带入了更大的困境。

二、县级电视台要实现与新媒体的强强联合与深度融合发展,要从根本上解决制约媒体融合发展的"瓶颈",要加快培养造就一支政治坚定、业务精湛、作风优良、党和人民放心的宣传队伍

1. 认清形势,更新观念

习近平总书记发表的《关于推动传统媒体和新兴媒体融合发展的指导意见》,为广电媒体今后发展指明了方向。

从业人员要敢于直面媒体融合发展带来传媒格局深刻变化的现实,摒弃过去"老大"的架子,转变传统陈旧思维,特别是台领导和中层干部,要在认识上有新飞跃,在创新上有新突破,在整合中有新见解,才能按照党中央关于推动传统媒体和新兴媒体融合发展的部署,借助新媒体的技术优势,提升电视节目的传播竞争力。新闻舆论工作者要在围绕中心、服务大局中找准坐标定位,牢记社会责任,不断解决好"为了谁、依靠谁、我是谁"这个根本问题。要努力提高业务能力,勤学习、多锻炼,努力成为全媒型、专家型人才。要转作风、改文风,俯下身、沉下心,察实情、说实话、动真情,利用互联网传播有思想、有温度、有品质的高质量信息,把党的新闻舆论工作做得更好、更扎实。

2. 学习借鉴新媒体长处

新媒体是近年来用户发展较快和特别受年轻人追捧的媒体，它具有不受时间、地域的限制，快捷灵活的优势，在信息传播行业中异军突起，体现了传播手段先进和有技术上的优势。

作为电视新闻工作者，既不能高枕无忧，更不能盲目跟从。首先要有学习新知识、新业务的态度，学习借鉴新媒体信息传播的短、新、快的特点，通过互联网客户端、微信、微博平台，把互联网变成传播新闻信息的渠道，在实践中谋求媒体融合的深度再造。要建立灵敏的指挥和调度平台，改善新闻采编和生产流程环节，实现新闻素材一次采集、多种生成、多元传播，实现广电新闻信息的广覆盖，扩大广电媒体的节目覆盖面和收视人群。同时用平等、开放的心态对待新兴媒体，用专业、特色的水准生产新闻，用贴心、细致的服务传播信息，最终实现载体和内容上的同步融合，深度融合，互联互通，创新宣传工作的方式方法，做强做大主流新闻媒体。这样，既遵循了新闻传播规律，又借助外力，达到了与新媒体融合共赢的目的。

三、传统主流媒体需要从自身实际出发，主动求变，积极推动与新媒体的融合，并借力新媒体促进传统媒体发展，对症下药，制定对策，用不断的创新实践，探索打造开放型全媒体融合平台的发展之路

媒体融合发展是巩固宣传思想文化阵地、壮大主流思想舆论的必然要求，是增强主流媒体传播力、影响力、竞争力的重要途径。传统主流媒体需要从自身实际出发，主动求变，积极推动与新媒体的融合，并借力新媒体促进传统媒体发展，对症下药制定对策，用不断的创新实践，探索开放型全媒体融合平台的发展之路。

习近平总书记 2016 年 2 月 19 日在党的新闻舆论工作座谈会上强调，要推动融合发展，主动借助新媒体传播优势。要抓住时机、把握节奏、讲究策略，从时度效着力，体现时度效要求。结合总书记讲话精神，笔者认为，只有从实际出发，制定对策，对症下药，才能实现有效融合。

要把顶层设计放在首位。媒体融合，第一步要进行顶层设计。我们都知道，在体制内媒体中，一项改革或者举措能否顺利实施，领导层的决心和信心最关键。这样就可以解决融合目标不清晰的问题，实现步调一致、合力成事，正所谓观念引领行动，认识推动实践。

四、传统媒体要实现融合发展,必须利用新技术搭建平台,打造多个传播渠道,在此基础上,重视内容建设,坚持“内容为王”,将内容通过跨媒介平台立体化全媒体传播,进一步树立品牌,扩大影响力

在这个媒体融合的新时代,县级电视台尽管屡遭挑战,但也遍地生机。只要找到正确的定位,发挥其自身独特优势,顺应时代发展要求,同样可以立于不败之地。

在新媒体的冲击下,我们应该积极转变观念,加大与新媒体的合作,统一步伐,扩大舆论的覆盖范围,产生强大的传播效应。

1. 成立新媒体运作创新机构,建立公众微信服务平台

积极运用新技术,开通公众微信号服务平台、手机客户端,实现多路径传播,让电视产品更好地为用户服务。电视与用户双向互动,因为有了公众服务平台,将更加直接方便,话题推送将使电视产品深入人心,接地气。

2. 技术是支撑,内容是根本

不管传播技术如何发展,但激起社会反响的还是内容。所以,互联网时代还是“内容为王”的时代。

3. 打通关节,优化资源配置

整合县级媒体资源,对于地方新闻报道而言,便是一名记者出去采访后,将稿件进行资源共享,电台、电视台、网络等同步发布。

我们应深刻认识到,无论技术、环境如何变化,马克思主义新闻观、新闻真实性是应该遵循的永远不变的基本原则。渠道、技术的改变丰富了信息传播和接收的方式,传播渠道的丰富也增加了对新闻产品的需求,这些作为外力推动着内容制作的改变,凸显了新闻产品的制作与开发的重要性。对于传统媒体来说,“内容为王”是对改革发展提出的全面要求。党媒迎接全媒体变革,实现媒体融合,不是放弃而是扬弃,要持续做好现有工作,增强内容提供能力。媒体要想保持竞争力,必须注重原创、做精品,推出有思想、有深度、有温度的内容。

4. 必须服务于社会改革发展与稳定大局

改革开放以来,我国新闻事业获得了长足的发展,已成为我国社会的“雷达”、公众舆论的“晴雨表”、民主政治的“推进器”,体现着我们国家和民族的思维能力、精神状况和文明素质;新闻媒体在我国政治、经济、社会、文化生活中

所发挥的功能和作用日益增强。但是也应该看到,我国新闻宣传工作也面临着一系列新课题。比如,面对我国社会利益格局、社会关系、价值观念、生活方式、文化模式、社会控制机制、社会承受能力等诸多方面的深刻变化,对现代信息发达的法治社会新闻传播规律还缺乏系统探究,新闻的采集报道方式创新不够,新闻媒体趋同现象依然存在,新闻的时效性不强,对受众阅读需求了解得不细,媒体受众定位模糊。又比如,一些人把"新闻自由"看成是资产阶级的专利,看不到我国的"新闻自由"与西方新闻的根本差别,更看不到社会主义"新闻自由"是社会主义精神文明的组成部分。有些地方,害怕媒体监督,对有些事件和问题,不及时向媒体说明事实真相,一味地采取"封锁"或"捂盖子"的简单做法,结果往往延误了时机,造成了不良后果。针对这些情况,新闻宣传工作需要不断改进,才能更好地满足人民群众的信息需要,尊重人民群众的知情权,才能更好地为党和政府的大局服务。我们的新闻自由,是建立在客观事实基础上的,而不是凭主观意志,想怎么自由就怎么自由。

5. 发挥和广大人民群众的桥梁纽带作用

设置议题是媒体的基本功,也是核心竞争力。尤其在人人都有麦克风的信息时代,信息的传播和获取非常便捷,主动设置议题、提高新闻舆论引导能力是新闻媒体面对的重要课题。

新闻工作的职责和使命是:高举旗帜、引领导向,围绕中心、服务大局,团结人民、鼓舞士气,成风化人、凝心聚力,澄清谬误、明辨是非,联接中外、沟通世界。在2016年记者节前,习近平总书记提出"四向四做",勉励广大新闻工作者坚持正确政治方向,做政治坚定的新闻工作者;坚持正确舆论导向,做引领时代的新闻工作者;坚持正确新闻志向,做业务精湛的新闻工作者;坚持正确工作取向,做作风优良的新闻工作者。2017年11月7日,习近平总书记在致中国记协成立80周年的贺信中,希望广大新闻工作者坚定"四个自信",保持人民情怀,记录伟大时代,讲好中国故事,传播中国声音,唱响奋进凯歌,凝聚民族力量。

媒体融合是渐进的,需要不断统一思想、提高认识、付诸实践。传统媒体与新兴媒体融合发展必须要抛开浅层次的组合,进行实质性的推进、全方位的融合,把新闻产品创新、体制机制变革、优势资源整合、人才转型升级等工作一步一步贯穿始终。这样才能打造出新型主流媒体,构建好传媒新格局。

总之,作为新时期的县级广播电视台来说,必须树立正确的舆论导向,将视角对准农业发展、基层服务等,突出地方特色与本土化发展,增强与受众的互动,发挥群众的力量,争取创办更多精品栏目,在激烈的媒体竞争中发挥优势,获得持续性发展。

改革传统媒体运营机制，实现由各自为政向资源集中共享的转变

——宜春市广播电视台融媒体平台建设初探

江西宜春市广播电视台党组书记、台长　张　敏

推动媒体融合发展，是巩固宣传思想文化阵地、壮大主流思想舆论的战略举措。融合发展，关键在融为一体、合二为一、合多为一，要尽快推动传统媒体之间，以及传统媒体与新兴媒体之间，从相“加”阶段尽快进入相“融”阶段。

宜春市广播电视台贯彻落实习近平总书记关于加快媒体融合步伐的系列重要讲话精神，顺应当前媒体发展趋势，秉承“唯改革者进，唯创新者强，唯改革创新者胜”的理念，按照“解放思想，转变作风，融合媒体，争创一流”的目标，把创新融合作为广播电视台发展的活力和动力，转型融合初见成效。宜春市广播电视台依托优势资源，自主研发的赣西媒体云融媒体平台投入使用，该平台发挥大数据、云计算的先进技术，上通省级台的赣云，下将全市各县市区新闻资源融合成为一张网，实现了内容、用户、技术、数据和传播平台的深度融合，平台统筹了全市宣传系统的传播源头，让受众离现场近些、再近些。一部手机，就是一双眼睛；一个客户端，就是一支笔；人人都是记者，人人都在现场，大屏小屏的互动，新闻故事直播化、主题宣传网络化、电台电波视频化，实现了分众化推出的新型传播方式，强大的传播力在区域彰显出来。2018 年，宜春台在中央电视台《新闻联播》上稿 48 条；在江西电视台发稿 1100 条，其中在《江西新闻联播》发稿 694 条，发稿数量和质量均比上年有大幅提升。

一、搭建和优化网络平台

坚持正确的舆论导向不放松永远属于新闻舆论工作过程中的核心与灵魂。在地方上，作为党的主流媒体，其权威性和公信力仍然在于要及时发出“主流声音”、构建“主流叙述”。同时，由于网络技术和数字技术的裂变式发展，以及舆论环境、媒体格局的颠覆式变化，新闻舆论工作更需要创新理念、工作方法、工作内容以及工作体裁等，不断增强其针对性以及实效性。因此，加

快推进传统媒体和新兴媒体的融合工作，已经成为全国各级媒体深化发展的重要一步。

在前期整合电视台、电台、新媒体所有新闻有生力量，做强拳头新闻栏目，集中报道资源和技术，打造电视新闻综合频道、电台新闻综合频率和两微一端统一发布的新闻矩阵的前提下，宜春市广播电视台按照初级的中央厨房式的“一次采集，多次生成，多元分发”的模式，打造了全省地级市首个融媒体平台。“赣西媒体云”融媒体平台已实现了本台广播、电视、网站、报纸、手机终端全媒体传播矩阵，成为地方台打造新型主流媒体、用新技术抢占舆论高地的一个新平台。该平台是集信息收集、舆情研判、采访调度、记者写稿、编辑审核、图像回传、节目串联、报纸和网络新闻编辑、新媒体制作推送、大数据处理等功能于一体的融媒体集群平台，通过该平台，宜春市广播电视台“赣西媒体云”实现了如下功能。

（一）融媒集群管理系统

不仅能够实现宜春台自己的电视、广播、广电报，以及新兴媒体“两微一端”各平台的信息共享、资源共享、数据共享，还可以实现同宜春下面10个县市区电视台，甚至各个合作单位的平台共享，打通了宜春全市信息资源制约的共享瓶颈。目前，宜春广播电视台基本实现了广播、电视、报纸、网络内容共享，形式多样、各具特色、全媒互动。宜春手机台新闻APP先后与宜春学院、宜春职业技术学院等大中专院校合作，并按制播分离的要求，组建新闻专业师生采编队伍，为平台提供稿源；积极加强与行政事业单位合作，让政府部门为平台及时提供政府各种公共信息资讯；运用新媒体平台展示各县市区经济、社会发展新成就，“宜春手机台”开设了“县市区频道”，各县市区电视台设独立端口，自行上传本地新闻和资讯，形成了立体式、多渠道信息资源的平台共享。

（二）移动采编管理系统

统一采集新闻线索，集中加工，多平台分发，实时监控后台数据。前方记者实现与指挥中心的实时沟通、交流、传输。支持在后台实时查看记者的位置，遇到突发新闻，可以根据定位为记者指派任务。记者可以通过这个系统进行移动办公，报线索，抢线索，提交稿件和图片、音视频。指挥中心可以指挥记者采访、搜集素材等。

（三）多媒体采编播系统

实现以各种新兴技术为手段的文字、音频、视频多媒体内容的同步生产制作，并实现分发渠道的同步进行，在融媒体平台上真正实现了“一次采集、多元生成、多渠道发布”的传播目标。依托“赣西媒体云”移动直播微信平台,我们自办的直播活动每场的点击量都是上百万,同时新闻传播量多了、速度快了、覆盖面广了,极大地提升了传统媒体的影响力。

二、让平台实现共享、服务中心

(一)实现网络平台全覆盖

宜春台官方网站于2018年7月27日顺利上线,并更名为“宜春网络广播电视台”。手机APP客户端更名为“宜春手机台”,于9月29日正式上线。8月5日开通了台官方抖音号“宜春广播电视台”。11月中旬接手运营市委宣传部官方抖音号“宜春发布”。加上已有的官方微信公众号、官方微博号“宜春广播电视台”,强大的新媒体传播矩阵已经形成,实现了网络平台全覆盖。

为彰显电视的视频优势,将全台各套电视节目全部放上了网站、APP和微信公众号,实现24小时不间断直播。两套广播频率实现了视频直播,听友们既可以听广播,还可以看广播。此外,本着“移动优先、直播优先、短视频优先”的原则,着重对微信公众号的功能进行了强化,新增微电视、微直播和微互动三大功能,实现大屏小屏互动,大型活动网络直播一键进入,“微互动”架起主流媒体与网民之间的沟通桥梁。另外,为把宜春台《民生周刊》的内容放上小屏,积极与方正公司进行端口对接,12月已经实现手机电子报功能,至此,宜春台广播、电视、报纸、网络四大媒体平台实现全面融合。

(二)注重内容建设,做大影响

网站、APP、微信公众号三大宣传阵地紧跟市委、市政府中心工作和宣传舆论热点,注重发布的及时性、准确性和本土性,在全市各项重点工作、重大活动中,新媒体做到第一时间发声、发力,形式多样、内容丰富。截至目前,宜春网络广播电视台共发布视频新闻4889条,约14674分钟,发送图文资讯类稿件127篇;宜春手机台发送视频图文稿件9072条(篇);微信公众号发稿1253条(篇)。

(三)注重原创,打造精品推文

整合全台资源,注重网络推文的策划和原创,组织发布了一批具有影响力和传播力的推文。2018年7月26日,宜春台微信公众号推送的《幸福!宜春开启“天真蓝”模式,你被get了吗?》一文,引发大量网友转发和评论。8月7日,微信公众号推出的《记者暗访市车管所 窗口工作人员“慢、庸、散”问题明显存在》一文,社会反响强烈,阅读量达10万+,点赞1300多条。《城南少年》

是一首完全由我台员工自编、自导、自写、自唱、自制的宜春民谣，7月28日在台微信公众号首发，受到网友热捧，点击量达12000多人次。

三、平台的融合到人员的融合

配合“赣西媒体云”融媒体平台建设，我们建立健全新媒体考核管理制度，利用台新闻采编队伍的“双重身份”，记者全员转型全媒体记者，下发全媒体稿件任务，记者日常采访工作的同时接受新媒体责任编辑调度安排，采回稿件做到一次采集，多元播发。

当然，媒体融合发展不会是简单地相加，对于传统主流媒体来说，要实现深度融合，就需要打破原有的体制、机制、人员和结构，这是一次洗礼，也是一次浴火重生。在目前改革的基础上，宜春市广播电视台实行高效、可持续的融媒模式，实行“三个统一”，实现“三个转变”，以求达到最终的深度融合效果。

(一)“三个统一”

一是统一身份。除保留重要时政口记者、深度报道记者和名栏目编辑精英团队外，将其他部门全部打通，人员身份均为广电全媒体记者。二是统一指挥。所有记者全部进入融媒集群指挥中心，统一指挥，统一调度，所有稿件全部进入融媒集群“新闻超市”，供电视、报纸、网络和新媒体根据各自的特点抓取选用。三是统一考核。集团成立大考核部，重新制定分值体系，按照稿件质量和传播效果比如点击率、阅读量等考核打分。记者采访的新闻，以新媒体采用稿为主进行基础分值评定，再根据电视、报纸、网络选用情况进行加权计分，选用次数越多加权越大。

(二)三个“转变”

一是记者从单一型向全媒体全技能型转变。组织对记者的新闻素养特别是新媒体技能进行多次培训，实现从单一摄像、文字记者到文字、图片、音频、视频、VR运用及制作的全技能记者转变。二是工作重心从以电视、报纸为主向做精电视、报纸到做活新媒体转变，以新闻报道的内容为主，实现“移动优先、直播优先、短视频优先”。宜春新闻、广电报保留重要时政口记者和优秀评论人员、优秀编辑、名栏目编辑精英团队，负责从融媒体集群平台上精选编发新闻，做精做强宜春新闻，守好主阵地。其他人员优化组合进入一线、进入新媒体，采写新闻、创造亮点。三是工资结构向优质稿件和优秀创意策划倾斜。考核标准量化到新媒体点击率和点击量上，用受众欢迎程度来决定稿件的优质程度。

赣西媒体云融媒体平台目前已入选国家广电总局项目库,该项目还被评为全国广电科技进步奖二等奖和“王选”奖。该平台不仅是一个全媒体的信息汇集和生产、发布平台,下一步还将整合宜春市三级媒体机构(广播电视台和报社、区县电视台、记者站等)及媒体资源,打造强有力的宜春市媒体集群,同时将承担更多的社会功能,从新闻传播平台拓展成为功能更强大的社会服务平台、智慧平台和经济平台。

时代的发展和技术的突破,将会不断改变媒体传播的方式。但无论何时,主流媒体都是舆论引导的主阵地、引领人们思想的主力军。主流媒体不仅要做时代的追随者,更应做时代的引领者,要在把握当前媒体传播规律的同时,研判未来媒体传播的趋势,用高瞻远瞩的思维,通过融合发展,开疆拓土,引领人们的思想,引领时代的发展。

“接地气、聚人气、融直播化”是民生新闻栏目的突围之路

——江油台《民生直通车》融媒体直播版的启示

四川江油市融媒体中心主任、江油市广播电视台台长　陈爱民

四川江油市融媒体中心采集部副主任　庞　锟

四川江油市融媒体中心副主任　罗见茂

“读者在哪里，受众在哪里，宣传报道的触角就要伸向哪里。”在融媒体时代，只有具有“三贴近”特点的广播电视栏日才有价值生存下来，只有能接地气、聚人气，能真正贴近群众从而能引导群众、服务群众的新闻节目才能得以生存与发展。它们既高效履行宣传报道职责，又能给融媒体中心、广播电视台带来良好的社会效益和经济效益。

直播，是贴近受众的重要传播形式。过去的十多年里，直播方式也是江油广播电视台取得良好社会、经济效益的重要手段。电视现场直播、广播现场直播、网络现场直播等多种形式，使江油台创收能力名列四川全省县级台前茅；在栏目数量、节目质量水平上走在全省县级台前列，并取得了一系列让江油台“百人团队”引以为傲的成绩和荣誉：近几年荣获中广联、中视协和四川省政府节目奖 30 余个；荣获省“五个一工程奖”2 项；全省广播电视十佳主持人两届共 20 人入选，其中江油台就拥有 2 名；江油台的发展经验被省局《四川收听收看》总结并向全省推广，并入选《中国广播电视改革与创新》（中国广播电视出版社 2018 年版）；江油台被中国视协市县委授予“全国市县电视台二十强”称号、江油电台被中广联市县委授予“全国十佳县级广播电台”称号。这其中，每年多达 60～120 次的节目演播室直播、现场电视直播、广播直播、微直播等多种直播方式功不可没。

直播，也催生了一系列新媒体平台。因为融媒体时代的直播，靠电视直播的“单打独斗”是伸展不开拳脚，也吸引不到粉丝和受众的。于是，江油台先后推出了“两微一端”和网络电视台，形成“一广（电台）、一电（电视）、一网（江油传媒网）、三微（直播江油、阳光调频 FM976 微信公众号和江油电视台官方微

博)和一端(i江油APP手机客户端)"五个单元组成的本地最大综合媒体平台。其中,《直播江油》微信公众号最高曾列全国100强周排名第19位。

于是,融直播,即融媒体条件下的多平台直播成为了传统优势栏目的突围方向。江油台的节目受到群众喜爱和好评,最重要的一点是能接地气、聚人气,包括拍摄多部集本土电视连续剧、栏目剧,包括拍摄大型纪录片《豫江情》为代表的纪录片、微电影、微视频。而长期受观众青睐的新闻节目,是集中在全国、全省多次获奖的民生新闻栏目《民生直通车》。该栏目是江油台的两档新闻栏目之一,是江油台于2009年5月在作为四川汶川地震重灾区之一的江油纪念地震一周年时,经报请江油市委市政府同意后开设、推出的,属于四川省县级台最先单独开设的民生新闻栏目,随后几年受到省内一些兄弟县市的借鉴跟随。而今,在融媒体时代,如何让传统新闻节目黏住老观众、多吸新粉丝、焕发新光彩?2018年8月31日,在经过长达半年多的充分酝酿讨论和认真筹备之后,《民生直通车》融媒体直播版终于正式诞生!并在短短的11个月中,创造了节目点击量从起初"1万+",到"30万+"、"40万+",最高达到"52万"的传播力(浏览量)增长佳话,这成为一个民生栏目通过融媒体直播实现华丽转身的成功案例,成为县级传统媒体借助融媒体直播勇敢突围的有效路径。

一、创新做法与实践

江油市广播电视台《民生直通车》创办于2009年5月12日,距今刚好10周年。节目以"采用平民视角、站在百姓立场、评说生活事件、体现人文关怀"等特点拉近了与观众的距离,深受观众的喜爱。开播多年来,一方面得到了领导、业界专家和各界群众的一致好评和认可,民生节目主持人多次乘坐出租车被认出"享受"了免费打的待遇,一位特别喜欢该栏目的民营企业家无条件赠送价值8万元的民生新闻采访车一辆;另一方面,《民生直通车》频频在全国、省级获奖,成为广大观众津津乐道,好评度、影响力、收视率最高的王牌新闻节目。

然而今天,在新媒体迅猛发展的冲击之下,在电视节目收视率因为有线用户锐减而塌方式下滑的"窘况"之下,传统民生新闻节目如何重获年轻受众的青睐、重续昨日的辉煌?答案只有一个:改版,走媒体融合之路,走与"两微一端"相融之路!于是,以什么为改版突破口成为摆在民生节目采编人员和台领导面前的一道难题。经过多轮讨论和酝酿,《民生直通车》融媒体直播版于2018年8月正式开播!在每周一至周五的民生新闻中,选择周五这一天的《民生直通车》进行融媒体直播,每期时长50分钟,这既是一档新闻栏目的直播式改版，又是全台媒体融合的一次试水，更是县级传统媒体与新兴媒体融合的一次探索与创新。

（一）创新做法之一——题材新颖，内容“接地气”

贴近受众、贴近生活，关注焦点、不漏热点。无论传统媒体抑或新兴媒体，内容为王仍是王道，选题选材仍是关键。直播版开播以来，一是标题新颖吸引眼球；二是内容丰富而准确，既有普遍关心的生活话题《关于停车难那些事儿》《江油停车收费是否乱象突出》，又有病患关心医疗急诊问题的《记者蹲守急诊24小时的发现》；既有身边市民养犬纠纷引发的话题《文明养犬还有多远？》，又有因成都七中食品安全引发网络舆情和江油家长关注的《舌尖上的安全！筑牢校园食堂安全“防火墙”》；既有体现正能量的江油《多彩三八节魅力半边天》，又有反映民工回家的《民生直播：春运，温暖回家路》……这些题材广泛、关注民生焦点与热点的话题，带着当事人的亲身感受，带着记者的同感体验，带着媒体的温度与深度，走近受众，感染受众，使人备感亲切。

（二）创新做法之二——直播吸粉，现场“聚人气”

“可看可听＋现场感受＋沟通交流＋礼品馈赠”，引发节目得到越来越多的受众追捧，人气集聚一浪高过一浪。每场直播都会根据话题、人物、事件的需要安排新闻现场4G连线。通过4G连线，让观众能够更直观地了解到主持人与新闻当事人的“场景互动”，直接观察到更多的新闻现场，让画面更有立体感，观众有身临其境的感觉。演播室里设置的大屏幕上，线上线下的观众都可以用微信短信随时表达自己的观点，现场主持人随时在屏幕上的观众留言中选取短信进行点评、答问和抽奖。现场直播拉近了场内场外、线上线下、电视观众与“两微一端”受众的距离，拉近了电视主持人、记者编辑同粉丝的距离。同时，由于节目的火爆也引发商家的热情，每期节目都有商家事前“慷慨解囊”，提供单份价格在几十、几百乃至上千元的礼品馈赠观众，更是“火上浇油”，让观众热情更高。受众在网上预约，争先恐后报名，每场数以万计的粉丝想做现场观众到演播厅参加直播体验，积极性之高、人气之旺盛，超过了该栏目设计之初的想象。

（三）创新做法之三——答疑帮忙，融“引导＋服务”于节目之中

推动媒体融合，主要目的在于更好地引导群众、服务群众。《民生直通车》直播版是一个节目直播平台，更是一个通过现场多平台直播实现“引导＋服务”的实践平台，既有新闻资讯、舆论引导服务，又有解惑解困、答疑帮忙功能。每场都会邀请新闻事件的当事人（或目击者）、有关方面的专家（如律师、教师、

医生、民警等)作嘉宾。如在2019年1月11日的《民生直通车》周末直播版中,当期直播主题为《集结江油最强反诈骗联盟,滚蛋吧！骗子!》,其中除了前期拍摄的反诈骗知识,还邀请了公安反诈骗专家、银行、通信工作人员组成最强反诈骗联盟作客直播间与主持人参与话题互动,分析案情、识破骗局、挽回损失。现场4G连线中坝派出所民警,模拟演示被诈骗后如何报警,该期直播点击量超过了30万,让更多的人通过观看直播,直观、形象地学到了反网络和通信诈骗知识,达到了教育群众、引导群众的目的。

二、成效与反响

一是受到受众热捧,社会效益明显。“走,赶快报名到江油台演播厅!”“《民生直通车》周五(直播)版更好看了”“我想给《民生直通车》爆个猛料”“为江油台民生直播点赞”……《民生直通车》直播版推出后,好评如潮、观众如潮、参与馈赠的商家如潮。每周五晚6点直播,时长50分钟左右,一周一期,一期一话题,题题受欢迎。2018年8月31日开播第一期,截至完稿播出了40期。第一期开播点击浏览量仅仅为16485,从第六期开始节目点击浏览量从2万到5万、10万、20万、30万、40万节节攀升,2019年5月24日的直播突破了50万的点击量。据统计,已播出的40期节目总浏览量为83万多,平均浏览量逾20万,最高浏览量520095。同时广播电台、微信微博、网站、抖音、手机等多平台影响力互相支撑互相延伸的影响力也已初见,互相转发、互相传播、互为延伸,有时甚至呈爆发式、裂变式增长。如在抖音平台,一位民生主播喜欢发抖音,其中一个单条就有6800多万点击量,点赞62万多,下载5万多次,留言1.4万多条。目前几位主持人抖音粉丝量已经达到数十万。

二是经济上初见成效,浏览量将逐步“变现”。不断抬升的传播力、影响力不仅引来越来越多的粉丝,也引来越来越多的乡镇、机关及企事业单位的强烈关注,众多商家看好这一商机,积极主动联系栏目组参与礼品馈赠,众多医院、学校、企业等单位纷纷表达与《民生直通车》栏目合作的意愿。在坚持新闻宣传与经营活动两分开原则的前提下,经营上利用这个平台加强商家潜在广告宣传效益的合法合作创收的前景广阔,目前已签订合同金额数十万元,成为江油台广告收益、专题片收益、活动收益之外的又一优势创收平台。

三、经验与启示

启示之一:题材与内容依然是关键。选好题材,“内容为王”,仍是民生新闻栏目转型的首要课题。好的题材、好的内容在于栏目采编和主持人要善接“地气”，巧蹭“热气”。民生节目要讲好民生故事、传播民众声音、引领舆论导向、引发民众共鸣、破解民众难题。要做到这些，民生节目的栏目采编和主持人还必须有敏锐的眼光和过硬的本领，真正需要不断提高“四力”水平，即“脚力、眼力、脑力、笔力”，方能抓题材快、抓热点准、抓内容实，持续受到受众喜爱、粉丝追捧、领导好评。

启示之二：传播方式务必移动优先。选择直播方式，是因为直播更有直观感、现场感、参与感，还有亲临直播现场（演播厅）或网上得到专家、主持人互动反响后的荣誉感、获得感。江油台“两微一端”移动平台与电视直播现场的紧密呼应和互为支撑、补充，形成了一个融媒体条件下的民生传媒生态圈，搭建起了民众与政府、民众与媒体、民众与企业、民众与民众之间的桥梁和纽带。只有在融媒体直播条件下，只有在移动优先的前提下，才能达到这样的社会效益和和谐效果。只有这种电视栏目直播与新媒体平台相联、相撑、相融，电视台多平台融合的整体优势也方能初见端倪。

启示之三：采编人员“四力”培养非常必要。融媒体节目中，人是最重要的因素。在融媒体时代，要突破以往电视新闻重内容轻形态、重生产轻传播的局限，实现从内容传播到内容营销的视角转变。要把节目当做产品，把观众当做用户，创造足够多的场景优化电视新闻传播，让用户与正在播出的内容互动起来。所有这一切转变都需要“人”来实现。而这个“人”字的核心，在《民生直通车》直播版中，就是该栏目的策划（编导）、主持人、多个现场的采编人员，每个角色定位都需要高素质、高能力的人员来完成，需要“脚力、眼力、脑力、笔力”俱佳的人才来完成。所以，在继续坚持“走、转、改”和“三贴近”原则的同时，积极组织好“四力”教育活动，培养大批适应融媒体事业发展的新型人才，才能使电视和新媒体节目越做越好，融媒体平台传播力、引导力、影响力和公信力越来越强，融媒体事业发展越来越壮大。

媒体融合背景下的广电媒体转型路径探析
——以诸暨市广播电视台为例

浙江诸暨市广播电视台融媒体生产指挥中心常务副主任　康　伟
浙江诸暨市广播电视台融媒体生产指挥中心记者　胡正涛

当前，随着媒体生态环境的快速变化，受众的接受方式也在发生改变，各种新媒体平台的兴起让传统媒体经历了前所未有的“生存危机”。在这样的时代变革中，媒体融合成了不可逆转的发展趋势。面对变革，对于广电媒体来说，要继续唱响主旋律、打好主动仗，就必须紧跟时代发展潮流，优化完善自身的体制机制，借助媒体融合的大势来推动自身转型。

诸暨市广播电视台无论是在新闻业务还是产业经营方面，都矢志走在全省乃至全国县级台的前列，长期以来都是省内县级台中的“模范生”。在媒体融合的大趋势下，诸暨市广播电视台于 2017 年 12 月在单位内部推动媒体融合，成立了融媒体生产指挥中心，将原先各自为政的广播新闻、电视新闻和新媒体新闻的采编队伍进行整合，以此来实现一次采集、多端分发的融合传播新模式。经过一年半时间的实践，对广电媒体如何应对媒体融合这个大课题有了一定的经验积累和操作积淀。

一、注重内容建设，赢得发展新优势

广电媒体作为主流媒体，是意识形态工作的主阵地，必须要把正确的舆论导向放在内容建设的首要位置。在互联网时代，一般的内容都已经不再是稀缺资源，更不要说是“独家新闻”了，但是有思想深度、有独到认知价值的优质新闻依旧是稀缺品。如何深耕这一领域，需要的是专业素质优良的采编队伍、权威的政府信息来源渠道以及完善的采编播联动流程等，这些都是新媒体平台无法比拟的天然优势。

所以，作为我们广电媒体，要利用自身的天然优势，在融合发展中汲取新媒体的传播优势，打通传统端和新媒体端的采编播流程，做有专业性、有思想性、有温度的新闻产品，用真实权威、客观深邃的报道来服务和引导受众。

这两年来，以弘扬主旋律为己任的传统主流媒体正经历着前所未有的冲

击。有的认为主题报道以宣扬成绩为主难以做出花样，按套路做就行；有的认为传统媒体受冷落，缺乏创新动力；有的认为新媒体要有点击量，必须弄些“标题党”或“花边新闻”来博取关注。如此一来，服务中心工作的主题主线报道就成了被动应付的“硬任务”，这将直接造成舆论引导的不力甚至导向偏离。面对这种困境，诸暨市广播电视台依托融媒体生产指挥中心，牢牢坚持“新闻立台”的理念不动摇，以“广播电视端迈向高质量移动端打开新空间”为抓手，内容与渠道创新并重，将主题报道作为拳头产品，提高质量和分量，突出故事性、可看性，实现大屏小屏互动，传统媒体和新媒体的融合立体传播，有效增强了主题报道的传播力、影响力、引导力和公信力。

例如2018年是改革开放40周年，如何全景式呈现40年来诸暨改革开放的成就？诸暨市广播电视台融媒体生产指挥中心在展示成就的报道中，舍弃了气势宏大的长篇叙事模式，而是以镇街地域为单元，抓住最具特色的元素作为切入点，既有改革开放以来具有标志性意义的老典型，更有精心挖掘践行习近平新时代中国特色社会主义思想、体现新时代改革特色的新典型，通过新老结合，让40年来具有标志性意义的成就呈现在屏幕上。这组系列报道，从标题上就可以发现创新上的良苦用心，如《店口：一块铜的“魔变”》《山下湖：一颗明珠“点亮”百姓生活》《璜山：一家工厂到一个块状“小配角”衍生大产业》《次坞：一碗面“打”出的富民产业》等等。围绕一镇一品一产业，从百姓身边的典型说起，具象而亲切，这样的策划思路和报道布局，更能引发观众的共鸣和“带入感”，以故事性、思想性增强影响力、引导力。立足地域单元、直击改革痛点、精选采访对象、创新报道形式，全景式书写诸暨改革答卷。每一篇报道在广播、电视《诸暨新闻》播出的同时，都在“诸暨视听网”和“视听诸暨”微信平台上，以“图文＋视频”的方式头条推出，有13条报道的阅读转发量突破“10万＋”。《美翻了我的镇》《我奋斗我幸福》《夏天的绽放》等传递诸暨精神的人物自述式报道，也同样在新媒体平台推出，吸引更多网友参与二次传播，每条阅读量平均过万，最高的近5万，实现了主题报道融媒体传播的新突破。

二、创新传播方式，“融”占渠道新高地

习近平总书记曾经在网络安全和信息化座谈会上指出：“互联网是一个社会信息大平台，亿万网民在上面获得信息、交流信息，这会对他们的求知途径、

思维方式、价值观念产生重要影响。"[①]互联网的发展带来新媒体技术的不断迭代,这给信息传播方式带来了很大的变化,也给广电媒体带来了很大的冲击。

随着媒体融合的深入推进,传统广电媒体的新闻生产模式已不能满足受众的个性化需求。这就需要我们广电媒体利用好自有的新媒体平台,充分运用好新媒体的传播优势,建立起完善的媒体融合传播机制,以此和受众建立起信息传播的新渠道。

在此基础上,我们在实践中,应该在广电媒体占有优势的主题主线的报道中,突出"融合"效应,改进报道形式,推出不同产品,立足移动优先和用户体验,在新媒体平台上打开新空间,实现多层次、多渠道传播。尤其是要通过全新的传播方式来影响更多的年轻受众来关注我们的传播内容。面对新课题,诸暨市广播电视台融媒体生产指挥中心在常规的新媒体部的基础上成立了"新媒体产品攻坚小组",抽调中心内部各部门的力量组成一个项目团队,在重要新闻事件发生时合力攻坚,推出有特色的新媒体产品来实现线上的有效传播。如在绍兴市委常委、诸暨市委书记徐良平到诸暨履职的第一天,前方记者快速将干部大会上的内容反馈给后方,"新媒体产品攻坚小组"即时响应,3位新媒体创作骨干分头落实,在当天制作出"@徐良平书记"这一主题突出、互动性强、大家乐于传播的H5新媒体产品。此条得到大量转发,尤其是很多年轻受众积极留言,放大了传播效应。同时,这个"新媒体产品攻坚小组"还负责短视频的策划和拍摄,将广电媒体的优势和新媒体传播的热点有机结合起来,也吸引了很多"年轻粉丝"。如在2018年8月召开的诸暨市委十六届四次全体(扩大)会议上,绍兴市委常委、诸暨市委书记徐良平以"三不相信试试看、石板道地掼乌龟、小布衫里脱出"三句诸暨方言,凝练出诸暨人"创新、实干、担当"的三种精神,引发强烈共鸣。为更好地传递新时代的诸暨精神,"新媒体产品攻坚小组"制作了三个短视频,通过三个典型的诸暨人的故事来快节奏地诠释三种精神,每篇的阅读转发量都超过"10万+",而且都有很多有见地的留言,形成了强大的传播力。

此外,在新的传播环境下,新媒体直播成为趋势,诸暨市广播电视台还依托浙江广电集团"蓝媒号"和"视听诸暨"两大平台,让直播常态化,并打造了一批"爆款",如:诸暨市人民法院"猎狐行动"打击"老赖"的专项行动中,单个平台直播就吸引了60多万网友在线观看,突破了两大平台直播参与人数的新纪

① 习近平谈治国理政(第二卷)[M].北京:外文出版社,2017:335.

录。2019年以来，还对庙会上的非遗、花海经济、美丽乡村游等进行了十多场直播。当前，围绕“乡村振兴最美暨阳”系列直播活动启动后，已接连推出了李子采摘、蜜梨采摘、荷塘赏花等三场直播，每场参与人数均在20万以上，展现了我市各地农民喜庆丰收的场景和投入乡村振兴的信心。

三、抓好服务延伸，开启发展新篇章

除了新闻主业，在新媒体不断发展的当下，如何在媒体融合的大潮中用好大数据，是广电媒体做好延伸服务的有效抓手，更是广电媒体开启发展新篇章的重要转型路径。

“当今世界，科技进步日新月异，互联网、云计算、大数据等现代信息技术深刻改变着人类的思维、生产、生活、学习方式，深刻展示了世界发展的前景。”[①]这是习近平总书记对于用好大数据的重要性的一个重要指示。

很多广电媒体都有经营电视传输系统时积累的技术优势和网络优势，这就为其用好大数据提供了基础。所以必须要紧跟大数据的发展趋势，积极布局，推进原有网络与本地数据平台的资源整合和开放共享，以此来延伸更多的服务内容。

以诸暨市广播电视台为例，其在全市拥有27个基层镇街广电站，在全市有着一张完善的传输网络，在这样的基础上，用好大数据成了诸暨市广播电视台在媒体融合征程中的一个新任务。这几年，诸暨市广播电视台深度参与诸暨“数字城市”建设项目，已经拥有了覆盖全市的摄像头、光纤网络和无线网络系统，建成了“智慧城市大脑”的基础工程。而这一基础工程的建成，为诸暨市广播电视台今后建立“媒体＋政务＋服务”提供了条件，为融媒体生产指挥中心从单一的新闻宣传领域向城市管理、民生服务等领域延伸夯实了基础。

如诸暨市广播电视台已经在全省率先探索开通“用电视”的功能，依托大数据平台，市民在收看电视节目的同时可以在电视端上操作电视遥控器来在线办理信息查询、政策答疑、申报审批、自主办事等各类服务，给受众带去了实实在在的方便，从而让他们与广电的联系更加紧密。

今后，诸暨市广播电视台还将重点打造融媒体“中央厨房”，计划与公安、城管、市场监管、医保社保等相关部门深度合作，打通信息共享渠道，通过电视端与大数据平台的深度融合来助力城市管理和社会管理的服务延伸。

---

① 习近平致国际教育信息大会的贺信[N].人民日报，2015-5-24.

参考文献

[1] 陈仲明.与省联手共建县级融媒体中心的探索[J].视听纵横,2019(3):4-5.

[2]李岚.电视媒体融合发展的高度、深度、广度[J].新闻战线,2019(11):111-113.

浅论县级融媒体中心人才队伍建设的困境与对策

广东开平广播电视台台长　何铭游

广东开平广播电视台副台长、高级编辑　李永建

2018 年 8 月 21 日至 22 日，习近平同志在全国宣传思想工作会议上指出，“要扎实抓好县级融媒体中心建设，更好引导群众、服务群众。”[1] 2018 年 9 月 20 日，中宣部作出部署，要求 2020 年底基本实现县级融媒体中心在全国的全覆盖。[2] 主要依托县级广播电视台建设的县级融媒体中心正成为新时代治国理政新平台，县级广播电视台迎来了前所未有的巨大发展机遇。

继续坚持内容为本，重构节目传输渠道，打造深度融合的新媒体平台，已经成为县级广播电视台涅槃重生的必然选择。县级台的这一轮融合发展充满希望，也面临许多困难和挑战。要把县级融媒体中心建成主流舆论阵地、综合服务平台和社区信息枢纽，除了需要各级政府财政持续的资金投入外，更依赖媒体复合型、创新型的人才支撑。人才紧缺是制约县级融媒体发展的重要因素。熟谙新媒体生态的管理、采编、营销人才的匮乏凸显为制约县级广播电视台融合发展的最大瓶颈，当下，县级广播电视台若要守住阵地，重获生机，必须剖析正视人才队伍疲弱的深层次原因，革除积弊沉疴，实施人才强台战略，内强素质，广纳英才，深入融合发展。

一、县级广播电视台专业人才匮乏，人才队伍整体薄弱

1983 年 3 月 31 日召开的第十一次全国广播电视工作会议，提出了四级办广播电视的方针。[3] 在这一方针指引下，全国近 2000 家县级电视台如雨后春笋般应运而生。30 年后，大多数县级台已辉煌不再，随着社交新媒体的强势崛起，县级广播电视台的生存空间受到前所未有的挤压，人才队伍素质的高下不等加剧了县级广播电视台的分化。如浙江长兴、江苏邳州、湖南浏阳等少数台在精英团队的率领下，改革创新，融合发展，闯出一片新天地。但这样的明星台屈指可数，大多数县级台因为缺乏新型人才支撑，转型、融合发展困难

重重,创收每况愈下,有些台沦落到员工要讨薪维权的窘境。

2016 年,《中国新闻出版广电报》推出“走进县级广播电视台”系列报道,记者深入吉林、河北、山东、福建、江西等省的一些县级台采访,对县级台人才队伍状况作过一次调查。调查显示,县级广播电视台大都存在员工整体素质不高、优秀员工难招难留等困境,这严重制约着县级广播电视台的生存和发展。[4]具体来说,县级台普遍存在以下三个方面的人才短板:

1. 管理队伍缺乏复合型领军人才

火车跑得快,全靠车头带,那些既懂宣传,又懂营销,熟悉新媒体发展规律的复合型领军人才,在县级台一将难求。固守计划经济时代官媒的经营之道,不适应媒体变革的新生态,专业化领导力软弱,则无法引领县级广播电视台走出困境。

2. 采编队伍缺乏全能型拔尖人才

县级台和大台的最大差异是节目品质的差距。采编队伍的素质决定了一个台的节目质量。全媒体时代对采编人员又有了更高要求,对全能型的媒体拔尖人才,县级台求贤若渴。没有出色的采编播人才的示范引领,节目质量得不到保障,内容为王也就落不到实处,其公信力、影响力势必受到制约。

在县级融媒体中心建设的当下,各台普遍缺乏一支能够适应媒体融合发展和互联网平台运营,涵盖内容生产和技术支持等多种专业能力的人才队伍。

3. 营销队伍缺乏企业经营型人才

县级台在融媒发展时代普遍缺乏具有营销思维、用户思维、互联网思维的商业运营、企业经营型人才。在广播电视广告经营断崖式下滑的严峻形势下,一些广电网络推广、经营创收人员官媒“无冕之王”的架子还放不下,依然故我地奉行计划经济时代思维定式,不主动出击,不研究市场,其恶果是广电网络领地不断被蚕食,广电媒体营收急转直下。县级台的发展失去财力支撑,人才自然随之流失,久而久之,形成一种恶性循环。

在“四级办电视、四级混合覆盖”发展过程中,县级广播电视台人才队伍薄弱的困境,有其深层次原因值得深刻剖析,应该革故鼎新。

二、县级广播电视台人才困境成因复杂,积弊长久

县级广播电视台人才队伍薄弱,人才引进艰难不是一时之困,也不是个体现象,这种困境“与生俱来”,自县级广播电视台建台之日起就一直伴随。

1. 县级广播电视台的发展受制于地方，未能引起各级政府足够重视，四级办广播电视政策没有真正落到实处

1984 年 3 月 28 日，国家广播电视部发布《广播电视部关于市、县建立广播电台、电视台的暂行规定》（广发地字〔1984〕224 号），关于建台条件其中第二条明确规定："市、县自筹资金有能力解决广播电台、电视台基本建设投资和经常的费用，能配备必要数量的宣传、技术、管理等专业人员，并将常年经费列入当地财政预算，以保证经常工作的进行。"[5] 这是三个建台审批条件之一。从这个建台前置条件不难看出，广电部的初衷是为了确保各县级台在建台后经费有保障，能"衣食无忧"，正常运行。遗憾的是，这一规定未能使县级广播电视台享受到该有的"红利"，而是它们"各自为政"，自谋发展。在政策上、资金上、人员上均得不到应有的支持，业务上也缺乏上级规范的指导，县级广播电视台基本处于无序生长状态。地域经济发展的不平衡，也导致各县级台的生存状况千差万别。所处县域经济强、地方党政领导重视广播电视宣传的台得以茁壮成长，所在地方财政捉襟见肘的广播电视台基本上举步维艰。

人才队伍受地方干预更甚，本来薄弱的专业技术岗位，常会莫名地被身附各种关系的"南郭先生"挤占。

2. 县级广播电视台人才晋升机制不健全

按采编播、经营创收业绩和年资等建立科学的晋升制度，会给员工创造晋升的氛围，提升员工忠诚度和荣誉感，明确职场奋斗目标，降低工作流动几率。

长期以来，县级台对员工的评价大多依赖于领导印象和群众测评，对员工晋升缺乏规范的制度，这不仅阻碍了德才兼备的专业技术人才脱颖而出，而且还会让其他员工陷入不愉快的工作状态，形成干好干差一个样的状况，长此以往，导致队伍凝聚力不强。在广电系统没有建立下级台和上级台之间的晋升通道，优秀人才不能通过晋升登上更大的广电平台。而时下快速发展的新媒体的用人新机制，更加剧了广电优质人才跨界流动，电视人跳槽社交新媒体现象屡见不鲜。

3. 薪酬机制严重制约县级广播电视台人才队伍建设

县级广播电视台普遍存在的薪酬较低、薪酬不稳定、薪酬结构不合理、收入缺乏公平性是造成人才流失的重要因素。

目前，县级广播电视台经营创收不断滑坡，发展经费得不到保障，给付员工的薪酬与其他行业比较缺乏竞争性，尤其是当员工的工作不能"多劳多得，优劳优酬"，贡献与奖金不能挂钩时，这个台便丧失了重要的激励机制效应。

当昔日的“无冕之王”沦落为“新闻民工”时,人才流失也就在所难免。

4. 珠三角县级广播电视台长期依赖香港台插播自办节目,“自废武功”,人才队伍未能壮大

珠三角县级广播电视台的发展普遍滞后于地域经济,还有另一个深层次原因,那就是没有致力打造各自的品牌栏目节目,长期以插播维持生计。笔者所在的开平广播电视台在2013年前都是依托香港台和广东电视台公共频道插播为数极少的新闻节目和专题节目。

在20世纪八九十年代,珠三角的电视观众习惯收看香港翡翠台和本港台的节目。于是,各台仅凭在这两个频道插播自办的节目也可以生存,从而忽视了办好各自的频道和栏目。2003年,各台严格执行广东省广播电影电视局的文件精神,停办本台自办频道,直到最近几年,各台才又陆续恢复自办频道。珠三角县级电视台的频道一直未能得到持续稳定的长足发展。长期以来,大多数台只是简单维持新闻类栏目的正常运行,“自废武功”十余年,人才队伍也就没能得到壮大。面对新媒体崛起后受众流失、广告下滑的困境,各台普遍举步维艰。

三、县级广播电视台必须实施人才强台战略,内强素质,广纳英才,融合发展

人才资源是第一资源。县级广播电视台能否融合发展,走出困境,人才强台是必由之路。县级融媒体中心建设必须在选用育留人才上下功夫,努力建设一支高水平人才队伍。

1. 科学办台,实干兴台,健康发展,给各类人才搭建宽阔舞台

“良禽择木而栖,贤臣择主而事。”广电人才同样向往能够提供足够发展空间的平台,而广播电视台只有在不断改革、科学办台、实干兴台、健康发展的事业中,才能让媒体人看到希望,从而下定决心与台共同进步发展。

当下,县级融媒体中心建设方兴未艾,县级台深度融合发展有更大的作为,也为人才大展身手提供了“用武之地”,这是县级台吸引人才的有力依托。

在实际工作中,要畅通人才脱颖而出的通道,发现人才,用好人才,用活人才,最大限度地发挥人才的创新活力。让有真才实学的人想干事、能干事、干成事,让才学平庸、滥竽充数的人没市场,使人才的价值真正得到体现。

近年来,开平广播电视台由于坚持科学办台、新闻立台的办台思路,及时适应媒体融合发展的新趋势,全台各项事业呈现良好发展势头。这个全国第

一家县级电视台(开平电视台成立于1984年,是全国第一家县级电视台)[6]在媒体融合发展中,不断迈上新台阶。2014年整合台内部采编资源。2016年3月1日,开平市整合广播、电视、网络等媒体资源,成立开平市新闻与信息中心(即融媒体中心),并在开平广播电视台挂牌。2017年建成基层定制版的"中央厨房",实现"移动优先"。"开平广播电视台"微信公众号在《全国县级电视台微信号排行榜》中,多次排在800多家县级台的第2位和第3位,并保持全国前10名,稳居广东省第一。[7]

良好的平台,上升的态势,吸引不少有识之士加盟开平广播电视台团队。从2013年至2019年6月,仅新闻部门就有20多名采编播人员入职。开平广播电视台现在拥有1名正高级、3名副高级职称人员,采编播岗位大学本科学历员工占90%以上。

2. 实行科学的绩效管理,工作业绩与员工收入紧密挂钩,给予人才有尊严的体面生活

一直以来,广播电视台的大锅饭是滋长懒汉的温床,不合理的收入分配致使节目平庸,为有真才实学的人才所诟病。要提高采编播和经营创收人员的积极性,实行科学的绩效管理是必要的有效手段。

施行绩效管理就必须重视绩效考核。建立完善的正向激励机制,解决"干好干坏一个样"的问题,让优秀人才脱颖而出。绩效考核因各台实际情况不尽相同,内容存在较大差异,但在实施过程中,都应遵循一致性、客观性、公平性和公开性原则。

考核时内容和标准应相对固定,在一个考核周期内考核的方法一致。考核还要具有可操作性,细化不同岗位的考核标准,尽量减少误差。每月公布考核分数,并根据考核结果发放绩效工资,这样才能有效激发员工的工作积极性,营造积极干事的团队氛围。

开平广播电视台从2013年起,全面实行绩效考核,2019年进一步优化了考核方案,针对新闻采编播岗位,实行绩效奖金分配倾斜,制订了详细的绩效考核办法,真正体现"多劳多得、优劳优酬""干多干少不一样、干好干差就不同",有效拉开了员工的奖金收入,较好地调动了员工的积极性。

3. 尊重人才,关爱人才,努力营造和谐、积极向上的企业文化氛围,提升员工忠诚度

优秀的企业文化首先要以人为本,充分体现对人的尊重,这是"感情留人"的最高境界。营造一种充满正能量的干事创业氛围,让大家愉快生活,开心工作,与台一起共同成长,实现"感情留人",是对各台负责人提出的更高要求。

"感情留人"成功与否,关键是要留住人心。广电人才,尤其是新媒体、采编播人才,个性强,思维活跃,要留住他们的心,必须通过努力使其对台的发展产生认同感、成就感、知遇感、归宿感和荣誉感,形成内在的对台的事业发展的持久凝聚力。

台领导要善于和人才交朋友,把人才当亲人,思想上多理解,生活上多关心,感情上多联络,使他们来了不想走、走了还常念。

开平广播电视台为开办频道,丰富本台自办节目,于2013年9月从一家省级台引进一位栏目编导,顺利帮助他落户开平,并解决他妻子就业、孩子上学等后顾之忧,工作上大胆放手,协助他组建团队,购置应有设备,提供节目创作生产的一切有利条件,使他能安心、舒畅地工作和生活。在他的指导下,开办起开平综合、开平生活两个频道,推出《有才你就来》《好生活》等一批深受观众喜爱的具有开平元素、侨乡特色、岭南风格的本土特色节目,执导的多部电视片被"学习强国"学习平台推送,他本人也成长为部门负责人,并带起一支涵盖采编播岗位的电视节目制作团队。

4. 加强员工的继续教育,畅通职称晋升通道,鼓励员工在岗自学成才

县级广播电视台得到人才的最佳方法是靠自己培养,而不仅仅是通过招聘。县级广播电视台针对目前的人才需求,要重点培养中高层管理、新媒体运营、采编播制作、经营创收等各岗位人才。采取请进来、走出去,出台在岗自学成才政策,为员工职称晋升创造有利条件等措施,让员工增强不进则退的忧患意识,鼓励员工树立终身学习的思想,建设一支学习型团队,营造崇尚学习、崇尚创新的向上氛围。通过一系列有效措施,在确保台的核心人才队伍稳定的同时,还要加强人才梯队建设,为台的事业发展储备人才,源源不断地输送人才。

为提高全台员工综合业务素养,近年来,开平广播电视台先后邀请了全国广电实战专家高勇团队讲经营创、美国摄影家陈罗柏讲新闻摄影、浙江传媒学院王文科教授讲节目创优。开平广播电视台还成为浙江传媒学院教学实践基地。台里组织员工积极参与全国较高水平的广电学术交流活动,及时掌握业内最新动态。出台了《关于在职干部员工继续接受培训、学历、学位、职称等学习补助费用的规定》,对员工的继续教育给予较高比例的经费补贴,最高补助达到2万元。2013年以来,有两位一线员工获得副高级职称,一位员工在岗学习取得硕士研究生学历,被树立为学习标兵。

事实证明,人才是广播电视事业发展的有力支撑,人才强则台强。在媒体融合发展当下的县级广播电视台,应当高度重视人才队伍建设,坚定走人才强

台之路，充分依靠综合管理、采编制作、新媒体运营、营销创收等各类新型人才，实现县级融媒体中心深度融合发展。

习近平同志指出，“媒体竞争关键是人才竞争，媒体优势核心是人才优势”，并要求新闻舆论工作者“努力成为全媒型、专家型人才”。[8]这就为新闻舆论工作队伍建设指明了方向、明确了目标。

党的十八大以来，党中央高度重视文化建设。十九大报告又进一步明确，要完善公共文化服务体系，深入实施文化惠民工程，丰富群众性文化活动。[9]县级广播电视台是公共文化服务体系的重要平台，在国家广播电视村村通工程中，解决的是“最后一公里”问题。县级广播电视台是广电系统大动脉下的毛细血管，直通千家万户，最直接服务于亿万观众。目前，县级台在地方党委政府宣传、弘扬本土特色地域文化和在公共文化服务体系建设上起到了上级台不可替代的互补作用。[10]

我们有理由相信，县级广播电视台能审时度势，把握机遇，大力实施人才强台战略，主动适应媒体新生态，坚持创新管理、创新节目、创新经营，走深度融合发展之路，县级广播电视台牢牢把握县级融媒体中心建设这一历史机遇，必定迎来又一个蓬勃发展的春天。

参考文献

[1] 人民网—人民日报. http://jhsjk.people.cn/article/30245212[EB/OL]. 2018-08-23.

[2] 人民网—新闻战线. http://media.people.com.cn/n1/2019/0328/c426163-31001056.html[EB/OL]. 2019-03-28.

[3] 葛娴. 以宣传为中心改革广播电视——记第十一次全国广播电视工作会议[J]. 新闻战线，1983(5).

[4] 尹琨. 走进县级广播电视台系列报道之一——打破“瓶颈”：引才方式各具特色[EB/OL]. 中国新闻出版广电报，http://data.chinaxwcb.com/epaper2016/epaper/d6402/d1b/201612/73473.html.

[5]《中国电视台综览》编辑委员会. 中国电视台综览(第一卷)[M]. 北京出版社，1994：319.

[6] 广东省地方史志编纂委员会. 广东省志 · 广播电视志[M]. 广州：广东人民出版社，1999. 247.

[7] 数据来源于《全国县级电视台微信公众号百强榜》[EB/OL]. 清博指数. 中国新媒体大数据平台.

[8] 新华网.习近平:坚持正确方向创新方法手段,提高新闻舆论传播力引导力[EB/OL]. http://www.xinhuanet.com/politics/xjpzymtdy/.2016-02-19.

[9] 新华网.习近平:决胜全面建成小康社会 夺取新时代中国特色社会主义伟大胜利——在中国共产党第十九次全国代表大会上的报告[EB/OL]. http://news.xinhuanet.com/politics/19cpcnc/2017-10/27/c_1121867529.htm.

[10] 李永建.标本兼治解决县级电视台版权问题[J].中国广播电视学刊,2015(4):20.

融媒体时代地方媒体如何打造"爆款"新闻

金华广播电视总台记者　朱晓丹

新闻"爆款"是主流媒体提升新闻舆论传播力、引导力、影响力、公信力的重要方式,也是满足群众信息需求的重要载体。面对舆论生态的变化和媒体格局的变迁,地方媒体该如何赢得新闻舆论阵地,打造新闻"爆款"产品,需要广电人不断探索和实践,作者从新闻媒体融合的五个方面,结合实践案例,初步探析地方媒体打造新闻"爆款"的有效路径。

近些年,随着媒体融合的不断深入,短视频、H5、AR、VR、人工智能、网络直播等新技术频现,各类网络"爆款"也层出不穷,点击量从几十万、几百万、几千万甚至到上亿,深深撬动着媒体人的神经。面对新的传播方式,作为党和政府"喉舌"的电视台,天然具有权威性、公信力的主流媒体,又该如何打造自己的"爆款"新闻呢?笔者从新闻媒体融合实践出发,总结出打造"爆款"新闻的五条黄金法则。

一、坚持新闻立台,强化平台建设,以短视频促深融,唱响主流舆论强音

媒体融合是大势所趋。随着移动互联时代的到来,"终端随人走、信息围人转"已经成为信息传播的新态势,一部智能手机就能获取海量信息。目前我国移动新闻用户已超过8亿,占网民总数的80%以上。"得用户者得先机""得手机者得天下"。习近平总书记指出,要全面把握媒体融合发展的规律和趋势,坚持一体化发展方向。要坚持移动优先战略,让主流媒体借助移动传播,牢牢占据舆论引导、思想引领、文化传承、服务人民的传播制高点。要探索将人工智能运用在新闻采集、生产、分发、接收、反馈中,全面提高舆论引导能力。地方媒体打造"爆款"新闻,必须坚持正确的舆论导向,把握新闻传播和新媒体发展规律,以地方特色为优势,整合资源集团作战,多方发力促进深融发展。

媒体深度融合,"中央厨房"是标配。2017年11月,金华广播电视总台

"中央厨房"正式启用。"中央厨房"主要承担指挥策划、新闻采集、编辑发布、技术研发、舆情监控等五大功能,通过建立总编协调制度、部门沟通制度、岗位值班制度、采前策划制度、线索通报制度、效果反馈制度等,确保"中央厨房"与各环节紧密结合、无缝对接。现场记者全部为融媒体记者,一人多用,身兼多职,能采、能拍、能写、能讲,在技术部门配合下,甚至一个人也能搞直播。记者采访新闻后,第一时间通过手机向金华广播电视总台"无限金华"新闻客户端推送文字、视频和图片,随后客户端再进行二次加工,及时推送新闻。"中央厨房"运行一年多来,海量新闻通过"无限金华"客户端、广电微信矩阵等方式即时推送、快速发布,形成"声、屏、报、网、端、微"全面融合,形成了"总体策划、一次采集、多种生成、多元传播"的传播格局。

"十路记者直击一线"是金华广播电视总台 2018 年 7 月开始推出的一项大型融媒体新闻直播行动。行动以"文明创建,直击一线"为主题,"无限金华"客户端和广播电视联手,通过十路记者聚焦市区不文明现象,进行视频+图文的滚动直播。截至 2019 年 6 月,已经开展了 27 场集中行动,参与记者 280 多人次,"无限金华"客户端和微信公众号推文 190 多篇,点击量达 100 万。其中电视新闻 70 多篇,专题 30 多篇,取得了很好的宣传效果,同时也为金华创建全国文明城市营造了浓厚的舆论氛围。2019 年 3 月,中央文明办公布了全国文明城市测评结果,金华在全国 113 个地级市中排名第一。这一成绩的取得,跟金华广播电视总台在文明创建方面的努力是分不开的。同时,金华广电每年通过 180 多场移动手机客户端的直播,吸引了越来越多人的关注。每场直播的点击量为 8 万左右,20 万+、30 万+也时常出现。截至完稿,"无限金华"客户端下载量超 80 万,微博粉丝量达 265 万。

近两年来,以画风和趣味见长的短视频异军突起,成为互联网时代的又一个风口。幽默搞笑、追求愉悦、感官刺激的通俗文化吸引了青年群体。有媒体人士曾将短视频的特点概括为"同期声、大字幕、去电视化"。从传播学上看,这些特点符合了互联网时代受众的碎片化阅读习惯,受到年轻人的追捧,引发大量关注。但这些短视频在传播技巧上的改变,往往因为过度迎合受众心理,过于注重猎奇,刻意求新求异,忽视了媒体对社会责任的自律担当,造成优质内容与新闻价值的缺失,过度娱乐与价值缺失成为平台发展的隐忧。而且很多短视频内容审核把关不严,同质化、低俗化、盗版侵权现象严重,有些甚至在舆论导向上都有问题,党的主张难以贯彻,无法起到弘扬正能量、提升引导力的作用。

在融媒体时代,建设主流媒体强大的传播力、引导力、影响力、公信力,是党媒的使命担当，也是必须破解的课题。新闻传播必须讲效果，入耳入脑入心的有效传播，才能增强舆论引导能力，壮大主流思想舆论。推进媒体融合，必须正确把握好政治属性和传播属性的辩证关系，既要守正，又要创新。新闻想要“爆款”，必须强化互联网思维、用户思维和效果思维，在传播技巧上充分吸收短视频的优点，制作出各种“小鲜活深”的短视频，把正能量和主旋律传播到千家万户。

2019 年 3 月 6 日，全国“两会”期间，人民日报新媒体推出短视频《中国 24 小时》。一天 24 小时，中国能看到什么？一天 24 小时，中国在发生什么？这两个很大的提问，不到 7 分钟的短视频给出了很实在、很动人的回答。短视频以一天为维度，一小时为刻度，通过 24 小时的时间演进，全景展示了一个精彩纷呈、奋进向上的中国。短视频分上下两集，每集约 3 分钟。上集《锦绣河山》以山河为主线，在 24 小时的时间流转中，展现大江南北壮美辽阔的山川景色、灿烂悠久的历史文明和新中国现代化建设成就；下集《天道酬勤》以奋斗为主线，以时间轴展现 24 小时里中国各行各业劳动者的工作场景，展示中国人自强不息、辛勤劳作、逐梦前行的动人瞬间。最后，习近平总书记用饱含深情、铿锵有力的金句号召全国人民坚定信念，逐梦前行，永攀高峰。这两集视频，构思巧妙，格局宏大，制作精美。短短一周时间，就引发了 1.5 亿次的点击量。很多网友留言：“每次看到这些，都会心潮澎湃，眼角泛泪，祝福祖国越来越好，越来越强大！”“太美了，江山如此多娇，越看越觉得好看，越看越激动，点赞祖国！”

同样以小见大的，还有 2018 年八一建军节期间，人民网与人民日报“金台点兵”工作室联合黑瞎子岛东极哨所、西沙中建岛、斯姆哈纳、北极哨所等位于祖国“四极”的驻防部队官兵，推出短视频《祖国“四极”哨兵送八一祝福》，在各大平台累计播放近 1 亿次。特殊的节点、典型的人物、深刻的主题，让这 30 秒的强军故事深入人心，引发官兵强烈共鸣和广大网友纷纷点赞。

二、坚持内容为王，新技术刷新视觉呈现，以内容优势赢得话语优势

优质的内容是媒体的核心竞争力。习近平总书记强调，对新闻媒体来说，内容创新、形式创新、手段创新都重要，但内容创新是根本。决定媒体命运的从来不是它的载体而是内容的质量，新技术应该服务于新闻传播，而不是新闻传播服从于新技术。不管媒体形态怎么发展、舆论格局怎样变化，原创依然是这个社会最宝贵的资源，思想依然是媒体最重要的品质。信息量越大，优质的

内容越可贵。传统媒体天然具有优秀的内容生产能力,拥有商业化新兴媒体不具备的采访资源以及良好的政府关系,具有更加权威的社会形象。要引导好舆论、影响人们的思想,就要推出思想性强、观点鲜明、表达活泼的精品力作,以内容优势赢得话语优势。

内容如何为王?在新媒体背景下,除了电视新闻本身具有出彩的内容,获得较高的收视率外,移动客户端的点击量、转发量都是衡量新闻内容是否优质的重要依据。现在各地电视台都有自己的三微一端(微信、微博、微视频和新闻客户端),如果仅仅把电视上的新闻搬到手机上,就可以实现内容为王吗?答案当然是否定的。因为电视新闻的播出规律决定了这一点。众所周知,电视新闻有规范的文稿要求、严格的审稿制度、固定的播出时间,即使内容非常优质的一篇新闻,如果按照电视新闻流程播出,往往在时效上已经失去了优势,无法在媒体传播中抢得先机。所以,打造主流"爆款"新闻所要求的内容为王,必须遵循新闻传播规律和新媒体发展规律,在"准""新""微""快"上下功夫。

创意是"爆款"的灵魂。同类选题、同样题材、同种形式、创意不同,融媒体作品的质量就会大相径庭。2019 年 2 月 21 日,浙江省金华市"两会"召开。金华广播电视总台提前策划,精心准备,利用新技术、新手段创新表达方式,以高规格、全方位、多层次的报道,实现"两会"内容全覆盖,形成了多篇"爆款"新闻作品。"两会"召开前一天,Rap 歌曲《喜迎两会 为金华点赞》在"无限金华"客户端首发,歌词围绕近年来金华城乡面貌发生的巨变,以及政府作风建设取得的成就,充分阐述了新时代的金华精神。在表现形式上,采用了国家级非遗传承人和浙江省曲艺家协会会员弹奏金华传统曲艺道情,以及金华广播电视总台主持人方言说唱的形式,带着浓浓乡情和欢快曲调,向"三微一端"进行全方位推送,首日点击量就突破 2 万,后经央视网、人民视频转发,点击量超过 20 万,为即将召开的"两会"营造了浓烈的宣传氛围。会议召开后,根据时间节点和报道方案,"无限金华"客户端又先后推出了 15 个原创新媒体作品,其中既有短视频《官宣:金华两会来了 金华广电开启融报道》《VR 全景观看人大会议开幕》,也有市民原声 H5 作品《60 秒了解金华好消息》,还有图解动画、视频直播、H5 游戏等新媒体作品,"上接天线下接地气",第一时间播报两会重要资讯,提升"两会"报道的趣味性和冲击力。特别值得一提的是,新媒体作品长图《一图速览政府工作报告》,采用视觉化、数据化、流动版面的形式,全景呈现政府工作报告,制作精美,丰富灵动,即时向用户提供政府工作报告中的一系列"干货",使得用户在轻松体验中获取两会资讯,了解政策走向。整个

“两会”期间，金华广播电视总台利用“中央厨房”，实现“声、屏、报、网、端、微”同步发力，“策、采、编、发”全链条再造，各类“两会”作品点击量突破1000万。

三、站在受众角度，提炼醒目标题，使新闻亮点直抵受众心灵

“看人先看脸”“看文先看题”。互联网时代，千姿百态的海量资讯不断稀释着人们的注意力。在碎片化阅读背景下，要让受众的眼球瞬间聚焦、快速定格，进而产生“一见钟情”的传播效应，新闻标题必须具备养眼、抢眼的特质。资料显示，新媒体流量的70%取决于标题，传统媒体更有“看报看题”之说，因此，标题制作水平成了媒体掌控话语权、提升传播力的看家本领。

标题是对新闻的提炼和概括。制作标题就是要从成百上千字的报道中提炼出重点，把受众最关心、最具有吸引力、最精彩的信息放在标题上，使之一瞥之间欲罢不能。但是，在一些新闻报道当中，尤其是时政会议报道中，新闻标题模式化现象严重。比如会议消息，不管什么会，千篇一律是《××会议×日在×开幕》《××会议×日圆满落幕》，行业报道当中，无论哪一行，都是《××工作成绩显著》《××迅速贯彻落实××精神》这类大而空的标题，千人一面，缺乏提炼，忽略了新闻的个性，就如同“红烧肉埋在碗底下”，吸引不了受众的眼球。想让新闻标题亮眼，呈现出耳目一新的感觉，就必须吃透新闻内容，站在受众的角度，用准确、生动、通俗的语言，使新闻亮点直抵受众的心灵。

四、尝试媒体平台相融，借船出海，抱团发展，获取注意力，提升新闻影响力

“借船出海捕大鱼。”“借鸡生蛋孵精品。”抖音作为今日头条旗下的短视频社交平台，抓住了年轻人猎奇、爱挑战、爱DIY的特点，突出创意、新意、接地气，引发了无数粉丝追捧，同时也让品牌效应得到了快速传播。大家都知道papi酱在抖音发了7个作品就收获了600多万的粉丝，一禅小和尚每天十几秒的动画小故事就吸引了1000万的粉丝，收获2652万个赞。所以，对于主流媒体来说，把以前的新闻利用抖音的形式包装一下，再通过平台发布，就很容易形成“爆款”。因为大量的粉丝已经聚集在这里，只要作品内容足够吸引人，形成“爆款”是水到渠成的事。

五、细分融合渠道，分众传播，精准推送，增强新闻传播效率

信息传播根据用户需求，精准推送新闻资讯。传播按照目标受众面的大

小与性质,可分为大众传播和分众传播。面对越来越多的信息,人们的注意力被分散,人要高效地工作和生活,就必须选择重要的信息,排除无关的信息。因此,信息的选择显得越来越重要。只有当传播的内容能够满足人们的动机和需要,并能够带来愉悦的阅读体验时,人们的注意力才会指向和集中到这些内容上来。由于人们的动机和需要不尽相同,于是就有了分众传播的必要。现在微信已经普及,各种微信群数量众多,主要承担信息交流的功能。主流媒体如果把微信群进行分门别类,再通过新闻客户端把相关的新闻资讯精准推送到各微信群,有必要时对新闻资讯进行二次创作,引发受众阅读兴趣,进而形成海量转发,那么就会大大增加新闻的传播力和影响力。

山东卫视播出的《天南地北山东人》栏目、广东卫视的《古色古香中国味》栏目,分别在世界各国的山东籍华人和东南亚粤籍华侨中产生了较大反响,节目经新闻客户端精准推送,形成了持续不断的收视热点。

对于主流媒体来说,融媒体时代的到来,既是挑战也是机遇。地方媒体应当与时俱进,顺势而为,主动适应媒体格局发展变化的新趋势新要求,创新理念,创新传播路径,以融合推动创新,以创新加速融合,让新闻从信息垄断者主动转变成具有互联网思维的内容提供者,这样才能真正掌握意识形态的话语权,让主阵地更牢固、正能量更强劲、主旋律更高昂。

推动江干媒体融合向纵深发展，更好地引导群众、服务群众

——江干区融媒体中心调研报告

浙江传媒学院融合传播研究中心主任、教授　史征

2018年8月21日至22日，中共中央总书记习近平在全国宣传思想工作会议上指出："扎实抓好县级融媒体中心建设，更好引导群众、服务群众。"通过县级融媒体中心建设，可打通媒体融合"最后一公里"。2019年1月25日，中共中央政治局就全媒体时代和媒体融合发展举行第十二次集体学习，习近平总书记在主持学习时强调，推动媒体融合发展、建设全媒体是我们面临的一项紧迫课题。要运用信息革命成果，推动媒体融合向纵深发展，做大做强主流舆论，巩固全党全国人民团结奋斗的共同思想基础，为实现"两个一百年"奋斗目标、实现中华民族伟大复兴的中国梦提供强大精神力量和舆论支持。

一、江干区建设融媒体中心的意义和使命

当前，杭州市江干区紧紧围绕"高水平全面建设国内一流现代化中心区、打造世界名城首善之区"奋斗目标，紧扣全域拥江发展这一主线，深入开展改革、项目、环境"三大攻坚"，持续强化党建统领、文化引领、平安护航"三大支撑"，努力实现经济社会各领域高质量发展，以优异成绩庆祝中华人民共和国成立70周年。江干区的各类区级宣传平台是最接近区域内基层人民群众的信息通道，通过江干区融媒体中心建设，实现渠道下沉和资源整合，聚集起海量用户并建立用户黏性，构建起新型媒体平台，可以形成现代传播体系，成为党和政府联系群众最直接、最有效的桥梁和纽带，也是最直接的连民心、接地气的信息平台。加快江干区融媒体中心建设，一是全面落实习总书记讲话和全国、省市区宣传思想工作会议精神，围绕进一步夯实党的执政基础，打造国家治理体系和治理能力现代化重要载体、直接面向群众和引导群众、服务群众的重要平台；二是通过对区内各宣传平台进行流程深化改造、业务平台拓宽、服务功能提升，实现对微信、微博、网站、视频、报纸等多媒体资源的"统一指

挥”,从而有效传递党和政府的声音,推进区委区政府决策部署落地见效;三是在“新闻+服务”理念的指导下,形成了政务服务、O2O电子商务、网络医院、养老服务、区域门户集群等多种综合服务能力,通过政务服务、公共服务等的互联网化,服务基层群众民生保障和生活需求,为媒体融合、信息沟通、社情传递打通“最后一公里”。

二、江干区融媒体中心建设方案的亮点分析

1. 守正创新,强力推动

杭州市江干区认真学习领会习总书记关于媒体融合发展的重要论述,努力高水平推进融媒体中心建设工作,完善顶层设计,在“融”字上下功夫,始终把坚持正确政治方向摆在首位,遵循传播规律和新媒体发展规律,从体制机制改革入手,通盘统筹报纸、网络、“两微一端”、内部刊物等传播平台和媒体资源,在内容、渠道、平台、经营、管理等各方面深度落实中央媒体融合发展要求,在真正实现“融为一体、合而为一”的发展道路上蹄急步稳,成效可期。

2. 立足本地,全面重构

按照江干区委统一部署要求,江干区融媒体中心由区委宣传部牵头,对区内各宣传平台进行流程环节改造、业务平台拓宽、服务功能提升。按照“能整尽整、能融尽融”的要求,分阶段布局好“一心四库九端百点”。

一心:指江干区融媒体中心。

四库:建设好媒资管理系统,即组建全区“图片、文字(新闻稿)、音频、视频”四大总库,具备检索、上传、下载等功能,以资各方所需。

九端:包括9个主要发布平台和端口。

(1)平面媒体:《江干报》;

(2)视频媒体:江干播报;

(3)网站:江干新闻网;

(4)微信公众号:江干发布;

(5)上级媒体:中央省市级官方新闻客户端(新华社新闻客户端、浙江新闻客户端、杭州新闻客户端等)、官方网络媒体端口(浙江在线、杭州网等)、官方电视媒体端口(浙广、杭广等)、官方微信微博端口(浙江发布、杭州发布等);

(6)商业媒体:今日头条、腾讯、凤凰、百度、网易等商业媒体端口;

(7)手机报;

(8)电子阅报栏;

(9)学习强国等其他平台。

百点：指区级平台二级发布端口，超200家。主要包括江干新闻网、江干报、江干播报、江干发布所属的子网站、子微博、子微信、子端口平台，区级各街道、各部门的微博、微信、电子阅报栏等。

3. 技术支撑，深度融合

江干区融媒体中心设立新闻信息的策划、采集、编辑、播发等部门，建立全媒体内容管理系统，建设稿库、数据库、媒资库，实现“一次采集、多种生成、全媒传播”。突出移动优先，集中力量打造综合性移动新媒体客户端江干发布APP。借用APP平台，把区融媒体中心的新闻发布与区数据资源局、区行政服务中心、区公共资源交易中心、区招商服务中心等部分政务服务、便民服务、招商服务相融合，归集部分网上办事、网络宣传、一键接听等功能，提供综合性“新闻＋政务服务＋便民服务＋招商服务”。

同时，区融媒体中心积极加入中央、省市主要融媒体平台矩阵，用好互联网商业平台，不断拓展传播覆盖面、影响力。在技术的支持下，全面对接省级、市级技术平台，建设集信息汇聚、策划采编、媒资管理、渠道分发、评估评价、舆情监测等功能于一体的综合性多功能差异化发展的新媒体平台。

三、江干区建设融媒体中心的瓶颈

各地融媒体中心建设虽然进程较快，但也存在着机构融了，机制没融；内部融了，内容没融；资源融了，资金没融；人力融了，能力没融等问题，江干区融媒体中心建设过程中同样也有类似共性问题，主要表现如下。

1. 人员能力有待提升

融媒体中心的建立，不单单是场地的建立，它既包括内容、技术、平台、渠道的融合，更是人员、理念的融合。融媒体中心的员工不仅要从心理上真正理解、接受媒体融合，还要从专业知识、能力上做到及时更新，技术上做到及时提升，让个人思想和技能都跟上中心发展的步伐。目前，江干区融媒体中心的人员主要是原从事宣传工作的人员整合而来，他们对媒体融合的认识还有一个深化过程，与适应融媒体时代要求的专业能力尚存在一定的差距，目前人员管理的体制机制特别是激励机制还有待完善。总体而言，“人”的因素将会是影响区融媒体中心发展的关键。

2. 内容形式有待创新

互联网正在成为党和政府同群众交流沟通的新平台，成为了解群众、贴近群众、服务群众的新途径。江干区融媒体中心要更有效传递党和政府的声音,服务基层群众民生保障和精神文化需求,宣传江干最优形象,不断提高“媒体公信力”,不仅要在内容、主题上严格把关,更要充分研究融媒体时代的内容传播特点,大力推进采编发流程优化再造,加强内容和形式的创造,创意、策划、生产出适合互联网时代的传媒产品。目前,从江干区融媒体中心人员结构来看,从事内容生产的人员、特别是新媒体产品生产和传播工作的专业人员数量不多,对互联网时代的传播特征研究不深、把握不准,运用互联网思维在内容贴近性、高品质、互动化上做文章的能力不足,尤其是在解决如何通过生产品牌化、本土化、特色化的精品内容,打造时政、民生、监督、服务等多形态的内容链,抢占用户的新闻信息消费市场这些关键问题上仍需不断努力。

3. 经营能力有待突破

江干区融媒体中心的建设需要几个方面的成本投入:一是硬件成本,包括大屏幕、中央办公区、新购办公设备等,只有硬件设备跟上,媒体才算迈出融合的第一步;二是软件成本,包括采编发系统、绩效考核系统、舆情监测系统等;三是人力成本,包括各类专业技术人员、工程师等新工种、新岗位的人力资本投入;四是维护成本,包括大屏等硬件以及软件的运行维护。同时,融媒体中心建成后正常运营还需要大量的资金支持,日后面临的5G引发的技术更新和内容创新,可以预期到需要有较为可观的资金投入作为保障。这些资金来源,单纯依托财政投入,恐怕远远不够,也与改革目标相背离,对于融媒体中心而言,市场拓展是一个绕不开的话题。目前,江干区融媒体中心的运行经费还主要依靠财政投入,经营渠道、经营能力这些问题考虑不多,经营的资源也有限,市场开发尚处空白。

四、加快江干区建设融媒体中心建设的建议

江干区融媒体中心的建设任务,负载着巩固基层舆论阵地和推进国家治理体系现代化的重大使命,以新型主流媒体平台为核心的现代传播体系,成为我们党的执政体系中离互联网最近、离大数据最近、离人民群众最近的一支骨干力量。江干区融媒体中心要以打造“全省领先、国内一流”城区新型主流媒体为目标,深化机构、人事、财政、薪酬等方面改革,调整优化媒体布局,积极推动平台融合、技术融合、机制融合、职能融合、数据融合、流程融合等各方面的深度融合,集约整合媒体资源、信息资源、资金资源、人才资源等,不断提高媒体传播力、引导力、影响力,传递江干声音、讲好江干故事,为江干高质量、可持

续、快发展凝聚起强劲的前行力量。

1. 用“新闻+”理念推动新闻宣传向公共服务领域拓展

坚持将新闻宣传作为融媒体中心的主业，承担好新闻宣传的重任，履行好党和政府的喉舌功能，充分发挥联系党和政府与广大人民群众的桥梁作用，对江干区区域内发生的事情进行及时的报道、评论和分析，引导好人民群众。一是实现民意多维度反馈。通过健全基层通讯员队伍、拓展政务信息接口、邀请自媒体入驻和群众提供线索等方式畅通民情民意线索渠道，增大民生新闻的生产储备。二是推进大数据分析，通过运用用户画像、行为分析等方法，实现内容的分众传播和精准投放，科学设置议题，实现舆论的有效引导。三是加强对舆情信息的关注，提前研判预警，为政府决策提供数据参考。

2. 加快体制机制创新，调动各类人员的工作热情

融媒体中心的内部改革，要求赋予融媒体中心较大的考核权限，发挥绩效考核办法的激励作用，实现被考核者的业绩贡献与其收入和发展密切联系。但对于采用全额拨款事业单位体制的江干区融媒体中心而言，在编人员全部列为全额拨款编制，那么目前政策对全额拨款事业编制人员的工资结构及发放金额都有详细的政策依据和财政预算，并且落实到人，否则就是违规发放，强调绩效考核与业绩贡献的企业化分配机制与传统事业单位强调总量稳定的资历性工作结构就难以匹配，这就要求在融媒体中心全面推进体制机制创新，实行灵活的绩效工资制度，改变一线采编人员干多干少一个样、干好干坏一个样的现状，在同岗同酬、多劳多得、优稿优酬的基础上，积极探索按贡献率分配、按不可替代分配等薪酬激励制度，强化正向激励。特别要注意通过体制机制改革，建立适应媒体融合发展的人员招录、绩效考核、薪酬激励和运营管理体系，吸引人才、留住人才、激发创新活力，促进宣传队伍和媒体人在观念上的转变。

3. 强化人才队伍建设，加快专业人才引育

融媒体中心建设的关键是建设一支能够适应媒体融合发展和互联网平台运营，涵盖内容生产、商业运营和技术支持等多专业能力的人才队伍。总体而言，江干区融媒体中心的专业和管理队伍都偏弱。下一步，一是要配齐配强班子力量。在传统媒体的转型、建设融媒体中心过程中，一把手会起到一半甚至更大的作用，因此，要选一个高瞻远瞩、眼界开阔、敢于担当、尊重人才、懂专业、无私心，并且具有移动互联网思维的人来担任融媒体中心一把手，同时配齐总编和 1～2 名副主任(分管技术和行政)；二是加强现有人员的专业培训工

作。立足岗位,分析专业能力的匹配度,通过聘请专家授课、选送高校培训等多种形式,尽快提高在岗人员适应媒体融合发展的专业能力;三是创新选人用人机制。加快专业人才招引,打破身份限制,强化正向激励,打通编外人才的成长通道,吸引更多的策划创意、新闻采编、播音主持、设计制作、新媒体运营等方面优秀人才加入到江干区融媒体中心。

4. 增加经营性资源,培育"造血"功能

鉴于融媒体中心后期运维成本大、需要持续投入的特点,如果只有财政的扶持,很难有较好的发展,必须具有较好的"造血"功能。从省内县级融媒体中心经营情况分析来看,多数县级融媒体中心已经能够通过新媒体渠道实现盈利,其中通过线上线下活动实现盈利的占比70%,通过内容营销实现盈利的占比59%,通过互联网广告实现盈利的占比47%,通过视频实现盈利的占比35%,通过电商盈利的占比6%。从数据可以看出,较多的融媒体中心已经开始通过重视新媒体渠道实现盈利,新媒体盈利思维已经形成。因此,江干区融媒体中心也必须尽快提高经营能力。考虑到原来从事的宣传工作的特点,因长期与市场脱节,人员和机构都不具备经营能力,融媒体中心也没有形成成熟的商业模式,此时更需要区委区政府在媒体经营性资源上向融媒体中心倾斜。近期可考虑将城市户外大屏的经营权统一划转给江干区融媒体中心,使融媒体中心能够以一种比较稳妥的方式在市场上试水,从而逐步培育其市场搏击能力。

县级融媒体中心建设的现实争议与发展思路探析

浙江传媒学院文化创意与管理学院副教授　贾祥敏

自2014年"融合元年"开启以来，我国从国家战略和顶层设计的高度对媒介融合进行了广泛推广，各级媒体在这方面都进行了大量建设和人财投入。特别是2018年以来，国家多次强调网络舆论和新媒体工作对治国理政的重要性，把握正确舆论导向、巩固壮大主流思想舆论成为新媒体发展的中心战略任务。随着融合的不断下沉，我国县级融媒体中心建设也在这一年拉开大幕，展开了全国范围内的县域媒体大改革，这既是应对媒介环境变化的需要，也是加强管理者执政能力的需要，政界、学界、业界都参与了这场既是讨论也是实践的改革活动。

一、县级融媒体中心建设中的集中争议

我国媒介融合的重心已经由第一阶段强调以《人民日报》等大型传媒集团为代表的"中央厨房"模式的探讨开始转向第二个阶段以县级融媒体中心为建设主体的新一轮媒介融合行动的关注焦点①，而对媒介融合的争论从未停止过，近期两篇学术文章集中讨论了这一议题，胡翼青②（以下称胡文）认为传统媒体和新媒体属于两种不同的业态，遵循着不同的逻辑，我国目前的媒介融合走在十字路口，有点迷失。刘建明③（以下称刘文）则针锋相对地否定了这种"十字路口"论，指出胡的观点背离了我国传统媒体数字化转型的事实，新媒体是先进生产力，传统媒体只能拥抱它、驾驭它，而不能向新媒体宣战。在笔者看来，一位偏保守，一位偏激进。前者的论证确有不自洽之处，比如认为在当前新旧媒体共存的背景下，传统媒体不应该跟风，而应该坚守自身，不追逐时

① 朱春阳．县级融媒体中心建设：经验坐标、发展机遇与路径创新[J]．新闻界．2018(9)：21-27.

② 胡翼青．走在媒介融合的十字路口[J]．城市党报研究．2018(9)：51-55.

③ 刘建明．否思媒介融合的"十字路口"论[J]．新闻爱好者．2018(12)：4-7.

效，应该在新闻报道中增加延迟性，主攻精品创作，这与胡文分析传统媒体的被动处境产生了矛盾。按照胡的逻辑，如果传统媒体按照“必出精品”的模式运作，那么精品做出来给谁看呢？因为“公众的兴趣已经转移了”，这样分析下来我国媒介融合路径似乎无解。而刘文的逻辑也不甚妥当，我国的“中央厨房”确实取得了一些成绩，但是总拿班里的尖子生(《人民日报》)说事，似乎又走进了“平均数陷阱”。第一阶段的争论依然在延续，第二阶段的市县融媒体中心建设已铺陈开来，伴随其进程的还有若干问题和多种争论。

(一)“纯试点”还是“先试点”？

先试点再推广是我国某些政策实施的特色做法，但是即便东部沿海地区一些县级融媒体中心表现出色，例如长兴传媒集团不但能够做到自主研发技术，而且可以实现每年创收超过1000万，中西部欠发达地区的县级融媒体中心建设却还是缺钱、缺人、缺技术。[①] 截至2018年底，我国共有县级行政区划单位2851个(其中市辖区970个，县级市375个)。[②] 第43次《中国互联网络发展状况统计报告》显示，同年底，我国农村网民规模占整体网民26.7%，这一比例还在不断扩大。县级融媒体中心建设中不断涌现的所谓“典型”到底是作为“先试点再推广”，还是仅仅作为适合当地发展水平的模式展示，是当前值得思考的问题。因为县级融媒体建设不但要考量县与县之间人口密度、经济发展、产业支撑等的差异，还要关注那些融媒体“融进”的网民和以农村地区人群为主的非网民人口，将引导和服务落地到最基层的群众中才是终极目的。

(二)县级融媒体模式是否存在优劣性？

目前，我国的县级融媒体中心建设新模式、新经验不断涌现，有学者将之总结为“广电＋报业”的中央厨房模式、以广电为先导的移动传播矩阵模式、县域传媒集团组建模式、借力省级媒体云平台模式[③]，不管是这种“四模式说”，还是按照具体地区为代表的十大模式(延庆、长兴、项城、萧山、东胜、辛集、邳州、浏阳、玉门、分宜)的对比，都在强调基于地方经验模式的优势，但哪一种模式属于最佳模式呢？恐怕难以推出一种供后来者模仿，毕竟国内2000多个县域媒体资源情况各有不同，更不用说现有的大部分模式还存在平台盲目扩张、内容生产依然停留在简单相加、对公众吸引力不足等通病。

① 胡宸豪.欠发达地区县级融媒体中心建设的困境与出路[J].传媒.2019(3):73-75.

② 国家统计局数据.2018年全国县的年度数据[EB/OL].http://data.stats.gov.cn/easyquery.htmcn=C01&zb=A0101&sj=2018.

③ 李彪.县级融媒体中心建设发展模式、关键环节与路径选择[J].编辑之友,2019(3):44-49.

(三)融合入口在哪里?

如果说前两个争论聚焦于能不能融、能不能推广的问题,那么县级融媒体中心建设的融合入口讨论则是关注怎么融的问题。目前对县级融媒体中心建设的融合路径和模式讨论,多集中于技术层面,例如打造"云平台"、智慧APP,过度强调采编整合集成的手段,但是忽略了最终目的,县级融媒体中心建设最终要把引导和服务群众的内容作为最佳入口,这意味着在基层融媒体中心建设中首先要纠正的误解就是单一的"媒介中心论",信息发布、新闻报道只是引导群众的一个层次,如何利用该中心服务好群众是同等重要的另一个层次,要达到这个目的,有很大空间和可能性等待探索。

二、县级融媒体建设的三个层次

没有理念层面对媒介融合的理解和重视,执行层的其他融合都是妄谈,但是也存在一种"摸着石头过河"的做法,边建设、边学习,边深化理念,这是"理念先行"还是"行动先行"的不同观念的表现。但笔者更认同前者的逻辑,虽然战略经验常常会遭遇战术经验的挑战,不同的战术实践背离战略思路的做法并不少见,例如扁平式的"中央厨房"无法建立在科层制的现有媒体组织结构之上可能导致它的名存实亡①,这意味在这个旧辙已破、新轨未立的关口,有很多议题等待着被讨论、争论。综合文献梳理和个人思考,笔者认为县级融媒体中心建设依然首先应在理念层面达成基本共识,并可从参与、互嵌和平台三个层次进行思路探索。

(一)公众参与

作为一种变革性力量,互联网不仅塑造出虚拟的社会空间,而且正在改变大众的社会互动与协作方式②,县级融媒体中心不应该将互联网带来的社会实践仅仅视为一种传播渠道,而应该看作型构新型参与的重要途径。当网民把手机和电脑当作自媒体使用的时候,已经完全颠覆了既有的传播模式和思维。与此同时,地方感、地区认同并不会随着媒介技术的推动从基于血缘、地理位置的地缘型完全转变为基于兴趣爱好的社群型,相同的生活经验和地理空间也不会随着虚拟空间的展开完全被遮蔽,这种看似相悖的两种可能性给

① 何瑛,胡翼青.从"编辑部生产"到"中央厨房":当代新闻生产的再思考[J].新闻记者.2017(8):28-35.

② 黄伟迪,印心悦.新媒体内容生产的社会嵌入[J].新闻记者.2017(9):15-21.

县级融媒体提供了一种新思考,即如何通过吸引公众参与提高传播力、引导力、影响力。笔者认为,针对"三力",可从构建县级融媒体中心公众参与的思维测评体系入手,从低到高对公众参与水平进行衡量,每个维度涵盖若干指数并加以权重。a. 基础维度——覆盖率。以"一网两微多平台"的新媒体官方数据为主要依据,辅以第三方数据挖掘技术进行综合计算。b. 中层维度——关注度。以县级新媒体平台和第三方监测数据为重要支撑,以信源依赖、公众活跃度和黏性等为重要指标。c. 中高层维度——影响力。高关注度≠高影响力,设置网民主动回复数、评论数、转发数、私信次数和人数等变量。d. 高层维度——吸引力。以公众对县域新媒体中心的综合评价、积极态度、参与行为等为主要考量因素。

(二)社会嵌入

"嵌入性"问题是马克·格兰诺维特开创的新经济社会学首先关注的议题,也是该学派重要的认同依据与主要问题,虽然招致其他学者对"嵌入中心论"的批判[①],但是这种网络视角的确具有很强的学术价值和实践启迪意义。县级融媒体中心并不是外在于地方社会的,而必须把它视为总是嵌入在社会结构、社会关系之中,需要与本地的风俗、制度、文化紧密结合,它所嵌入的地方社会网络也将是获取资源、增加信任、降低成本的重要平台。县级融媒体中心的社会嵌入有三重内涵,分别是结构嵌入、关系嵌入和场景嵌入,前两者是格氏用来分析经济行为和社会关系时提出的经典分析框架。(a)结构嵌入突出网络主体性,从网络关系的视角看待个体在网络中的结构特征,这是前述公众参与的深层展开,不但要强调县级融媒体在国家整个媒介融合战略结构中的重要位置,明确其作为国家媒介融合战略中的基础地位和肩负打通信息传播"最后一公里"的责任,更要抓住作为基层单位贴近群众的特性,利用地方特色显化个体主体性。(b)关系嵌入是要明确县级融媒体如何勾连网络中基层网络行为主体之间的关系,将在线的强关系、弱关系转化为网络机制中的信任关系,增强社会资本。Uzzi、Mc Evily 和 Marcus 认为可以从信任建立、优质信息共享和共同解决问题三个维度来研究关系嵌入性。[②] (c)场景嵌入则是

① 汤志杰.新经济社会学的历史考察:以镶嵌的问题史为主轴(上)[J].政治与社会哲学评论,2009(29):135-193.

② Uzzi B. Social structure and competition in interfirm networks: The paradox of embeddedness [J]. Administrative Science Quarterly, 1997, 42: 35-67. Mc Evily B, Marcus A. Embedded ties and the acquisition of competitive capabilities[J]. Strategic Management Journal, 2005, 26(11): 1033-1055.

通过大数据、人工智能技术将前两种嵌入的可行性最大化的手段,没有日常生活实践中的场景嵌入,结构嵌入和关系嵌入也只能是空中楼阁。

(三)再造"平台"

再造"平台"意味着在现有平台之外再造一个新平台,意义何在?因为现有语境中的大多数"平台"和渠道、手段几乎为同义词,"平台"的内涵并非这么单薄,它是一个生态系统,是范·迪克笔下"破坏性创造"后在线系统与社会的互嵌,即一种可编程的数字体系结构,旨在组织用户之间的交互,不仅是最终用户,还包括企业实体和公共机构。它面向系统收集、算法处理、循环和用户数据货币化,平台渗透到影响机构、经济交易和社会文化实践的社会核心,因此迫使政府和国家调整其法律和民主结构,但是要注意考虑平台的意识形态性:平台既不是中立的,也不是价值无涉的结构,已有特定的规范和价值铭刻其"架构"中[①],斯迈斯曾以批判视角分析了技术的意识形态影响。[②] 笔者认同技术的非中立立场,县级融媒体"平台"设计为单向的信息传播系统还是双向互动的沟通平台都将对基层县域的制度、社会结构和文化实践产生相应的后果。归根到底,县级融媒体中心的建设方向和目标面对的核心问题绝不仅仅是媒体的问题,而是国家整个舆论宣传在基层是否能产生影响力、传播力、引导力和公信力的问题,这也是将县级融媒体中心建设为信息公开、公共服务和公民参与的新闻、政务、服务、电商等综合性平台的理想思路。

一种技术嵌入的成功与否,在很大程度上取决于它是否能适应和改变所在组织的制度、观念以及资本转换方式。任何新技术嵌入这个社会都是一个相当艰难的过程[③],按照保罗·萨弗的说法,至少在过去 5 个世纪里,新思想完全渗入一种文化所必需的时间数量,一般约为 30 年,新技术也是如此。[④] 萨弗进一步把这 30 年以 10 年为一周期划分为三个阶段,在第一个 10 年里会有许多兴奋和迷惑,但是渗透得并不广泛。第二个 10 年里有许多的潮涨潮落,产品开始向社会渗透。人们会在第三个 10 年将这项技术视作只不过是一

---

① José van Dijck, Thomas Poell, Martijn de Waal. The Platform Society[M]. Oxford: Oxford University Press. 2018:17-23.

② 达拉斯·斯迈斯.自行车之后是什么?——技术的政治与意识形态属性[J].开放时代,2014(4):95-107.斯迈斯认为技术有三层含义,第一层是属性问题,每一种技术都具有政治属性,它可以决定将知识以某种实际的方式应用。第二层含义是指结合研发过程寻求做某事的最佳工艺条件。第三层次的技术从第二种意义延伸到了囊括对研发工作成果的全面实施或"创新"。

③ 胡翼青、沈伟明.艰难的嵌入:反思"两微一端"的当代社会实践[J].编辑之友,2018(6):5-12.

④ 转引自菲德勒.媒介形态变化:认识新媒介[M].明安香,译.北京:华夏出版社,2000:7.

项标准技术,变得十分普通,随之新技术和新思想就这样扩散开来。县级融媒体中心的建设不应等到第二个10年才将数字媒体的新技术和思想渗透到社会,而是在启动点就应该考虑到公众参与、社会嵌入和"平台"再造的可能性发展,使县级媒体成为连接城市与农村的关键节点。

根深才能叶茂，源远方能流长

——学思践悟总书记关于扎实抓好县级融媒体中心建设的实践与思考

河北省香河县委宣传部副部长、县融媒体中心主任　史长城

背景：党的十八大以来，习近平总书记对党的宣传工作多次做出重要指示，强调在新形势下，党的宣传工作者要有互联网思维，要坚持传统媒体与新兴媒体融合发展。党的十九大以后，习总书记高瞻远瞩，把党的宣传思想工作上升到关乎党的执政基础，关乎国家的长治久安，关乎国家民族的前途命运，关乎中华民族的伟大复兴的高度。2018 年 8 月 21 日在全国宣传思想工作会议上，习近平总书记提出：扎实抓好县级融媒体中心建设，更好引导群众、服务群众。同时赋予党的新闻工作者举旗帜、聚民心、育新人、兴文化、展形象的职责和使命。

观点：县级融媒体作为党的宣传舆论工作"最后一公里"，是最贴近基层、贴近群众、根植本土的基础部分，是党的整个宣传思想文化体系的"神经末梢"，是跟基层干部群众最熟悉最容易打成一片的党的桥头堡。站在这个桥头堡上为群众做好宣传服务，让百姓听懂党的声音，理解党的决策，融合党的意志，让党的声音传得更开、传得更广、传得更深入，必须依靠创新，创新理念、创新思维、创新手段、创新表达方式、创新载体。

香河县委、县政府认真学习贯彻习近平总书记关于党的宣传工作的系列讲话，全面贯彻落实全国和省市委宣传思想工作会议精神，结合香河县宣传工作实际，从 2018 年 8 月开始，精准发力，全面建设县级融媒体中心。香河县融媒体中心于 2018 年 11 月 6 日在廊坊市首家率先挂牌运营。香河被廊坊市委宣传部确定为全市县级融媒体中心建设示范县。

一、学懂、弄通、做实，"中看"更要"中用"

香河县融媒体中心挂牌运营以来，作为首位责任人，对照习近平总书记十八大以来对党的新闻宣传工作的系列讲话和新时代对党的意识形态工作提出

的新要求,我努力在"学懂、弄通、做实"上下功夫,团结和带领一班人,在具体实践中学思践悟,以总书记提出"要扎实抓好县级融媒体中心建设,更好引导群众、服务群众"的重要指示作为开展工作的根本遵循,结合香河县宣传工作实际,进行了一些有益的探索与尝试。同时,对在扎实推进融媒体中心建设中遇到的困难和问题进行了剖析与思考。

作为县级融媒体中心的具体建设者,必须在真正"学懂、弄通、做实"上下功夫,做文章,并带出一支严格遵循中央精神和总书记要求的县级融媒体建设的生力军。

中宣部等部门《关于加强基层宣传思想文化工作的意见》明确提出,宣传思想文化工作的服务对象在基层、工作主体在基层、任务落实靠基层,要坚持重心下移、力量下沉,进一步强化措施、整合资源、调动各方面积极性,着力加强优质文化产品和服务的供给。

香河融媒体中心以互联网思维为导向,以先进技术为支撑,把县域内广播、电视、报纸、网站、"两微一端"、户外大屏等公共媒体资源有效整合,搭建起全新的"一体策划、一次采集、多种生成、多元传播"的管理系统,推动传统媒体和新兴媒体在内容、渠道、平台、经营、管理、技术、人才等方面共享融通,实现全媒体运作、全终端覆盖、全方位服务,努力将香河县融媒体中心建成县域内最权威的新闻发布平台、最智能的社会服务平台、最全面的文化传播平台。

香河县融媒体中心紧紧抓住媒体深度融合的关键,积极构建适合县级融媒体发展需求的技术保障体系和全新的策、采、编、发流程。设立融媒体总编室、融媒体采访部、融媒体编发部。融媒体总编室"一体策划"宣传选题,对新闻产品进行政治把关、内容把关、质量把关,以及资源协调、外宣联络、监测分析、舆情应对等工作;融媒体采访部按照要求,完成新闻、电视栏目等稿件撰写、视频编辑、图片拍摄等基础工作,实现"一次采集";融媒体编发部根据报纸、电视、广播、网站、手机报、微信公众号、手机 APP 和户外大屏等平台的不同需求,对收集到的新闻产品进行再次加工,实现"多种生成",并把审核通过之后的传媒产品,通过报纸、广播、电视、新媒体等渠道进行推送和发布,实现"多元传播"。这有效推进了媒体深层次的融合,充分发挥了各媒体间深度融合和聚合共振效应,不断提高了新闻信息生产、传播、服务能力,更好地发挥了舆论引导功能,真正实现了"一次性采集、多渠道发布、快速度传播、广覆盖受众"的新格局。

二、肩负使命，以品质和内容，筑牢基层宣传思想文化阵地

“经济建设是党的中心工作，意识形态工作是党的一项极端重要的工作。”这一定位，是“两手抓、两手都要硬”思想的继承和发展，是党长期执政的根本保障。历史和现实反复证明，做好意识形态工作，事关党的前途命运，事关国家长治久安，事关民族凝聚力和向心力。县级融媒体中心是最贴近基层、贴近群众、根植本土的基础部分，是党的整个宣传思想文化体系的“神经末梢”，是习近平新时代中国特色社会主义思想指引广大人民群众的“最后一公里”，建设和巩固好这一阵地至关重要。

作为县级融媒体中心的带头人，做政治上的明白人，业务上的行家里手，是推进县级融媒体发挥作用的基础。我们要以习近平新时代中国特色社会主义思想和党的十九大精神为指导，增强“四个意识”、坚定“四个自信”，自觉承担起举旗帜、聚民心、育新人、兴文化、展形象的使命任务。要强化围绕中心，服务大局，不断增强责任感、使命感、紧迫感，坚决学习宣传好党的方针政策，紧密结合县委政府中心工作，以引导群众、服务群众为主线，做好媒体融合的战略布局，扎实建设好县融媒体中心。

县级融媒体中心最大优势就是广泛开展接地气、有特色、小众化、本土化的服务。香河县融媒体中心自 2018 年 11 月 6 日正式挂牌运营以来，按照习近平总书记做好新形势下宣传思想工作的总纲领、总部署，围绕“主流舆论阵地、综合服务平台、社区信息枢纽”这一功能定位，有针对性开拓了“媒体＋政务、媒体＋服务、媒体＋智慧”等多个项目和多板块，开设了“新闻＋问政”专栏专区，把时政、教育、经济、医疗、文化、普法及精神文明建设等内容作为融媒体中心的宣传内容，成为当地政务信息发布和地方政府为百姓办事、倾听群众呼声的最直接的平台，融媒体平台智能指挥调度中心、舆情监控中心、民生服务平台多终端信息梳理和上传下达，成为沟通政府与群众的桥梁纽带，主流媒体的公信力、引导力进一步增强。

三、学思践悟，深刻理解，建设县级融媒体中心的重要性

2018 年 8 月，习近平总书记在全国宣传思想工作会议上发表重要讲话，指出“要扎实抓好县级融媒体中心建设，更好引导群众、服务群众”，从国家战略层面提出了县级融媒体建设的发展方向。

目前，在全国县级融媒体中心建设中，各级党委都在强力推进，取得了阶

段性成果,总体态势健康有序,但也存在这样那样的问题和模糊认识。笔者针对目前县级融媒体中心建设中出现的一些现象,做了观察和梳理,比如:有些单位和部门对县级融媒体中心建设定位不够准确,没有对总书记和中央对扎实抓好县级融媒体中心建设,更好引导群众、服务群众的要求进行全面学习和深入理解,对县级融媒体中心建设的关键没有准确把握。概念不清楚,发展路径不明确,甚至混淆视听,假借错误的理解念歪经,误导一些没有学懂弄通的同志把扎实建好县级融媒体中心、关乎国家民族复兴的战略工程当成部门利益、企业利益来绑架,有的找出n种理由、罗列n多困难推迟建设,有的只挂牌未运行等。

作为新形势下县级融媒体中心的领跑者,必须准确领会全国宣传思想工作会议精神和总书记的重要指示,与中央建设县级融媒体中心的要求和要达到的效果相向而行,真正理解中央对县级融媒体中心建设是新时代治国理政新举措,是强化新闻舆论阵地、提升社会治理水平、加大风险防范力度的有效方法。县级融媒体中心建设是服务人民、联系群众的需要,是统一思想、凝聚共识的需要,是媒体融合纵深发展的需要。县级融媒体中心建设将打通媒体融合的“最后一公里”、连接群众的“最后一公里”、基层治理的“最后一公里”,更好地满足人民群众对党的政策、经济、文化和精神文明等信息的需求,扩大社会主义核心价值观影响力的版图,让党的声音传得更开、传得更广、传得更深入。

建好县级融媒体中心,选好配强领导班子是关键,按照习近平总书记提出的实现政治家办报(办台)的要求,把既对党忠诚,政治素质过硬,又真正懂新闻的业务能手优先纳进班子,要不拘一格选人才,把对互联网技术娴熟掌握和应用的人才选至融媒体中心总工岗位,锻造一支能够保证互联网安全的工程师队伍。

四、加强网络风险防范,做好网络宣传防火墙

2019年1月25日,在中共中央政治局第十二次集体学习中,习近平总书记把脉媒体融合,强调“要从维护国家政治安全、文化安全、意识形态安全的高度,加强网络内容建设,使全媒体传播在法治轨道上运行”。

在新形势下,作为新时代媒体人,提高互联网是舆论斗争的主战场、是意识形态较量的最前沿的认识。在“人人都有麦克风”的自媒体时代,舆论环境、媒体格局和传播方式发生了深刻变化,县级融媒体中心建设是坚持正确政治方向、舆论导向、价值取向,防范化解重大风险的重要阵地。这其中要及时处

理好几个层面的关系。

第一，要处理好县级官方媒体与自媒体的关系，包括单位部门企业自办媒体的关系。自媒体又称“公民媒体”或“个人媒体”，是指私人化、平民化、普泛化、自主化的传播者，它拥有较大的话语空间与自主权，使用者可以自由地构建自己的社交网络等。自媒体成为了平民大众张扬个性、表现自我的最佳场所。所以从中文的字面意思来讲，自媒体的“自”还可以理解成“自由度”。习近平总书记在全国宣传思想工作会议上发表重要讲话，从国家战略层面提出了县级融媒体建设的发展方向——“更好引导群众、服务群众”。习近平总书记强调：我们必须把意识形态工作的领导权、管理权、话语权牢牢掌握在手中，任何时候都不能旁落，否则就要犯无可挽回的历史性错误。有些社会自媒体因为缺乏足够的政治意识和社会责任，缺乏专业素养，造成传播信息不准确、不全面，引发误导误传的情况时有发生，甚至造成无法挽回的恶劣影响，这是极其可怕的结果。

笔者认为，为扩大覆盖面和发挥群众中优秀宣传人才作用，可以尝试实行社会购买服务，广泛吸收社会优秀作品，经审核把关后统一发布。对融媒体中心自身生产内容，也要严格把控、审核。建立内容准入制，厘清引导群众、服务群众的概念，不可盲目追求黏住客户而不顾及党媒属性和党媒的职责职能。同时，培养对党忠诚、言行合一的新闻宣传工作者队伍，打造继承和发扬党的优良传统的宣传先锋队。可以采取审核负责追究制，若出现错误，在给予经济处罚的同时，予以追究责任。

第二，要加强与县级网信办的联系，县级融媒体中心和县级网信办同归口县委宣传部管理。县级融媒体中心也是社会安全形势的研判平台。县级融媒体中心通过及时提供真实客观的信息、观点鲜明的言论，掌握舆论场的主动权和主导权，使我们的网络空间更加清朗；借助网络技术平台，县一级网信部门与县融媒体中心必须建立以数据管理研判潜在风险的沟通和治理机制，准确把控舆情，从而维护国家政治安全、文化安全、意识形态安全。依法加强网络空间治理，加强网络内容建设，做强网上正面宣传，培育积极健康、向上向善的网络文化，这是县级融媒体中心建设的重要目标。县级网信办通过强化网络治理属地责任，打击不良信息、虚假信息、网络谣言的传播，推动正面宣传力量向网上聚集、在网上发声，巩固全党全国人民团结奋斗的共同思想基础。

五、做基层文化传播的“发动机”、经济社会发展的“助推器”

习近平总书记提出党的新闻工作者要讲好中国故事，传播好中国声音，要打通党的基层宣传“最后一公里”,做到上接天线、下接地气。

讲好故事的关键是要提高新闻产品的质量和水平,把握好时、度、效,增强吸引力和感染力,让群众爱听爱看、产生共鸣,充分发挥正面宣传鼓舞人、激励人的作用。上接天线,中央媒体要科学合理地吸纳县级融媒体,县级融媒体也要与省市媒体实现上下内容融合对接,从中央到基层实现全党宣传一张网、一盘棋,形成党媒宣传的最大同心圆。

香河县融媒体中心通过具体实践,在全国的影响力不断提升,官方微信平台“香河融媒发布”经央视审核通过,正式加入央视新闻移动网“媒体矩阵”,成为全市首家率先融入央视融媒体矩阵的县级融媒体,自 2019 年 3 月 1 日正式加入以来,先后发布原创短视频 50 余条,累计访问量超过百万。其中,原创短视频《满分 10 分,你给妈妈打几分?》《“拉大锯,扯大锯……”一曲〈姥姥〉唤起无尽的思念》两篇文章被列入央视新闻精选,原创短视频《一镜到底——香河这群主持人太会玩啦》访问量 10 万+。又陆续加入人民日报客户端和新华社融媒体矩阵等权威媒体平台。同时主动拓展和延伸宣传触角,吸纳镇村和部门平台,形成基层宣传矩阵,真正使县级融媒体中心实现“上接天线、下接地气”,更好地宣传中央和省市委精神,全面贯彻县委、县政府的决策部署,进一步拓展宣传布局,加快打造好在便民服务中心、文化艺术中心、医院、宾馆、车站、广场、社区、楼宇等人流密集场所的宣传阵地,建设户外和社区内高清新闻大屏的网络布点工作,让党的声音和媒体服务遍布城乡、社区,让百姓触手可及。

根植乡土,源远流长,在探索中前行,在创新中发展。下一步,香河县融媒体中心将牢牢把握“党媒姓党”的根本,坚持以人民为中心的导向,在不断提升编辑记者政治素质的同时,下力气培养融媒团队,整体性增强队伍的脑力、眼力、笔力和脚力,深入基层汲取更多的知识营养,提升宣传的引领能力和专业素养,不断更新理念,拓展平台,用百姓听得懂的语言、喜闻乐见的形式,真正发挥融媒体中心在基层文化宣传和舆论引导中的主导性、关键性作用,更好地引导群众、服务群众。

主动融合，力求实效，打造全媒体生态

——县级融媒体建设的分宜思考与实践

江西分宜县委常委、宣传部长　陈智明

江西分宜县融媒体中心总编辑　李建艳

江西省分宜县认真贯彻落实习近平总书记关于新闻舆论和媒体融合发展的重要指示精神，在上级宣传部门和广电部门的关心和支持下，大胆探索、先行先试，以原县广播电视台为主体组建县融媒体中心，构建起县级媒体融合的框架模式，形成了可操作、可复制、可推广的全国县级融媒体改革"分宜样板"。2018 年 5 月，分宜县在全国文化体制改革经验交流会上就县级融媒体改革作典型发言，受到中宣部高度肯定。作为全国县级融媒体改革 60 个典型示范县，分宜先后荣获"改革开放 40 年地方改革创新案例"、"改革开放四十周年全国百佳广播电视台"、江西省移动新媒体综合传播力十强县、江西市县（区）媒体融合标杆等荣誉。先后在中宣部举办的媒体深度融合工作推进会和全国新任县委宣传部长培训班、北京大学介绍改革经验，《光明日报》也作了报道。目前全国已有近 600 个市县区同行前来考察交流。

一、江西分宜融合实践

县级融媒体中心建设到底建什么、怎么建？2016 年 7 月，分宜县按照习总书记"融合发展关键在融为一体、合而为一"的指示精神，在省、市宣传部的精心指导下，坚持问题导向、因地制宜、量力而行原则，经过反复调研论证，确定了"5＋1"媒体融合建设框架，全面启动了县级融媒体中心建设试点探索工作。所谓"5＋1"，"5"分别是组织机构融合（融媒体中心）、技术平台融合（"中央厨房"、独立客户端）、管理机制融合（薪酬制度改革）、内容产品融合、运营体制融合（融美传媒公司），共 5 项融合建设；"1"是指人员转型融合。可以说，"5"是融媒体中心建设的"五大支柱"，是硬件建设；"1"是软件建设，要贯穿于整个融媒体中心建设发展的全过程。"5"对"1"也有很强的倒逼效应。

1. 组建县融媒体中心

分宜县共有7个县级新闻媒体,分别由3个单位主办,县委宣传部主办了内部刊物、微博公众号、微信公众号和手机报4个,县文广新局主办了广播电台、电视台2个,县政府办信息中心主办了政府网站。我们将这7个媒体从主办单位中剥离出来,以县广播电视台人员为班底,加上县网络传输中心(自收自支的事业单位),整合为一,成立了分宜县融媒体中心,升格为县委直属正科级全额拨款公益类事业单位,归口县委宣传部管理。具体做法上可以概括为“三加一减”,“三加”即在机构级别、领导职数和事业编制上做加法,融媒体中心领导班子由原来的一个副科,升格为“两正三副”,其中主任、总编正科各1名,副主任、副总编副科3名;事业编制由原来的34个(其中空编12个)增加到40个。“一减”即在内部科室设置上做减法,设置了“两室三部”,分别为总编室、办公室和新闻采访部、编辑制作部、技术部。为方便工作,对外保留县广播电视台、县网络传输中心两块牌子。

2. 建设“中央厨房”

2017年4月,依托江西日报社“赣鄱云”智慧云平台,采取独站点模式,建成上线了分宜县融媒体“中央厨房”平台和“画屏分宜”客户端,实现所属客户端、WAP手机网、PC网站、微博、微信等媒体的集中管控和一键分发,从内容、用户、技术、终端四个维度上实现“打通”“共享”“融创”。同时在“中央厨房”平台上,建成了一个移动采编系统,实现了移动指挥调度、现场采访发稿和移动审核功能;集纳了一个舆情监控系统,实现了互联网涉及分宜信息以及网络热点新闻的实时采集,指导服务新闻生产。依托江西日报“赣鄱云”建“中央厨房”,实现了减少资金投入、确保技术安全、打通向上传播渠道三个方面的便利。

3. 赋能融媒体客户端

贯彻落实“新闻+政务+服务”理念,不断拓展“画屏分宜”客户端平台功能,朝着“一端在手、天下全有”方向努力奋进。目前,“画屏分宜”客户端不仅集成了县融媒体中心所属7个新闻媒体端口,构建了覆盖县直单位、乡镇(街道)、村(社区)的微博微信矩阵,做到一键打开、一端呈现,让群众方便快捷地浏览新闻信息,还增加了便民缴费、文化旅游、交通出行、教育培训、健康养生等服务内容,添加了本地公积金、交通违章、扶贫超市等信息查询功能,开设了《党群》《问政》专栏,随时收集民生、投诉、政策解答等各方面问题的群众反映,并建立了各单位信息员限时回复制度,方便了群众生活,密切了干群关系,增强了用户黏性。

4. 实行薪酬制度改革

按照同岗同责、同工同酬、优劳优酬、多劳多得原则，对县融媒体中心实行全员绩效考核工资制，打破编内编外身份差异，用一把尺子量人才、评业绩，极大地激发了全员积极性、主动性、创造性。绩效考核每月进行、每月兑现，考核指标向一线采编人员和骨干人员倾斜，鼓励多劳、优劳，鼓励全员直接参与采编业务，全员月收入人均增长 20% 以上，聘用人员月收入基本实现了翻番。绩效资金主要有两个来源：经营创收和财政划拨事业编制人员工资的一部分。财政划拨事业编人员的月工资，其中 70% 入账事业编制人员个人账户，其余 30% 由财政一次性划入县融媒体中心账户；岗位任务划分为三类四层来定岗定任务。三类就是采编业务类、保障服务类和行政管理类岗位，四层就是将每类岗位细分为管理岗、中层岗、骨干岗、一般岗四个层级，然后根据不同类别层级，分别确定各岗位的月度、年度工作任务量；绩效考核采取积分制，分值指标设计中融入了正反激励机制，既重数量也重质量，有奖也有罚。超额完成任务量有加分，承担完成本职外工作有加分，工作质量高分值也高；反之，本职工作任务未按时完成要扣分，工作中出现失误、错误要扣分。比如，采编业务工作绩效考核，考核指标主要是采编发数量＋优稿数＋网上供稿数量＋阅读点击量，体现既要数量也要质量的要求。保障服务类、行政管理类岗位工作人员参与新闻采编工作，同样按这些指标计分加分。

5. 运营融美传媒公司

2017 年 7 月，分宜融媒体中心注资成立融美文化传媒公司。融美公司为国有文化企业，挂靠县国资局，接受县国资局监管；县融媒体中心派人出任董事长，全面负责公司经营管理。融美公司依托融媒体中心经营业务、开拓市场，为融媒体中心输血造血、招人育人。自成立以来，融美公司积极跳出单一的广告创收模式，致力于深耕本土文化市场，成长为自办承办群众文化活动的主力军、进军文化设计施工市场的生力军。先后举办“声动分宜歌手大赛”“少儿才艺大赛”“形象大使”等大型综艺活动 10 余场，承办“江西好人发布会”、“分宜最美人物颁奖晚会”、警营文化成果展示汇演、“最美护士”颁奖晚会、“红色家书”主题演讲比赛等部门单位重大文化活动 30 余场，成功打造出“百姓春晚”群众文化品牌，丰富了群众精神文化生活。2018 年，融美公司创收 900 余万元，是 2016 年的 14 倍，其中群众文化活动创收约 300 万元。

6. 培育全媒体人才队伍

分宜县融媒体中心现有工作人员 60 人，其中事业编制人员 32 人，聘用人员 28 人。这些同志要么是毫无经验的新进来的年轻人,要么是仅有单一媒体业态工作经验的“老革命”,破解“本领恐慌”难题迫在眉睫。为此,从改革之初起,县融媒体中心就十分重视抓全员学习培训和实践锻炼,坚持每周召开一次新闻阅评和业务研讨会,每月邀请中央、省、市资深专家开展一次全员专题培训;利用上级媒体记者来县采访机会派人跟班学习,利用每年承办大型文化活动进行直播实战,先后派出 30 余人次到外地学习考察;2018 年又推行“乡村宣传员”制度,派出 16 名记者编辑深入到全县各乡村,当好乡村新闻宣传的策划员、协调员,新时代文明实践站的宣讲员、督查员,不断开阔视野,更新观念,提升技能。

二、主要成效

分宜融媒体中心完成五大支柱建设以来,总体运行效果良好,取得了初步成果,归纳起来主要有以下三个方面。

1. 新闻生产效能大幅提升

通过“中央厨房”建设,搭建起集“采、编、摄、传、播”于一体的云平台,实现新闻生产流程的技术再造。新的采编发系统打破了原有的平台界限,采编发人员“人人见面、面对面工作”,形成了“大编辑部+垂直采编团队”模式;开放的移动采编系统,不仅能令记者将现场采集的文字、图片、音频、视频同步到云稿库,还能更大限度发动群众采集信息,建立丰富的信息资源云库,真正实现“一体策划、一次采集、多种生成、多元传播”,进一步解放和发展了新闻生产力。改革后,每周新闻稿件播发量接近翻番,原创新闻稿件增加三倍以上。

2. 新闻传播力影响力显著增强

分宜县融媒体中心与省、市媒体加强联动,记者将写好的稿子上传到“中央厨房”,中国江西网、江西手机报、新余发布、画屏分宜的编辑马上进入“中央厨房”,按需加工编辑,然后在各自的微博、网站、客户端和手机网等平台进行分发,实现了省、市、县“由下而上”的三级联动。2018 年端午节期间,分宜县下辖的洋江镇举办龙舟竞渡和端午民俗活动,通过省、市、县三级互动直播,取得了很好的宣传效果。在线观看人数突破 400 万,仅分宜融媒体客户端直播点击观看人数就达到 235 万人次,是分宜县总人口的 7 倍,影响力和传播辐射力均超历史。中央电视台新闻直播间也积极参与进来,进行了连续 6 分钟的直播。

3. 一专多能型人才茁壮成长

薪酬制度改革后，融媒体中心人员面貌焕然一新，学习的自觉性、工作的主动性明显增强。以前记者手里只有一个本子、一支笔，最多肩上扛个摄像机；现在记者手里则多了手持云台、数码单反、录音笔、笔记本电脑、无线网卡，甚至无人机。以前一个活动需要 2～3 个记者，现在由采访中心调度，1 个记者就可以完成，采编人员越来越精干，宣传水平越来越高。2017 年度江西新闻奖评选中，分宜县选送的新闻作品有 4 件获江西新闻奖三等奖；2018 年选送的 6 件作品全部获奖，一二三等奖分获 1、2、3 个，其中一等奖作品获推荐参评中国新闻奖和中国广播影视大奖。分宜县融媒体中心连续两年成为江西省获奖最多、奖项最优的县级媒体。

三、要注意把握的几个问题

媒体融合是一个长期的系统工程，并非一融解千愁。当前，媒体融合正由渠道、平台、经营、管理等方面的深度融合转向系统、服务生态融合，朝着更加纵深方向推进。分宜县融媒体中心建设起步早，取得了初步成果，但全国各地情况不一，融合过程中还有几个问题要注意把握。

1. 要获得当地党委、政府支持

融媒体中心建设是一项系统工程，是一项重大改革，涉及人财物处置、权力权益分割，涉及要钱要人要编，没有一点压力和阻力是不可能的，没有一把手重视支持是会寸步难行的。分宜之所以改革实效好，关键在于县委书记对宣传工作极其重视，加上省、市委常委宣传部长支持，把融媒体改革列为县委全面深化改革重点突破项目，重点调度重点抓，对改革中的要钱要人要政策请求基本上照单全收。县长还特意把融媒体中心建设纳入县政府民生实事清单，单独立项 900 万元优先予以保障。市、县把县级新闻媒体融合发展工作列为市、县委全面深化改革的重点突破项目，确立了由县委书记负总责、直接抓，县委宣传部长具体抓，组织部长、常务副县长参与的工作格局。制定出台《分宜县县属新闻媒体融合发展改革工作方案》，细化责任分工，建立联席会议制度，强化工作调度，确保改革顺利稳步推进。

2. 要坚持因地制宜

人和机制是重点也是难点，有的条件好，有的基础弱；有的可以做加法，有的可能应该做减法，情况各不相同。分宜县在江西省 100 个县区中，人口少，面积偏小，经济发展水平中等，2018 年财政总收入 24 亿元。一开始对融媒体中心怎么建,也是两眼一抹黑,只能坚持问题导向,从实际出发,不搞高大上,但重实效,花的钱也不多,与中西部很多县区的情况基本类似,所以模式基本可以复制。但在经济发达地区,媒体发展基础不一,可以以广电为主,也可以由报社为主推动媒体融合,主要看当地实际情况推进,切忌一刀切。

3. 要深化体制机制改革

在争取政府财政支持的同时,针对融合后出现的新情况新问题,建立更加完善科学的绩效考核和激励机制。要解决造血功能问题,将事业发展与产业经营分开,通过提供更丰富的市场化服务来壮大基层舆论主阵地。

4. 要坚持改革永远在路上

分宜县媒体融合发展改革与习近平总书记 2019 年 1 月 25 日在中央政治局第十二次集体学习会上提出的要求还有不小的差距,对照各地先进成功经验还有一些短板弱项。4 月底,分宜县又出台工作方案,成立了县委书记任组长的领导小组,启动了融媒体中心升级版建设。升级版重点在用好融媒体上下功夫,着力在平台赋能、技术支撑、内容生产、经营管理四个方面优化升级。

发展中的问题,唯有在发展中才能迎刃而解。要以习近平新时代中国特色社会主义思想为指导,从党和国家的战略和全局高度充分认识县级融媒体中心建设的意义和作用,积极作为,抓住这一难得的历史机遇和重大的政策利好,乘势而上,以主动有为赢得主体地位,把党和政府的声音传递到千家万户。

新时代治国理政新平台

河南省项城市人民政府副市长、融媒体中心主任　王　艳

习近平总书记指出，要扎实抓好县级融媒体中心建设，更好引导群众、服务群众。当前，县级融媒体中心建设在全国进行得如火如荼、轰轰烈烈，但在建设中大家都有不少疑问，融媒体融什么？怎么融？县级融媒体中心怎么建？建成什么样子？项城市经过近三年的实践探索，在不断试错纠错中，对县级融媒体中心建设有了清晰的路径：县级融媒体中心不仅是“主流舆论阵地”，还是一个“综合服务平台”“社区信息枢纽”，更是一个新时代治国理政的新平台。

一、基本情况

项城市位于河南省东南部，总面积 1083 平方公里，人口 126 万，2018 年，财政收入 12.2 亿元。项城融媒体中心成立于 2016 年 10 月，融合电台、电视台、报纸、杂志及两微一端一网，同时融合全市 70 家官方网站、42 个微信公众号等，维护上千个微信工作群，达到“一呼百应”，实行统一管理、统一运营、统一发声。近三年来，项城融合传播取得了良好的政治效应、社会效益和经济效益，2018 年实现创收 3200 万元。受到了中央政治局委员、中央书记处书记、中宣部部长黄坤明同志的充分肯定。河南省委常委、宣传部部长江凌对项城融媒体建设也给予了高度赞扬，在项城召开过两次跨省片区现场会。先后有 30 个省（直辖市、自治区）、500 多个县区、6000 多人来到项城融媒体中心现场实地考察交流。

二、重支持

一是党委重视。成立了媒体融合工作领导小组，由市委书记任组长，市长任常务副组长，常委、宣传部长兼任办公室主任。多次召开专题会议，研究解决融媒体中心建设中存在的各种问题。市委书记、市长多次到项城融媒体中心调研指导，现场拍板解决存在的问题。

二是政策倾斜。给融媒体中心增加了事业编制,并充分放权,给予融媒体中心招聘人才的自主权。对招聘的高端人才,项城市政府按照一定标准发放安家费和生活津贴。

三是资金扶持。两年多来,市财政先后投入1000多万元,建成了"中央厨房",购买了直播车,建设了360°全媒体演播厅,添置了采编播高清设备,为媒体融合夯实了硬件和技术基础。

三、融什么

县级融媒体中心建设,说到底是媒体融合的过程,是媒体的互联网化,是依循互联网思维建构一个新型传播体系,从而使主流媒体能够在互联网上和移动终端继续拥有主导舆论的能力。

项城在媒体融合的探索过程中,对融什么进行了多次讨论,最终确定为:一是融人民,二是融城市,最终融价值。

但是无论怎么融、融什么,首要的就是坚守媒体的职责和使命,始终把引导群众、服务群众作为我们的出发点和落脚点,把互联网这个"最大变量"变成经济社会发展的"最大正能量"。

一是融人民

融媒体不仅仅是传播手段、内容、技术等方面的融合,核心是让媒体和人民群众相融合,这是融合的第一要务。只有和人民相融合,才能更好地引导群众、服务群众。

努力促使受众成为融合传播形态下的内容产品的生产者。融媒体中心就是全市人民的播出平台。通过内容生产流程再造和受众的广泛参与、多元互动,实现深度融合,在参与互动中引导群众。我们的手机APP有用户35万人,连接和维护了1080个微信工作群,粉丝37万人。用一个手机小屏搅动一座城,影响了一座城。

努力促成总书记的思想与老百姓日常生活相融合,精心策划选题,比如我们策划了"拍拍项城上空的云"活动,有几万人参与。我们把这些参与受众身边鲜活而又动感强烈的素材制成体现不同媒体传播特点的丰富节目,在各平台播发,节目的最后,提炼出总书记说的"绿水青山就是金山银山",让老百姓自己感受到总书记讲的就是他们身边的事。

在高效优质服务中引导群众。结合当地党委政府的工作大局和重点工作,我们开设了贯穿全年的50档栏目,比如:《环保在线》《脱贫路上》《法治在线》《安全零距离》等等。通过多个平台进行传播互动，在互动中把党委政府的工作部署生动活泼地传递到基层，凝聚全市人民的共识。基层的声音在第一时间反馈上来，为市委市政府决策提供现实依据。

在中心工作中，项城融媒体舆论先行，成为工作开展的“助推器”。

在创建国家卫生城时，项城融媒密集发声、全民动员。线上线下全媒体启动“最美庭院、最美胡同、最美商户、最美小区”系列评选活动，利用微信群抛送评选话题：亮一亮最美庭院、最美小区大 PK 等，让市民热议，参与网络投票，在全市掀起人人争最美、家家创最美的热潮。聚焦主题，周密策划，每天进行多路直播，全方位、立体式直击创城工作。行动快、落实好的单位介绍经验，市民留言点赞。进度慢、落实不到位的单位负责人现场表态整改期限，对多次整改不到位的单位进行电视问政，市纪委跟进问责。强大的舆论宣传氛围，倒逼各个创城单位对标找差、争先创优。在创城开展仅仅 20 多天的时间进行直播达 42 次，每场直播点击量达十几万次，每天推出创卫节目 20 多条，有力助推了创城工作的开展。

在取缔城区非法营运三轮车时，项城融媒体中心经过认真策划，全方位、多角度、全媒体对非法营运三轮车的危害进行深入宣传，群众不但拒坐三轮车，而且积极举报。短短两个月的时间，顺利取缔全市 1.8 万多辆非法营运三轮车，没有出现一起上访。

在舆情面前，项城融媒体响亮发声，正确引导，及时化解舆情。在 2017 年拆迁过程中，微信朋友圈疯传一段视频，视频当中显示几位妇女向两位官员模样的人下跪，而视频当中配发的文字称，这是项城公园对面的邝庄拆迁现场。后经证实，该视频中的地方根本不是我们项城。融媒体中心派出全媒体记者，通过广播、电视、网络的宣传，迅速澄清了事情的真相，而散布这一谣言的李某某被依法行政拘留。

2018 年 8 月，项城市遭遇了几十年不遇的强降雨，融媒体中心第一时间报道了四个班子和党员干部抗险救灾的场面，让广大群众深切感受到，危难时刻，我们的领导干部始终同人民在一起。全市人民众志成城，团结一致，抵御暴雨灾害，极大地提升了党委政府的公信力，树立了党员干部的良好形象，广大群众纷纷点赞。

如今，在项城，任何一项中心工作的开展，都是媒体宣传先行，通过舆论监督推动工作，积极为政府分忧。在 2017 年搬迁信访、重大项目建设曝光、秸秆禁烧的督查、百城提质建设等重点中心工作中，我们始终以媒体的崇高责任，敢于担当，冲在一线，圆满出色地完成了各项任务，也得到了市委市政府的充分肯定。

打通服务群众的“最后一公里”,关注百姓的衣食住行、柴米油盐、生老病死,千方百计帮助解决群众反映的热点难点问题。在融媒体平台上设立了市长信箱、市长热线、群众爆料、民生诉求等功能,开设了《家居商城》《吃好喝好》《全民K歌》等40多个专栏,深度黏合126万群众。成立了“融媒体爆料团”,开设“马上就办”专栏,解决群众诉求,成为群众离不开的“贴心人”。

我们的《全民问政》栏目被百姓誉为项城的《焦点访谈》,一些群众关心关注的事情经过问政后得到解决。近年来,解决群众反映问题3万多件,解决率达95%以上。

建立服务平台,开通了水费、电费、医保、社保、公积金等查询功能,老百姓越来越多的生活服务从线下转向网上办理,为市民提供了极大便利。

开展最美系列评选活动,我们还每年开展道德模范评选、关爱留守儿童、助学、敬老等20多场大型公益活动,每场活动都轰动一座城,温暖一座城。每年都有上百场各行各业评选各类名人、项城好人,带动更多的人向上向善,凝聚社会正能量。项城融媒不断发掘宣传最基层、最感人、最认同的最美先进典型,开展“最美系列人物”评选活动。每年开展上百场次“最美项城人”“最美党支部”“最美志愿者”“最美网红”等“最美”评选,通过塑造“最美形象”、唱响“最美声音”、传递“最美精神”,为实现中国梦增添正能量。2019年5月,项城市融媒体中心开展“寻找最美声音”活动,征集原创声音作品,数百名群众通过APP发送原创音频,10.2万人参与互动,习近平总书记的声音成为老百姓普遍认同的最美声音。

二是融城市

1. 融合市域媒体发布通道资源

我们依托广播电视台,成立了项城市融媒体中心,融合了八大平台、70个网站、42个微信公众号,还把公交车站牌、户外大屏、道路护栏等户外宣传点融入到融媒体中心,让宣传无处不在,无时不有。

2. 融合便民服务窗口

按照河南省委常委、宣传部长江凌在项城调研的指示精神,我们与文化、医疗、教育、交通、公安、环保等部门合作,打通市民之家、各镇办服务大厅,把政务数据整合到手机客户端,打造群众的“掌上政府”。

目前,市民之家只让群众和企业最多跑一次,和融媒体打通后,让群众一次都不跑,都能办成事。正在打通融合多部门数据,建设“城市大脑”,应用到交通、城管、应急、环保、农业、水务等领域，全面提升城市综合治理能力和服务水平。

四、怎么融

县级媒体怎么能达到融为一体？就是做到“六个创新”。

一是体制创新

体制的突破是融媒体发展的关键，如果体制改革不了，那么媒体融合也推动不了。我们打破身份限制，打通编外人员成长通道。坚持去机关化、去行政化，打破官本位，体制内外一样，员工能上能下，优胜劣汰。对于改革出局的人员，从政策上允许事业编制的员工保留事业身份，退休后依旧进入事业体制。今天干不好，明天就待岗，这已经成为常态。团队平均年龄在26岁。目前，融媒体中心的中层领导，都是富有开拓创新精神的90后。

二是管理创新

过去的媒体是从上到下的金字塔式管理。现在，我们适应互联网时代的组织架构，实行自下而上的管理。实行事业单位企业化管理，实行绩效考核制、零工资制、全员竞聘制、数据考核制。

数据考核就是根据每篇文章的日活量、点击量、活动量、转载量来考核，点击量高的分数就高，点击量少的，考核分数就低。我们的思维转变从传统媒体转变为互联网思维。

实行末位淘汰制，解决了人浮于事弊端，实现多劳多得，工资从几百元、几千元，到上万元不等，激发了大家工作的积极性。

三是人才创新

1. 开展“脚力、眼力、脑力、笔力”“四力”教育实践

我们把“四力”提升教育实践贯穿发展始终。根据实际情况开展不同的岗位练兵和专业实践。相继开展了“记者的工作职责和职业道德”“全国融媒看我们，我们应该怎么办”等十多个主题大讨论，组织开展全媒体人才技能提升活动，聚焦新中国成立70周年、对接“三大攻坚”“五个持续提升”，组织人员深入企业、车间、乡村开展蹲点式采访活动，全力讲好“项城故事”。

2. 我们与中国人民大学、中国传媒大学、浙江传媒学院、郑州大学、央视网、新华社、“二更”、“头条”等都达成了战略合作，请进来送出去。

3. 打造融媒“四能”人才：能写、能拍、能说、能剪，由一人一岗改为一人全岗。从自报选题、拍摄、配音、互联网传播等都是独立完成。

4. 人才不求为我所有,但求为我所用。聘请全国30多位专家组成智囊团,定期和不定期来中心开设系列专题讲座,举行座谈研讨,把脉问诊,解决发展中遇到的问题,及时研发新的发展模式,为融媒体中心发展提供了强有力的智力支持和创意保障。

四是技术创新

1. 加强与全国实力先进的技术公司合作,我们与央视网、中国人民大学、大象融媒等深度战略合作。建立了指挥中心,高质量开展选题策划、任务统筹、资源调配、节目审核等业务。对新闻事件作出及时、快速、高效的反应,实现资源最优化调配。建设了"中央厨房",依托云服务采编系统,在"一张网"内实现资源共享、一键分发。

2. 采用新技术,运用新科技,一名记者带着一部手机,能使用50多款软件来完成图文、音频、视频直播。

五是内容创新

坚持移动优先、内容为本、创意为要,生产短微视频、H5、VR、快闪产品,构建"小屏首发、大屏选发、多平台分发"的融合传播格局。

形式碎片化。全面升级融合传播,新媒体内容可以在广播电视上播出,在新媒体可以听电视,也可以看广播。做到平台相融,内容相通,互相引流。每天生产的短视频和微视频有近百档。

直播互动化。我们要求重大活动、重要会议都要进行直播,每周都要策划10次以上直播主题。目前,我们每天进行多路直播,通过演播厅,广播、电视、手机融合直播,主持人、专家和粉丝互动,进一步黏合群众。

内容本土化。在内容生产上融入地域特色,充分利用本土化资源,服务当地群众。音频以项城方言为主,极具地方特色,黏合周边群众600万人。依托"全项城"APP本地圈、学习答题等内容,融入当地用户、商家,用户学习积分,积分兑换奖品,提高群众的参与性、互动性,更好地把党的方针政策、当地党委政府的决策部署及时传达到基层。

六是运营创新

创新运营方式,增进服务效能,拓展经营渠道,着力打造"媒体+产业"模式,成为融媒体发展的源动力,只有收入多了,才能更好地发展。

"媒体+房产"模式。分为包销模式、提点分成模式、宣传销售模式,成为我们收入的重要来源之一。

"媒体+活动"模式。举办文明实践活动、项城春晚、道德模范颁奖等各类公益活动，联合商家举办了虫草消费节、海参消费节、净水机节等活动，每年活动达到200多场次。

"媒体+项目"模式。承建智慧植物园、智慧扶贫、智慧教育、智慧农业等项目，拓宽营收的渠道。

下一步，我们将延伸"新闻+品牌电商"的运营方式，为融媒体的长期可持续发展提供原动力。准备启动本地圈，集聚本地饭店、酒店等日常消费门店，打造本地美团。

项城融媒体中心经过近三年的探索和实践，媒体融合效果初显，融合出党的舆论阵地得到巩固的新气象，融合出媒体"大合唱"的新格局，融合出项城对外宣传的新形象，融合出经济社会发展的新局面。项城融媒体已经成为经济发展的"助推器"、社会和谐的"稳定器"。

媒体融合只有进行时，没有完成时，只有迭代升级，没有最终目标，在媒体融合的奋斗征程中，我们的探索和实践永无止境。

融媒体改革的济宁实践

山东济宁广播电视台党委书记、台长　张作昌

在媒体融合发展的大潮中，济宁广播电视台紧密结合实际，充分调研论证，借鉴成功经验，经过长时间的酝酿和准备，顺利实施了新一轮融媒体改革。融媒体改革与广电传媒集团组建同步进行，台与集团分设，一体化运作。在改革中，济宁广电着力机构重组、平台重塑和流程再造，始终坚持融合化、产业化和专业化方向，快速抢占融媒体发展高地，不断夯实区域主流媒体的技术优势和领先地位。目前，济宁广播电视台内部已经形成多部门协调同步、多媒体平台融合发展的良好局面。

近年来，媒体竞争和发展格局正在发生重大变化，对广电媒体的改革发展提出了新的更高的要求，在媒体融合发展的大潮中，如何才能找到既顺应发展趋势又适合自身需求的改革道路？这个问题被摆在所有传统媒体管理者的面前。作为地市级媒体，为进一步扩展发展空间，济宁广播电视台在深入分析与学习融媒体改革要义的同时，紧密结合实际，充分调研论证，借鉴成功经验，经过长时间的酝酿和准备，勇敢迈出实质性步伐，在融媒体改革方面给出了自己的"答案"。济宁广播电视台于 2019 年 5 月 10 日启动了新一轮融媒体改革，5 月 28 日召开了新体制运行启动大会，标志着济宁广电媒体融合发展的大幕正式开启。

一、融媒体改革的背景与考量

（一）广播电视行业面临严峻的生存考验

近年来，移动互联网的快速发展，催发了前所未有的媒体变革和舆论生态重构，传统媒体受众不断流失，市场份额逐渐缩小。广播电视所处的媒体环境竞争日渐激烈，生存发展面临前所未有的威胁与挑战，济宁广电认为，必须要抓住传统媒体与新媒体融合发展的历史机遇，主动创新、变革、融合，才会获得媒体持续健康发展的新空间。

（二）单位性质与经营模式难以适应新形势发展

广播电视台作为事业单位，不是合格的市场主体，经营范围、经营行为、发展模式必然受限，在政策层面对事业单位要求越来越严的形势下更是如此，传统媒体经营越来越难以支撑事业的发展，打破部门壁垒、融合媒体资源、组建传媒集团、发展文化产业已经成为传统媒体走出困境的必然选择。

（三）实施融媒体改革的条件已充分具备

经过 2013 年频道制改革，干部员工的心态和理念发生了根本性的转变，他们能够正视面临的各种困难，纷纷企盼改革、拥护改革；中央台、省台和一些外地城市台，在媒体融合发展上给我们提供了比较多的借鉴；近两年，我台利用市财政专项资金和自筹资金，累计投入数千万元，采、编、播系统持续更新，高清频道开播、手机客户端上线、媒资系统投入使用以及正在建设的融媒体平台二期工程等，使我们具备了快速转型融媒体发展的技术条件。

二、融媒体改革的主要内容与亮点

济宁广播电视台的融媒体改革和济宁广电传媒集团组建同步进行，主要内容可以用“一分、三化、三重”来概括。

“一分”是把内容生产和经营分开。在内容生产方面，成立若干个融媒体中心，专做时政类公益类的内容，重点打造品牌和影响力。经营全部放在济宁广电传媒集团，集团设立若干个营销服务中心，划行业进行专业化的经营，还有若干个子公司专门发展产业项目。台和集团分设，但一体化运作。

“三化”是融合化、产业化和专业化。融合化就是广播和电视相融合，传统媒体和新媒体相融合，事业和产业相融合，不仅仅是内容相融合，更重要的是重构内容生产和发布的流程，突出移动优先、先网后台的策略；产业化就是依托广播电视核心资源与不同行业相嫁接，通过发展产业项目来拓展广播电视发展空间；专业化主要体现在内容生产方面，把公益性的内容做好做精，做出影响力，做出品牌，在经营方面对各个行业进行专业化的开发。

“三重”是组织重组、平台重塑和流程重造。组织重组是把现有的台属部门全部打乱重新组合，台组建新闻融媒体中心、民生融媒体中心、党建融媒体中心以及广播融媒体中心，集团分行业组建政务融媒服务中心、健康教育融媒服务中心、商业旅游融媒服务中心、金融通信与公共企业融媒服务中心、房车家居融媒服务中心，每一个营销服务中心内部搞事业部制，用新的架构代替现有的架构；平台重塑是指全台所有的频道、频率及新媒体平台等都是打通的、开放的，承载所有的内容和经营，不归任何一个部门所有，也不被任何一个部门所割裂；组织重组和平台重塑带来整个内容生产和经营创收流程的重造，核心是“五多”，即多源头汇聚、多格式生产、多平台投放、多渠道传播和多终端呈现。多源头汇聚是通过新组建的大数据中心，把通过热线电话、网络问政平台、《政风行风热线》栏目、舆情分析软件等所搜集的大量数据和信息，汇聚起来进行统计、整理、分发；多格式生产是把线索、素材，做成适合广播、电视、APP、网站、微信等的多种格式；多平台投放就是把不同格式的内容分别投放至其适用的平台；多渠道传播和多终端呈现是所有内容可以通过无线发射、有线电视、IPTV、有线互联网、无线互联网等不同的技术模式和渠道，传递到收音机、电视机、手机、Pad、户外大屏、报纸等不同的终端上，把党委政府的声音传递到千家万户。

三、融媒体改革的实施过程

(一)充分学习借鉴外地经验

先后到全国多家先进地市的融媒体中心等考察学习，进一步拓宽视野，明确改革的路径和方向。

(二)改革方案反复征求各方面意见

既认真听取业内专家建议，又广泛征求干部员工意见，充分发扬民主，实行科学决策，同时凝聚共识、减少阻力。国务院媒体融合专家组组长胡正荣教授(原中国传媒大学校长)评价，这是他看到的国内城市台媒体融合改革最好的方案。

(三)深入调查研究，超前解决问题

一是出台了《部分干部员工转岗办法》，对一些年龄偏大，学历、能力不太适应媒体融合工作的干部员工，本着自愿的原则申请转岗，台里保障待遇；二是提前酝酿出台新的薪酬体系和岗位管理办法。所有人员的薪酬由基本工资、岗位工资、绩效工资三部分组成，在编员工档案工资的60%作为基本工资，根据学历和考核结果拉开聘用员工的基本工资档次以留住人才，在编和聘用员工的岗位工资和绩效工资执行同一标准，进一步缩小在编和聘用的差距，让在编员工有压力、聘用员工有奔头。同时，推行管理和业务双通道发展机制。

(四)严格程序步骤，扎实稳步推进

一是坚持因事设岗。能少设的就少设，能不设的就不设，同时做到因岗选人、量才用人，把合适的人放在合适的岗位上。二是程序设计周密完善。坚持报名、资格审核、竞聘演讲和考察、公示、党组研究等程序和环节一个不缺，没有出现任何杂音。三是时间把握紧凑顺畅。干部竞聘5月10日开始，共分5场，到20日结束，5月24日上午员工双向选择全部完成，改革攻坚阶段一气呵成。四是全程监督没有盲区。市纪委派驻纪检组领导对整个改革过程进行全程监督，确保了改革的顺利圆满。本次改革共有254人次参与222个管理岗位竞聘，25名干部降级(其中14人降为普通员工)，双向选择中有19名员工落岗。

四、融媒体改革成效

(一)发展方向更加明确

济宁广播电视台在融媒体改革过程中，进一步统一了思想，各内容生产部门、经营部门和服务保障部门分工明确，步调一致。在这种崭新的媒体融合发展模式下，各部门都能够找到工作的着力点和落脚点，能够从相“加”迈向相“融”，形成了发展合力。

(二)内部环境更加优化

这次融媒体改革使得干部员工心态发生了巨大变化，工作和创新热情被极大激活，精神面貌焕然一新，工作积极性空前高涨，融合、协作、创新、学习的观念深入人心，全台焕发出蓬勃生机，呈现出蒸蒸日上的良好局面。

(三)融媒体影响力初步显现

改革后，众多干部员工迅速适应用互联网新媒体的话语体系，讲述严肃而重大的新闻题材，利用短视频、直播、H5、VR等各种传播手段，生产更多与主流媒体品格和气质相一致的内容精品，新媒体产品急剧增加，形成矩阵。其中“济宁新闻”客户端用户数量为20万＋，预计2019年年底达到30万；以“济宁广电”为代表的微信公众号矩阵总体粉丝量已超100万；济宁新闻网微博关注粉丝为25万＋，同时济宁广播电视台还在多个社交媒体平台、新媒体平台加大内容推送力度，以鲜活的内容、独到的策划、生动的表达和灵活的姿态抢占舆论传播阵地。

(四)经营创收明显增长

融媒体改革运行一个月以来，2019年6月经营收入环比增长13.2%，同比增长12.5%，融媒体改革激发了经营创收的内生动力，经营创收呈现明显上升趋势。

五、融媒体改革坚持的原则

一是坚持党管媒体,始终坚持党对新闻舆论工作的领导,坚持正确的政治方向和舆论导向。

二是坚持双效统一,把社会效益放在第一位。

三是坚持企业化思维。企业化就是科学化、现代化,就是人尽其才、物尽其用,就是让有限的资源发挥出最大的效益,就是流程最科学、配置最合理、效益最大化。

四是坚持大力发展新媒体。坚持先网后台,移动优先,推进广播电视新旧动能转换,削减成本高影响力差的广播电视产能,大力扩充新媒体尤其是济宁新闻客户端的力量,增加新媒体动能。

五是坚持上一轮频道制改革的成功经验。比如干部全部重新参与竞聘,员工实行双向选择;先定任务再竞岗,严格执行竞岗的相关程序;重要的政策都充分发扬民主精神,公开征求意见;所有重大决策、重要结果全部公开;竞岗当场亮分、公布结果等。

六是坚持继续压缩服务保障部门、严控内容生产部门、充实经营创收部门的制度。服务保障部门人员数量在 2013 年改革压缩 57 人的基础上又压缩了 15 人,把更多的资源投向经营创收部门。

六、改革中的几点体会

一是深入调研学习,准确把握广播电视发展规律。坚持走出去请进来,持续不断地向全国先进台学习,不断提升干部员工的业务能力和方法理念;坚持与干部员工谈心制度,不断积累正能量,摸清大家的所思所盼。

二是充分发扬民主,广泛听取各方面意见。最大限度地增强决策的科学性和可靠性,征求意见的过程也是统一思想、凝聚共识的过程,这减少了改革的阻力。

三是下定决心,坚定不移。在前期扎实细致工作的基础上,认准目标,矢志不移,不为任何因素所干扰,不因任何困难而动摇,这是改革得以顺利推进的坚强保证。

四是坚持以人为本,用发展的办法解决问题。济宁广播电视台党组尽可能让最大多数的干部员工从改革中受益,每当个别干部员工在竞岗和双向选择中落岗，即予以密切关注，及时跟进做好思想工作，在工作和生活上给予关心和帮助，较好地处理了改革、发展、稳定的关系。

五是只有摒弃私利，才能勇立潮头，奋力前行。改革中，台（集团）领导班子始终坚持从事业发展的大局和员工切身利益出发，抛弃个人私心杂念，公平公正公开操作，自觉接受各方监督，从而使改革步伐强劲，干部员工信服。

融媒体改革已经到了关键时期，在媒体融合发展的道路上，前进是不变的方向，攻坚是必须完成的任务，但是如何找准适合自己前进的模式和节奏，才是当下最需要突破的壁垒。济宁广播电视台的这一轮改革，就是在融媒体改革大潮中，经过学习思考后给出的"济宁答案"。在以后的发展道路上，济宁广电将继续攻坚克难、积极探索、创新求变，为媒体融合发展这场"考试"交上满意的"答卷"。

浅析巴东县融媒体中心的建设与发展

湖北巴东县融媒体中心主任(台长)　余建军
湖北巴东县融媒体节目制作部　邓雅君
湖北巴东新媒体专业工作者　段　磊

2018年8月,习近平总书记在全国宣传思想工作会议上提出"要扎实抓好县级融媒体中心建设"的要求。作为最基础的信息单元和最基层的文化宣传阵地,市县一级传统媒体必须抓住当前融媒体中心建设的战略机遇,发挥好基层宣传文化阵地的作用。2019年2月,按照巴东县机构改革实施意见,巴东县融媒体中心挂牌成立,这标志着巴东在推动传统媒体与新兴媒体融合发展道路上迈出了实质性的新步伐。本文将以巴东县融媒体中心的筹建、运行和未来发展为脉络,从三个方面谈谈县级融媒体中心建设与发展。

一、巴东县融媒体中心发展概况

(一)机构人员大融合

在巴东县委、县政府的大力支持下,2018年8月,巴东县广播电视台、巴东县新闻中心和恩施日报驻巴东记者站合署办公。将三个单位的新闻工作人员融为一体,统一管理、统一调度、统一培养,做到了合人、合心、合力、合事。2019年3月,正式挂牌为"巴东县融媒体中心",为县委直属正科级事业单位,隶属县委宣传部。整合县域内所有公共媒体资源,调整工作模式,优化办公环境,推行"集中化、大中心",做到人员布局结构合理、功能齐全、运转协调、灵活高效。

(二)媒资平台大整合

巴东县融媒体中心全面融合所有公共媒体资源,打通基层宣传思想工作"最后一公里",更好地引导群众、服务群众。2018年,完成长江巴东网的改版工作,整合多个微信公众号,形成以新闻和政务信息发布为主的"巴东传媒""巴东发布"两个微信公众号;巴东网络电视重新上线。2019年,长江巴东网手机版上线;4 月,云上巴东完成后台迁移;开通"巴东传媒"抖音及微博公众号;电视台节目实现高清播出。已经形成巴东传媒、两个巴东发布微信公众号、一个云上巴东 APP 和一个巴东电视台频道的"两网两号一云一台"即"2211"媒体平台格局。目前,正在积极升级改造 FM105.7 调频广播。

(三)新闻宣传大格局

巴东县融媒体中心成立以来,宣传能力、服务能力全面提升,融合发展的优势逐步显现。在外宣上,与新华社手机客户端、央视新闻、长江云等省级以上媒体合作;与恩施、黄冈、十堰、潜江、天门、襄阳、荆州等 10 多家地市级和蕲春、枣阳、红安、通山、老河口等 30 余家县级主流媒体建立战略合作关系,尝试形成县域内大型活动多平台合作、全媒体推送、立体化宣传格局,对外宣传的影响力不断提升。2018 年以来,先后对全县"最美系列"颁奖活动、首届少儿春晚、城乡牵手游活动、野三关森林花海开园仪式、野三关国际马拉松半程赛、恩施(巴东)中医药产业发展大会、湖北省第四届冬运会、第七届长江三峡(巴东)纤夫文化旅游节等多个大型活动进行全媒体传播,每场活动直播仅新华社手机客户端一家就达数百万人次点击量;由融媒体中心制作的《我和我的祖国》MV、旅游宣传片《秘境巴东》、摄影作品《绿水青山就是金山银山》等多项作品登上了"学习强国"平台。新开办的生活栏目《巴东 360》结合巴东地域特色,介绍巴东地理、历史、人文、美食、旅游等,受到观众一致好评。电视栏目《周一大曝光 周四看整改》获湖北省新闻出版广电局优秀栏目奖,广播节目团队被评为"2018 年度全省新闻宣传先进单位"。2019 年 6 月,联合新华社手机客户端、长江云等媒体完成"蚕豆之星 为你点赞"残疾人创业励志故事会组织、承办及直播工作,首次实现省内省外市县媒体平台整体联动直播我县重大活动;联合央视新闻移动网完成"正山堂·巴东红系列新品品鉴上市交流会"在线直播活动。

(四)人员素质大提升

巴东属于深度贫困县,在财政资金相对紧张的情况下,为充实全县人才队伍,服务经济社会发展,2018 年,巴东县委、县政府拿出高薪直接招聘引进急需紧缺人才 33 名,其中,巴东县融媒体中心引进 3 名岗位紧缺人才,分别为"双一流"高校毕业生 2 名和研究生 1 名。从黑龙江、陕西等省级电视台引进播音员 2 名。2019 年 7 月,与湖北民族大学共同实施湖北省"荆楚卓越新闻人才"协同育人计划项目,培养新时代融媒体中心全媒体人才。县融媒体中心推行中层岗位公开竞聘上岗、职工双向选择,鼓励优秀人才脱颖而出,优化组合,激发活力;打破现有工资结构和身份限制,实行基础工资+绩效工资,推行积分制量化考核。中心全员开展业务学习和培训,加快人员的业务能力转型。2018年以来,邀请专家来巴东进行专题讲座,选送人员到北京、武汉等地进行专业培训。2019年,在恩施租房安排新闻工作人员轮流到恩施电视台、恩施日报社进行跟班学习,提升业务水平。通过采取业务学习交流和研讨等多种提升素质的方式,促使职工掌握多门融媒体业务技能。增强融媒体工作人员对融媒发展的信心,帮助他们树立全媒型新闻传播理念,主动适应媒体融合发展,激发融媒体工作人员在新闻一线干事创业,担当作为。

(五)项目建设大推进

巴东影视文化中心项目选址于长江北岸神农溪片区的商业、金融、文化核心区,在神农大道与巴东大道交汇处呈扇形分布。项目规划用地22339.25平方米,属国有划拨土地。建筑由行政中心、文化广场和客服中心三部分组成。为满足项目建设要求,真正实现文化事业大发展、文化产业大繁荣的目标,项目一期建设业态按照城市综合体布局,分公益性和可招商面积两部分共40000平方米。公益性面积包含万人文化广场、广播影视办公楼、演播室及其他技术用房约20000平方米;可招商面积即文化产业面积包括电影城、商城、文化产品步行街、商务宾馆、餐饮酒店共计约20000平方米。按照融媒体中心的建设要求,保持与设计单位的紧密联系沟通,邀请武汉、北京工艺设计专家现场对接方案,优化广播电视等融媒体工艺设计,积极争取项目资金。项目建成后,将是长江三峡边上一道璀璨的文化风景线。

二、巴东县融媒体中心目标的定位

(一)着力建立上通下达的信息流转枢纽

作为党政机关的重要宣传桥梁,坚持正确的舆论导向是新闻媒体的首要职责。巴东县融媒体中心以习近平新时代中国特色社会主义思想为引领,紧紧围绕县委、县政府中心工作,充分发挥各媒体间深度融合和聚合共振效应,唱响主旋律,弘扬正能量。一方面,“上接天线”,坚持党性原则,壮大巴东主流舆论声音,更好地引导群众;另一方面,要“下接地气”,做好巴东群众的“传声筒”,用融合的手法讲好巴东故事,根植本土,突出地方特色,在潜移默化中拉近与用户的距离,更好地服务于群众。

(二)着力打造媒体综合信息服务平台

根据国家广电总局发布县级融媒体中心相关技术规范,对电视、网站、广播、新媒体平台进行升级改造、融为一体，满足人民群众个性化需求；对采编播发系统全面进行升级改造，重塑和再造传播流程、管理体系。加大媒体融合力度。按照“政务＋媒体＋服务”的发展方向，做到“能融尽融”，整合数据资源，使县内数据资源充分利用和流动起来。在内宣上，围绕县委、县政府中心工作，统筹做好各平台发布，实施“统筹策划、一次采集、多种生成”的目标；在外宣上，积极向上级主流媒体和新媒体推送报道，努力实现传统媒体有新突破、新媒体有新气象的目标。把融媒体中心建设成智慧城市大脑、主流舆论阵地、综合服务平台、信息枢纽和精神文化家园，为提升巴东知名度、美誉度作出应有贡献。做好本土特色内容，提升服务。一方面，将文化、民生、医疗、教育、娱乐、美丽乡村等公共服务根据地方特色，因地制宜地嵌入县域媒体平台，发挥县级融媒体中心服务群众的作用；另一方面，积极开展县域媒体与互联网企业的技术合作，拓展当地银行、乡村品牌、地方企业的宣传推广合作，打造县域IP，通过县级媒体的市场化运营带动媒体效益提升和地方经济发展。

（三）着力打造媒体人才队伍

制定切实可行的人才保障措施，吸引综合能力强、业务素质高的专业型人才，确保人才引得进、留得住。进一步加大内部人才的培养制度体系建设，集中优势资源，推进机构、内容、渠道、人员、管理的制度建设，完善人才培养教育体系，不断提升业务能力，培养一批能够掌握新技术、应用新技术的复合型人才，打造一支真正的全媒体新闻工作者队伍。

三、巴东县融媒体中心面临的问题

在全国积极探索县级融媒体中心建设新模式的同时，其中的问题和矛盾也逐渐显现出来。巴东县融媒体中心自建立以来，主要面临以下几个问题。

（一）资金缺乏

目前，融媒体中心实行政府差额拨款（编内人员属财政全额保障，编外人员以创收形式保障工资），向社会提供一定公益服务以创收。如何运用有限的资金实现高效运作，如何利用好有限的资金实现自身的升级发展，是我县融媒体中心面临的一个突出问题。

（二）事业编制严重不足

巴东融媒体中心核定财政编制 50 名，实际在编 39 名，与恩施州内其他县市比较，核编人数和在编人数均为最少。编制的不足一方面意味着工作人员的稳定性无法保障，对于工作长期有效地开展有较大的影响；另一方面，没有足够的编制,就需要薪资聘用工作人员,无形中增加了融媒体中心的经费压力和财政负担。

(三)乡镇基层站点建设滑坡

文化体制及机构改革后,全县新闻宣传工作队伍规模断崖式下滑。目前,全县特约记者仅有25名,原有的乡镇广播服务中心被撤销,业务划归文化主管部门管理,除5个乡镇还有通讯员提供新闻稿件以外,其他乡镇没有新闻记者。更为严重的是,目前仅有的乡镇通讯员手中的设备没有升级换代,不是高清配置,拍摄的新闻素材已无法采用。

(四)媒体转型与人才发展之间的关系难协调

媒体通过平台再造、流程优化实现融合转型,归根到底是人的融合。如何在转型中培养并留住“提笔能写、对镜能说、持机能拍”的全媒体记者?如何协调媒体和人才的转型发展关系?如何引进人才和满足媒体人与时俱进的成长需求?如何激发人才在媒体转型中的积极性?这些都是现阶段巴东县融媒体中心建设需要攻坚克难突破的瓶颈问题。

在国家政策的不断支持下,县级融媒体中心建设作为新兴事物刚刚起步。它是时代发展的必然产物,其重要性与必要性不言而喻。县级融媒体中心的建设工作任重道远,我们还有很长的一段路要走。在建设过程中,我们要借鉴和学习兄弟市县的先进经验,立足本地资源,发扬巴东特色,培养本地优势,精准定位区域需求,突出示范效应,努力打造出干在实处、走在前列的县级融媒体中心。

融媒体时代广播如何讲好百姓故事

温州市洞头区融媒体中心广播节目部主任　庄海文
浙江传媒学院新闻与传播学院副教授　曾海芳
浙江越秀外国语学院　柯　瑜
温州市洞头区融媒体中心采访部副主任　郑翀翀

所谓融媒体，就是利用诸如广播、电视、报纸、网络等传统媒体，发挥这些媒介载体的原有优势，与两微一端等新媒体不断进行融合，将不同媒体进行融合统一发展，将个性特征进行相互深度交融。在形态意识、形态表示等方面进行创新，打造更优的对内、对外宣传的媒体新形态。在这一形态中，微博、微信、抖音等新媒体形式不断发挥着各自重要的作用，它们的出现给广播带来了挑战，也带来了新的发展生机。

在融媒体时代，温州市洞头区传媒中心广播节目部大胆创新，勇于探索，结合各种新媒体表现形式，通过创新故事表达形态、优化故事表达内容、提升故事品牌价值等实践，不断探索如何通过广播讲好百姓故事。

一、洞头台的创新实践

（一）多平台融合，创新故事表达形态

在媒介融合的大背景下，受众不再依靠单一的平台或介质获取信息，多元平台的交互是传统媒体发展的一大趋势。早在1997年，洞头台就创办了一个广播新媒体访谈类栏目《百姓茶坊》，该栏目的定位明确，即“说说老百姓自己的事，讲讲老百姓最关心的话题”。这就是《百姓茶坊》迎合地气的最大亮点。如今面对融媒体的浪潮，该节目与新媒体逐步融合，获得了新的特性。一方面，它改变了过去通过电波的形式去传播的状态，将《百姓茶坊》每期的人物介绍、人物事迹等，通过各个角度进行全方位报道；另一方面，它改变了原有的网络、报纸只有照片、文字这种较为死板的状况，而融入了音频。受众可以利用微信、手机APP等方式收听、收看洞头台的节目。该节目的创新受到了大家

的广泛关注,各位嘉宾把能够上这个节目作为自己的光荣。此外,该节目还邀请了近百位洞头名人、部门单位负责人、百姓中行业精英以及企业家到广播演播室进行节目的录制。

与此同时,在做节目的过程中我们也发现,单靠音频、文字、照片还不够有说服力。而后我们又通过视频素材的搜索,邀请曾在电视节目采访中出现过的人物,把他的视频加到节目当中,实际上形成了在微信里有音频、视频、照片以及文字的多方面形式,展现了一种静态转换成动态的表现张力。在短短两年的时间里,该节目就在洞头区传媒中心对外的节目形态上名列前茅,引领着一个地区人物访谈节目的风向标,这一形态也超越了电视、报纸和网络传统制作的人物报道内容。通过这样一种形态,让广播的新媒体节目一夜之间成为洞头当地人物访谈类节目第一名牌。

(二)多声音交互,增强受众参与感

习总书记也曾多次在不同场合强调,要利用新技术新应用创新媒体传播方式。在广播的表达中,声音是广播的灵魂。如何表现声音、传播声音,如何留最美的声音,如何与新媒体的结合,成为了广播在融媒体时代首先需要考虑的问题。目前,洞头台广播的主播有的是科班出身的播音员,有的是长期从事广播电视艺术创作的声音艺术爱好者,他们因为对广播共同的热爱齐聚于此,用最美的声音讲述洞头的百姓人生,由此创作了洞头台的优质栏目《听见行走的洞头》。

该节目创办之初遇到了诸多问题,但洞头台在不断摸索中逐渐使节目渐入佳境。节目邀请播音员、文学爱好者进行诗歌朗诵,把描绘洞头海洋风光、爱岛爱乡的情怀通过各自的作品表现出来,并邀请了洞头区的朗诵爱好者到演播室进行录制,或者在家中制作上传发送给节目组,利用微信公众号平台进行传播。除了音频,他们还把洞头的视频、美图,以及作者写的诗用文字表现的形式制作到新媒体节目中,渐渐地,《听见行走的洞头》这个节目受到了社会广泛的关注,点击量也在不断上升。在探索过程中,为了提升该节目对外宣传的力度,我们还请了温州朗诵协会会长、温州广电总台广播中心副主任北方老师,请他读了一首诗《半屏山》,将半屏山的照片、视频融入到节目中,通过名人的效应,增强了节目的说服力。近期推出的题为《一个人,一个岛》的文章,通过新媒体的传播,点击量达到了近2000,形成了广播的第二大新媒体节目。这也给传统广播人带来了信心,在这个不断变化的时代,我们朝着广播引领着融媒体的时代大步迈进。

（三）融入微剧创作，优化故事内容

近两年来，洞头台逐步重视海岛微剧的创作，再运用新媒体方式形成强大的宣传力。小微剧反映大主题。微广播剧《渔家跑小二“彭福义”》以洞头区鹿西乡渔农办主任彭福义为原型，讲述了他为千名渔民代办证件的故事。该剧在中国微广播剧等众多微信平台播出后，总阅读量高达10万+，点赞量3079个，全省排名第四、县级台排名第一。其真实的故事，近期已被浙江省准备组织拍摄的《最多跑一次》电影剧组选中，将再次以电影艺术的演绎形式在社会传播。

借助浙江广播电视集团、浙江省广播电视学会举办“最多跑一次”全省新闻微广播剧大赛舞台，洞头区传媒中心获得二等奖的佳绩。洞头区传媒中心（洞头区广播电视台）作了大量的深层次的探索，通过挖掘海岛“最多跑一次”改革中涌现的人物，不断对他们进行了解，通过宣传策划，形象地展现了“最多跑一次”改革，形成广泛的社会影响，为持续深入推进“最多跑一次”改革营造了浓厚的舆论氛围。2018年，洞头台再次创作了系列少儿海洋故事微广播剧，其中有三件作品荣获温州市广播作品政府奖三等奖。新媒体时代下，通过各种平台进行传播推送，让更多的人了解微剧，传递出海岛精神。

（四）从线上延伸至线下，提升故事品牌价值

随着2017感动中国人物“兰小草”王珏的故事被人熟知，他的故乡洞头也受到了关注。为了宣传“兰小草”的精神品德，我们创办了《寻找兰小草》节目，并从传统演播室的形态慢慢延伸到室外，由此推出了响应国家“乡村振兴”战略的大型访谈节目“百姓茶坊渔村行”，节目的演播室直接搬到了北岙街道下尾村。下尾村是洞头区在第一轮“美丽乡村”洞头建设时期作为各村中“美丽乡村”建设创建成功的典范，在此进行也是考虑到符合节目的主题。

我们邀请了台上、台下十多位嘉宾，组织了近100位村民一起参与到了节目中。通过一种大型的广播访谈形态与新媒体合作，再利用各媒体形态的特点进行结合，加深了整体事件的说服力。在现场，台上的嘉宾与台下的观众针对问题进行互动，气氛非常热烈。第一期45分钟现场节目，获得了村民们的点赞，全场活动仅花费了100元的横幅钱。在此基础上，我们把所有的报纸、网络、电视、广播所完成的内容进行整合，依托融媒体微信宣传产品，大获成功，许多乡镇领导直接找到了节目组，希望通过这个方式加深对村民的了解，推进村庄建设。后来，洞头台又举办了第二场“百姓茶坊渔村行”大型访谈走进元觉街道状元村，并确定今后每季度走进一个街道的村居，而全区96个村

居让这档节目有了生存空间，拥有了持续创办的生命力。

(五)微信群连接公益，传承故事核心价值观

为了宣传“兰小草”精神、“雷锋”精神，以此作为一个道德符号，让这一股学习和感恩的风潮不要“三月来、四月走”，在全民形成广泛而深远的影响，洞头传媒中心广播节目部在原有三月鲜花送雷锋的活动基础上，把以“送鲜花”为代表的感恩“雷锋”活动全年化、常态化。

在洞头区委宣传部的牵头下，洞头区传媒中心联手区精神文明建设指导中心、区民政局、团区委、区慈善总会，广播、电视、报纸、网络、新媒体等媒体记者和微动力志愿者服务队、原野花屋等爱心人士组成一支稳定的“鲜花送雷锋”小分队，每月选择两位雷锋式代表人物，在其生日之际送上鲜花、绶带和证书。此外，洞头区传媒中心还充分利用新媒体的力量，建立了文明新闻爆料群、全媒体新闻报备群、公益春晚微信群等平台，持续关注和报道随发性的好人好事。事迹一经证实，小分队即刻出发，送上鲜花和蛋糕，传媒中心的记者也随即跟上，展开追踪报道。

五年来，给全区 700 多名学“雷锋式”“兰小草式”人物送去了温暖的祝福，连续五年保持每年送鲜花人数全省第一的佳绩。其先进经验在浙江省广播通联会议、中国广电区域人才交流会上被要求做典型交流发言，总结论文《“软实力”视角下县级媒体社会责任的构建——以洞头传媒中心系列公益活动为例》荣获 2017 年度浙江省广播电视学术论文奖三等奖、温州市二等奖。

2019 年，洞头台将该活动与全区“万朵鲜花送雷锋”启动仪式暨广播访谈节目“寻找兰小草”基层行融合在一起，邀请各个部门单位领导、现场嘉宾近 200 多人参与活动，影响力不断提升。将广播大型访谈节目放在全区“万朵鲜花送雷锋”启动仪式之后，这是对原来的“百姓茶坊渔村行”大型访谈活动的又一创新。

二、经验与启示

(一)改进通联模式，引入新媒管理

洞头区传媒中心广播节目部通过两年的实践摸索，形成一整套完善的新媒体通联管理模式。在每天广播《洞头新闻》编稿结束以后，把当天通讯员的稿子进行汇总，引用当天用稿的通讯员姓名、单位、新闻标题等制作成排行榜，保证每日 7～8 条的用稿量，而后将稿子根据条数进行排行，形成了用稿榜。在此基础上，当月每天通过累计的方式，又形成以部门单位、企业、志愿者服务

队排行“光荣榜”，再通过广播的微信和QQ通联群、区宣传部门的行业管理微信群、政府部门微信群、企业行业管理群、乡镇部门和志愿者公益群等微信平台，以及新媒体的形式播发，每天第一时间将用稿情况下发到各个单位，这样广播的用稿情况就一目了然，通讯员对广播的可信度、依赖度、权威度不断提高。

月底，洞头台又创新了用稿“状元榜”，按照我国古代历史文化中有状元、榜眼、探花和进士等称谓的特点，以一种亲切、诙谐的管理手法，对每月用稿先进单位进行排行公布激励。以半敞开通联管理方式，使全民去参与广播新闻宣传工作，提高每日广播《洞头新闻》的可听性，通过这个方式去激励部门单位重视广播、通讯员积极踊跃投稿，在第一时间，更有效率地进行投稿。现在洞头台拥有了800多名的通讯员队伍，使广播的融媒体形式展现出强大的影响力、权威力、张扬力。

（二）与高校合作，搭建产学研合作平台

在融媒体时代，怎样才能在媒体激烈竞争中独占鳌头，洞头区传媒中心对“万朵鲜花送雷锋”活动进行深度的剖析，形成了完整的“雷锋式”“兰小草式”公益活动实践体系。仅以“万朵鲜花送雷锋”这一主题活动为例，其旗下就延伸出了走进道德模范、走进运管、走进劳模、走进慈善人士、走进环卫工等近20个“鲜花送雷锋、兰小草”专场活动。组成公益晚会系列，如全区“八一拥军晚会”中，当150位小朋友给现场的子弟兵献上鲜花时，全场掌声雷动，将整台晚会推向了高潮。

除此之外，洞头传媒中心每年都要联合公益组织，举办多场“爱心卡车暖百岛”的活动。送困难学子、送空巢老人、送环卫工、送困难户，爱心卡车将社会各界的爱心和关怀，一次次传递到困难群众手中。考虑到送钱送物只能解决困难户的一时之需，洞头区传媒中心与农商银行合作，为困难户私人定制了爱心信用卡，该卡可为困难户提供低利率的创业小额贷款。这种创新的公益形式，真正想困难户所想，用心帮助困难户脱困，得到大家的一致好评。

目前，作为媒体公益活动开展学术课题，洞头台与浙江传媒学院合作已经开展了四年课题研究。下一步，洞头区传媒中心正积极联合浙江传媒学院新闻传播学院、浙江之声，将在洞头区筹建“浙江传播学雷锋暨兰小草精神实践研究院”，对洞头创建学雷锋实践的活动经验形成完整的实践样式和理论提升，为下一步在全省乃至全国的推广，做好实践和理论包装的准备。

三、结　语

在媒体融合发展的实践探索中,广播电台要明确传播模式创新的现实意义,对自身的资源优势进行快速有效整合,媒体融合发展是广播未来发展的必经之路、必走之路,我们要采取积极有效的措施解决实际问题,在实践中积极探索广播新媒体传播的新业态。

一个时代有一个时代的特色。融媒体时代,广播一定要有开阔的视野、广阔的胸襟,使之能以最快、最新、最妙的方式去主动融合各种新媒体形态,从而把广播的优势与特色最大化,在新媒体平台展现出独特的风格,讲述最动听的百姓故事。

资源整合,机制创新
——县级媒体融合之宁海探索

浙江宁海传媒集团新闻采访部副主任　沈　洁
浙江宁海传媒集团副总编辑　侯德勇

在媒体融合大趋势下,传统媒体面临着严峻的挑战。宁海媒体整合传统媒体资源,创新融合机制,成功突破自身发展的瓶颈,技术和模式两手抓,思索与行动相伴随,推进媒体融合向纵深发展。

随着新兴媒体的不断涌现,信息传播渠道也不断多元化,这也给传统媒体带来了巨大挑战。党的十八大以来,以习近平同志为核心的党中央作出了推动传统媒体和新兴媒体融合发展的战略部署。习近平总书记在主持中共中央政治局第十二次集体学习时强调,推动媒体融合发展、建设全媒体成为我们面临的一项紧迫课题。[1]正是在这样的形势下,宁海县对宁海县新闻中心和宁海县广播电视台进行资源整合和机构改革,成立宁海传媒集团,率先在宁波市成立了县级融媒体中心,打造县域媒体深度融合的"宁海样板"。

一、宁海本地媒体现状

1. 传统媒体现状

宁海县有两家传统媒体:宁海县新闻中心和宁海县广播电视台。

宁海县新闻中心成立于2004年,其前身为宁海报社,主办宁海县委机关报《今日宁海》和宁海新闻网,2018年经营性收入900余万元。

宁海县广播电视台则主要承担全县的有线电视传输、线路安全维护、观众收视服务等职责。现有新闻综合和文化生活两个电视频道以及一个广播调频电台(FM98.9),编辑出版《视尚》杂志,目前拥有员工380余人,2018年经营性收入9000余万元。

2. 融媒体发展雏形

在新媒体快速发展的形势下,宁海传统媒体充分利用互联网信息技术,创建和发展不同的传播渠道。

宁海县新闻中心于2004年开通以采写、登载新闻为主的综合性网站——宁海新闻网,并于2013年建立"宁海新闻网"微信公众号。宁海县广播电视台2013年建立"宁海新闻"(后更名TV宁海新闻)微信公众号,开设直播宁海。

2017年底,由宁海县委宣传部主办、县新闻中心主要承办的手机移动端综合应用平台"看宁海"客户端正式上线,成为宁海最大移动新闻客户端。"看宁海"集聚宁海县新闻中心、宁海广播电视台、宁海新闻网的优质新闻资源,开设并打造一系列节目和多样的新闻产品,打破传统媒体与新媒体之间的藩篱。

目前,宁海县媒体平台包括广播、电视、报纸、杂志、网站、手机APP、微信公众号、微博公众号等多种媒体平台类型。同时还在今日头条、抖音等第三方平台开设了官方账号,初步形成较完整的传播矩阵。

二、宁海本地融媒体发展的必要性

1. 传统媒体面临困局

面对新媒体的快速发展,传统媒体的经营环境变得越发严峻。根据CNNIC调查统计数据显示,截至2018年12月,我国手机网民规模达8.17亿,全年新增手机网民6433万。而在个人互联网应用方面,我国网络新闻用户规模达6.75亿,年增长率为4.3%。手机网络新闻用户规模达6.53亿,年增长率为5.4%。[2]可以说手机网络已成为人们获取新闻信息的主要来源,因此,传统媒体发展在传播内容、方式、经营等方面都面临困局。具体情况如下所述。

(1)传播内容:随着快餐文化的快速发展,受众尤其是年轻的受众群体在日常生活工作节奏加快的前提下,不情愿花费大量的时间去搜寻和获取更多的信息内容。而为了满足受众的信息获取需求,以新媒体为主体的媒体行业构建了以碎片化与快餐化信息为主要内容的传播模式。相对于新媒体的碎片化传播内容,具有社会公信力的传统媒体在传播内容方面偏重于说教,而这一过程较为冗长,甚至是拖沓,与追求快餐文化和碎片化的受众心理需求极为不符。这也是导致传统媒体失去受众关注和依赖的主要原因。[3]

(2)传播方式:在人们的印象中,传统媒体新闻信息传播过程较为单一,而且受众基本都是被动接受传播信息,与传统媒体之间缺乏有效交流互动,如纸媒多通过报刊来传播新闻信息,广播更是通过固定广播频道传播新闻信息。传统媒体单一的传播途径和单向的传播方式,无疑与多元化传播渠道、内容丰富且受众较为关注的新媒体无法相提并论。

(3) 经营压力:作为公益性事业,县广播电视台和新闻中心两家主流媒体长期依赖垄断媒体资源带来的广告收入弥补财政资金投入的不足。然而,硬广收入目前逐年下降。

表1　2016—2018年广电媒体广告收入情况统计

	2016年		2017年		2018年	
	收入/万元	占比	收入/万元	占比	收入/万元	占比
电视硬广	890.60	98.3%	958.08	81.8%	596.74	59%
广播硬广	246.52	95%	319.53	81%	290.33	68%

由表1可知,从2016年到2018年广电媒体的广告收入情况来看,硬广收入整体呈现出下降的趋势,而相对于广播广告收入,电视的广告收入下降幅度更大。而从广电媒体硬广收入逐年下降的趋势不难看出,广告商也是充分认识到广电媒体的影响力和受众关注度不断减弱的现状,才逐渐减少对广电媒体的广告赞助费用。因此,基于硬广收入逐年降低这一点来看,传统媒体的经营困境越发显现。

2. 融媒体发展的必要性

(1)媒体属性:传统媒体在基层具有强大的新闻舆论传播力、引导力、影响力、公信力,是传播党和国家各项方针政策的重要途径。但随着信息传播渠道愈加多元化,传统媒体的舆论影响力不断弱化,社会影响力也逐渐降低。因此,地方媒体未来的发展方向和重点就是借助纸媒和广电等传统媒体的优势和特点,大力发展融媒体,以冲破桎梏、打破枷锁、突破约束,做大做强主流媒体主阵地,不断扩大主流媒体舆论的引导力。

(2)生存压力:生产高质量的新闻产品以支撑机构的存续,需要大量的资金投入,但相比于新媒体逐年上升的广告收入(宁海新闻中心新媒体广告收入情况为:2016年约为269万元;2017年约为347.6万元;2018年约为408.5万元),传统媒体受制于单一的事业管理模式,且缺乏企业化激励、缺乏融资渠道,也就必然导致两家媒体收支缺口不断扩大。

(3)时代特点:全媒体不断发展,出现了全程媒体、全息媒体、全员媒体、全效媒体,信息无处不在、无所不及、无人不用,导致舆论生态、媒体格局、传播方式发生深刻变化,新闻舆论工作面临新的挑战。我们要因势而谋、应势而动、顺势而为,加快推动媒体融合发展,使主流媒体具有强大的传播力、引导力、影响力、公信力,形成网上网下同心圆,使全体人民在理想信念、价值理念、道德观念上紧紧团结在一起，让正能量更强劲、主旋律更高昂。[4]

三、县级媒体融合之宁海探索

1. 平台搭建

宁海以深化传媒机构改革为核心，以大力推动全媒体发展为重点，2018年12月11日，由宁海县新闻中心和宁海县广播电视台两家传统媒体合并组建宁海传媒集团，通过内部资源的全面融合来构建全媒体中心平台，以此加快探索“事业性质、企业化管理”发展新路。

在此基础上，集团内部同时构建一个集成工作平台，建立统一指挥调度的多媒体采编体系；一个技术支撑平台，利用不同传播技术，形成渠道丰富、可管可控的移动传播矩阵；一个全媒体内容管理系统平台，对内容资源进行统一管理和处理，实现了资源利用的最大化；一个传播效果监测反馈平台，利用大数据找准受众，让信息的传播更精准、更有效率。

这也是为了通过“新闻＋服务”“新闻＋产业”的发展思路，坚持巩固新闻舆论阵地、提升新闻产品质量，增强以文化创新为驱动力的产业经营能力，真正实现新老媒体从整合到磨合、再到全面融合，走出一条新闻事业高效率、传媒产业高效益的发展新路。[5]

2. 资源整合

(1)新闻资源：县级媒体处在新闻资源的低端，与央视和省级台相比，受地域影响，新闻来源有限制，新闻策划能力相对不足。每个重大新闻更是会派多路记者前行。整合后，由全媒体中心统一分派，不仅可以统筹协调县委县政府中心工作的宣传任务，更是整合了网站、客户端、新闻热线等收集的新闻资源，实现全面共享，集中策划，既挖掘了报道深度，也避免了内容重复。

(2)人才资源：集团为正科级差额拨款事业单位，下设行政管理委员会、编辑管理委员会、经营管理委员会，在各管委会下设立相应科室和站。科室、站中层实行选聘上岗，一般干部和员工实行全员双向选择，非事业在编人员与集团下属的传媒文化有限公司及广电网络有限公司签订劳动合同。同时集团实行大中心制，根据一次采集、多元编辑、多平台发布的新闻宣传流程要求，设全媒体新闻中心。(见图1)同时对合并后科室进行整合，兼并职能相近的科室，新组建融媒体指挥中心、客户服务部等与融媒体发展和业务经营、管理相适应的科室。

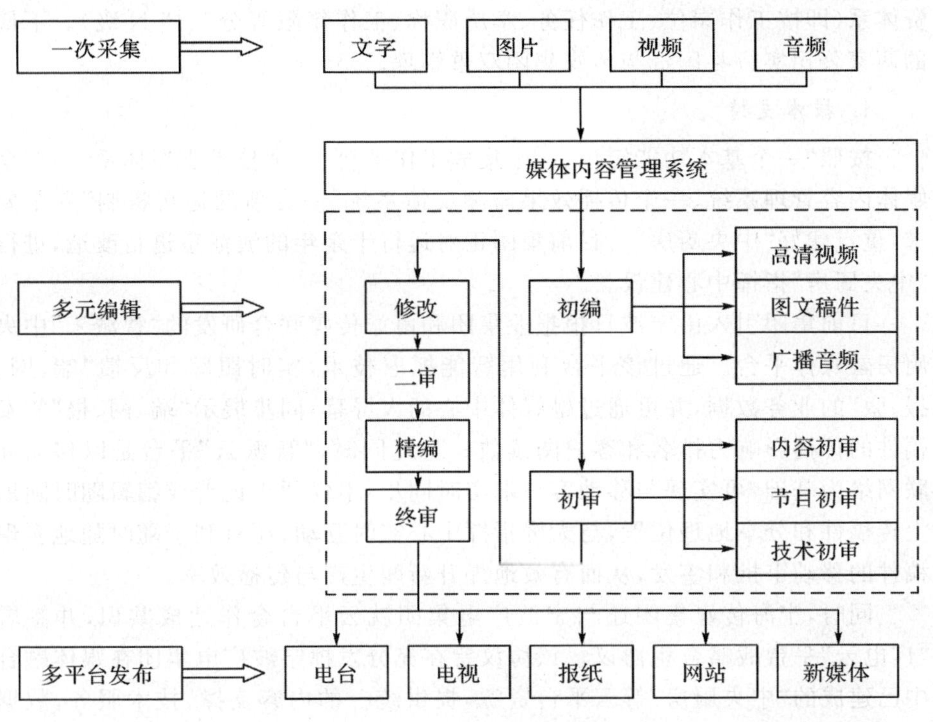

图1 全媒体中心宣传流程

3. 机制创新

(1)努力打造"一体两翼"模式。"一体"就是以新闻宣传舆论阵地建设为主体,牢牢抓住不放,做大做强主阵地。"两翼"就是以传媒文化有限公司和广电网络有限公司发展为辅翼,扩展产业,强化实力。传媒文化有限公司实行文化产业发展的企业运行机制。打破原有以电视报纸广告分平台经营为主的经营模式,探索向广告宣传、视频制作、节庆会展、培训教育、电子商务等综合型经营拓展。下一步则对广电网络有限公司企业化运行进行进一步改革探索,在现有的视频监控、部门信息化建设、重点集团客户信息化建设等基础上,进一步理顺考核机制,促进企业化运行发展。

(2)实行绩效化管理机制。坚持按劳分配、多劳多得、效益优先、兼顾公平、奖优罚劣的原则,实行以岗定薪、岗变薪变、动态管理的分配制度。事业人员参照差额拨款事业单位绩效工资制度执行。非事业在编人员实行层级制工资体系(即按工作岗位、工作任务、学历职称、工作年限等分三档N级)。下属的两家公司实行县国资与传媒集团双重管理。

4. 技术支持

按照"一个基本功能定位、一个集成工作平台、一个技术支撑体系、一个全媒体内容管理系统、一个传播效果监测反馈系统、一套新的运行机制"六个要求,重点建好"中央厨房"。目前集团正对运行十余年的演播室进行改造,进行"中央厨房"指挥中心建设。

目前集团引入由宁波日报报业集团和甬派传媒联合研发的"智派云"中央厨房融媒体平台。通过该平台利用智能抓取技术,实时跟踪和反馈"端、网、报、微"的业务数据,并可通过融媒体中心的大屏幕,同步展示"端、网、报"签发稿件的传播影响力排名和客户阅读数。与此同时,"智派云"平台是以移动互联网络为基础,可实现与移动客户端实时同步,不仅便于记者或编辑随时随地上传稿件和分享地理位置,与大屏指挥中心实时互动,还有利于随时随地实现稿件的移动审批和签发,从而有效地提升新闻生产与传播效率。

同时,宁海传媒集团还与宁波广电集团就云平台合作达成共识,并签署"广电云"平台战略合租协议。该协议旨在充分发挥宁波广电集团在媒体融合中已建成的"中央厨房"等云平台资源,提供统一的内容支撑、技术服务、数据分析、运营计费等服务一体化技术业务平台,形成立体多样、融合发展的现代传播体系。

四、宁海融媒体发展的进一步拓展

1. 充分引入大数据分析

借助大数据分析直接对接用户的个性化与定制化需求,利用大数据分析技术研发相关信息产品,利用数据挖掘技术为内容生产提供全新方式。例如,可通过一体两翼下的传媒文化有限公司和广电网络有限公司,进行深度的资源合作共享,利用先进的大数据技术,针对主流群体信息需求,积极开发信息产品,形成核心内容+网络渠道的信息产品,抢占市场和获得竞争力。

2. 做新媒体创投平台

利用本身既有的人脉及资金支持,整合资源,充分发挥集团从业人员的"内功"。例如,以线下经营为主的艺术行业,也可以通过传媒集团开设线上的"书画超市"。一方面借助媒体的社会公信力和影响力,有力保障书画等艺术作品的营销效果;另一方面媒体从业人员在采编播等方面具有较强的专业能力，在书画等艺术作品的宣传方面优势更显著。

3．拥抱社会化媒体

要投入更大精力，尽快进驻社会化媒体平台。媒体在微博和微信中拥有自己的大号是开展社会化运营的基础，对未来开展市场活动也具有重要的意义。一方面充分发挥自身的优势地位，以党和政府的政策宣传窗口为身份特征，将自身纳入党媒信息平台。另一方面充分审视各种网络公众号的宣传力量，与头条号、抖音号以及其他社会媒体微信号等新媒体保持紧密的联系与合作，并将其纳入到自身的平台之中，从而进一步扩大自身的信息来源与宣传渠道。

五、结论

宁海传统媒体以大力推动全媒体发展和融媒体中心建设为契机，以机构改革为核心，合并创建全媒体中心平台；以新闻资源、人才资源整合为手段，通过机制创新实现传统媒体与新媒体的全面融合；以做大新闻舆论阵地、做强文化及网络产业为目标，积极探索企业化经营机制；以互联网信息技术为运行基础，全力支撑融媒体平台运行，从而为县级媒体融合探索了一条可行途径并积累了丰富经验。

参考文献

[1] [4]习近平主持中共中央政治局第十二次集体学习并发表重要讲话[EB/OL]. 央视网，2019-01-26. http://china.huanqiu.com/article/2019-01/14164673.html? agt=15417.

[2] 第43次CNNIC报告第二章：我国网民规模为8.29亿[EB/OL]. 腾讯科技. https://tech.qq.com/a/20190228/002960.htm.

[3] 张建华. 自媒体时代传统媒体的发展困境与应对策略[J]. 新媒体研究，2019(8)：103-104. 李莲. 传统媒体与新媒体融合发展路径探究[J]. 中国电视，2015(11)：53-56.

[5] 尹华军，孙茂良. 建设融媒体中心对地方台的必要性[J]. 中国有线电视，2018(10)：1139-1141.

龙岗广电中心融媒体建设实践

深圳市龙岗区广播电视中心主任 林 楠

龙岗区是深圳市面积最大的市辖区，位于深圳市东部，是深圳辐射粤东和海峡西岸经济区的桥头堡。2018年，龙岗区地区生产总值4287.86亿元，社会消费品零售总额768.56亿元，一般公共预算收入254.65亿元。

龙岗广电中心是龙岗区唯一一家集广播、电视、新媒体平台为一体的融媒体传播机构。历经2006年和2012年两次全市广电网络改革后，龙岗广电中心已建成拥有120万有线电视用户的三个电视频道、覆盖珠三角3000万听众的一个广播频率以及覆盖全网的融媒体六级权威发布矩阵的广电传播平台。

因诸多原因，龙岗广电中心历史上曾出现如下问题：社区政务服务宣传缺位，主流地位受到质疑，社会影响力退化；节目生产特别是专题节目生产能力不足，核心人才严重流失，专题部名存实亡，核心竞争力逐步下滑；经营创收因广告监管政策收紧而出现断崖式下滑，发展举步维艰。

2015年以来，龙岗广电中心针对以上情况，以创新为主线，以改革为动力，于2016年初谋划全媒体布局，率先提出打造全国一流的区域性广电融媒体平台的战略目标，并积极开展媒体融合实践，推动广电传统媒体和新兴媒体在内容、渠道、平台、管理、经营等方面深度融合。目前，龙岗广电中心已形成上接央媒、下接地气的融媒体六级权威发布矩阵，集成了国内重要的13个专业新闻客户端宣传平台、7个视频平台、10个社交互动渠道、7大网络直播平台和198个政务、街道、社区微信群，完成了微信公众号与APP的信息流改造，实现了视频、图文信息内容在公众号与APP的一次生产上传，全网平台自动分发，成为龙岗区对外宣传的又一重要窗口。与此同时，龙岗广电中心紧紧围绕做好政务服务的工作重心，深耕本地市场，经营收入从2015年3900万元提升至2018年的超8100万元。2018年，龙岗广电中心获得了深圳广电集团突出贡献奖，并在中广联“改革开放四十年全国百佳县级广播电视台”评比中进入十佳行列。

一、实施内容融合，补齐节目制作短板，重新赢回信任

内容融合是媒体融合的关键，实现内容融入（聚合）是内容融合的前提。龙岗广电中心一手借总局实施智慧广电东风，着力加强自身内容生产能力建设。一是以技术创新推动内容创新。两年多来，龙岗广电中心自筹资金，实施广播电视制播网络建设，加快大数据、云计算和人工智能等新技术在广播电视内容生产中的创新应用，进一步增强广播电视内容核心竞争力，形成智慧广电内容新优势，培育发展新动能。二是转变内容生产方式。改变简单粗放的传统内容生产模式，开展基于大数据、全样本、多方位的用户收视行为深度分析，通过软件定义、数据驱动、算法重构等多种手段，实现内容选题、素材集成、需求组合、分析预测、创作生产的全流程智能化节目生产实践。三是创新节目内容形态。积极探索利用人工智能（AI）、虚拟现实（VR）、混合增强等新技术创新影视节目与新闻节目形态，发掘创意空间，深耕内容制作，提供个性服务，不断满足受众需求，提升受众体验。中心已在龙岗区第五届运动会等多场活动和《龙岗新闻》中进行了有益探索实践。四是加大高质量节目供给。2019 年，龙岗广电中心在区委宣传部支持下出台了 4K 高清改造计划，推动高清电视节目内容成为广播电视主流模式，加快 4K 超高清节目内容拍摄、制作、技术体系建设，同时进一步探索加快推进声音广播高质量发展，推动声音广播从单声道、立体声向环绕声、沉浸声演进。五是坚持节目活动化、品牌化。中心每年共举办 200 余场各类活动，完成各类大、中、小型活动广播电视网络融媒体直播近百场次，爆款作品频出，其中《龙岗第一课》网络直播播放量达 100 万。中心打造全国首个专注于创新创业宣传的“众创 TV”频道，发布“深圳创新榜”，承办“中国深圳海外创新人才大赛总决赛”，推动不同领域创新交流与合作。“众创 TV”已成为国内具有较高知名度和影响力的创新品牌。

另一方面，一手抓扩大外部信息资源引入，充实自身内容。一是积极对接上级媒体资源，参与广电系电视节目公共库节目交流。目前，我们已与中国广电协会广播电视节目库及“高勇广电专家团队电视节目库”等多个广电系统内部节目库组织建立良好合作关系，下一步计划融入广电制播云平台建设体系，实现与上级台信息资源共享。二是扩大基层素材来源，派出专门采编团队直接进驻街道、社区，确保社区宣传素材及时到位。大力发展社区通讯员队伍，延伸新闻触角。开播每周一期的“新拍客”电视节目，在全社会开展拍客招募，丰富节目的群众基础。三是对接入驻，在融媒移动端（龙岗新闻 APP）以入口方式提供服务，以 H5 接入或者融媒小程序方式提供入驻，对接政府原有信息

化系统,让各单位入驻,直接在媒体移动端提供服务。

内容融合使龙岗广电中心节目质量大幅度提高,受众影响力越来越大,也吸引了更多政府部门合作与支持。

二、实施平台与渠道融合,提高宣传覆盖率,扩大媒体影响力

近年来,龙岗广电中心一方面以推动广播电视制播平台云化、互联网协议IP化为重点,加快推动制播平台从数字化、网络化向融合化、智慧化转变,积极探索引进广电云服务,推动微服务架构在制播云平台中的创新应用,不断提升广电云平台的使用效率和功能弹性,在近年实施的制播技术改造中,大力推进广播电视制播平台从基于数字串行接口(SDI)的技术架构向IP架构的融合演进,着力提高IP化制播体系的可靠性、稳定性、兼容性。

另一方面,龙岗广电中心自筹资金,重点推动两微一端建设。目前《龙岗新闻》微信公众号、新浪微博、APP均已上线。其中,《龙岗新闻》APP分别在苹果、安卓市场上线测试,较好地将中心各类宣传、节目资源进行再整合,成为了集聚《龙岗新闻》60分钟新闻拆条、政务新闻推文、频道节目直播、政务活动网络直播、电台网络直播、政务专题片点播等功能为一体的综合性宣传平台,实现了龙岗广电中心媒体内容的网络化。与此同时,中心还大力实施多新闻平台建设和新闻内容全网分发建设。目前依托各大平台媒体号,较好地实现了视频+图文新闻内容一次生产、全网分发。此外,为更好地守住广电系原有的宣传阵地,龙岗广电中心积极与广东省电视台、深圳广电集团进行内容合作,分别将新闻推文、视频新闻内容上送至广东省电视台触电新闻APP、深圳广电集团壹深圳APP,较好地实现了区级媒体的向上发声。2019年3月,龙岗广电中心受邀入驻"央视新闻移动网"全国县级融媒体矩阵号,成为全国率先加入央视新闻移动网的县区级官方平台,也是广东省首批进驻该平台的媒体。随着《龙岗新闻》的全平台分发量质齐升,各平台点击量稳步提升,爆款不断,成效逐步显现。

渠道,即"网络+终端","网络"是指信息传播经过的通道,而"终端"是指使最终的内容产品得到呈现的设备。渠道融合的关键在于将传统的媒体信息传播渠道改造成互联网的信息传播渠道。在网络方面,中心依托深圳市天隆有线电视网络公司,该公司已基本完成了深圳东部地区数字电视网络双向化建设,目前正积极地在渠道融合方面进行尝试,正在成为龙岗广电导入用户、占领新的渠道和终端的生力军。在终端方面,手持移动终端和家庭大屏将会成为未来应用最广的两大类终端。目前,龙岗广电中心正在测试《龙岗新闻》

移动客户端布局手持移动终端，逐步积累用户群体，而在家庭大屏端，龙岗广电中心通过深圳广电集团有线电视和互联网电视内容服务牌照，巩固有线电视用户的同时积极策划进入互联网电视市场，2019 年成功实现与深圳广信网络传媒有限公司 IPTV 网络落地签约，还计划充分利用龙岗广电中心广播电视信号覆盖珠三角大部、数字电视用户超百万户的优势，大力开展移动终端推广。

通过平台和渠道的融合，龙岗广电中心更有效地扩大了影响力范围，进一步增强了自身的传播力。

三、实施管理与经营融合，拓展生存空间，焕发媒体活力

按照融媒体发展要求，2016 年，龙岗广电中心提出“记者即新媒体小编”的理念，即每一位记者都是融媒体新闻的生产者，每一个现场都是融媒体聚焦的空间。新闻部推进时政新闻网络优先宣传策略，记者逐步完成全媒体转型，依托融媒助手，实现记者在采访现场完成前期采访、拍摄、组稿，并实时传送文字、照片、短视频等，完成后端的三审与发布，2018 年底初步形成“一次采集、多元生成、多渠道传播”的工作格局。另外，在职能设置上突出核心功能，中心融合新闻、广告、技术、专题、播出等业务部门，形成全新的策划、制作、发布部门。整体架构中，打造了集融媒体指挥、协调、调度为一体的“神经中枢”——大新闻部(融媒体中心)，负责宣传任务统筹、重大选题策划、采访力量指挥、后期编辑制作、包装，进行全媒体新闻产品的生产加工，并将完整准确的内容及时提供给发布中心，实现在“两微一端”即微博、微信、客户端和广播、电视的及时发布。中心还建立了相应配套完整的运行机制，包括融媒体协调会、采前会和应急报道机制等。每周一大新闻部组织召开协调会，部署一周重要宣传任务，讨论重大报道选题，点评上一周传播效果，协调采编对接联动。每天上午召开采前会，汇报选题策划，通报新闻线索，确定重点稿件，布置采编对接。此外，建立重大、突发事件应急报道机制，由大新闻部主任亲自指挥调度，成立专门采访组，第一时间进行融合采集、加工、生产和传播。

2019 年在党代会、两会、高考等重要节点，中心实现了由大新闻部牵头，各部门密切协作，创新开展了融媒体报道，初步做到重大题材新闻与事件同步，大幅提高新闻首发效率。在治水攻坚、扶贫攻坚等重点工作领域也试水跨媒体部门的融媒报道，首次实现报纸与电视的融合报道尝试，为进一步纵深开展融媒报道改革提供了有益参考。

在经营方面，整合中心经营管理力量，调整公司广告部、营销策划部职能，

成立全新全媒体品牌推广部和策划部,创新政府合作方式,有效扩大服务创收。一是增强服务理念,摒弃记者为王、唯我独尊的观念,引用华为“以客户为中心、以奋斗者为本”的理念,成立服务小组专项服务政府各部门,提高驻站记者整体素质和业务技能,多组织策划街道和社区的系列报道和重点报道,提升服务质量,有效增加创收;二是与政府合作,拓展大型活动业务,成功举办“感动龙岗”颁奖晚会、“安全娃娃”全球征集赛、“龙岗区第五届运动会”开幕式等大型宣传活动;三是成立专门的专题部,并根据区宣传需要,每年制作近 50 个专题节目实施重点宣传;四是从 2015 年开始与政府合作创办并运营众创 TV 频道,专注为创新生态圈各领域和产业提供全媒体推广及宣传服务,围绕“创新、创业、创投、创客”主题开办一系列以创新创业为主要内容的电视节目和活动,并构建全国首个关注创新创业创投创客为主题的创客空间服务平台,连续四届承办中国深圳创新创业国际赛,每年获得政府项目资金 1800 万元。通过管理和经营方面的融合,使得龙岗广电中心得以转变发展思路,拓展生存发展空间,焕发自身活力。

正是因为以上的有益探索,龙岗广电中心有效提高节目制作水平,重获政府与民众的信任,拓展生存空间,增强营收能力,更好地应对意识形态工作新形势,更好地引导群众、服务群众,切实提高了新闻舆论传播力、引导力、影响力、公信力,为龙岗区勇当深圳建设中国特色社会主义先行示范区的排头兵,打造深圳创建社会主义现代化强国城市范例的高水平东部中心提供了强大的精神动力和舆论支撑。

为县级全媒体高质量发展探路先行

——邳州广电的做法与思考

江苏邳州广播电视台党委书记、台长　徐希之

全媒体时代，人们获取新闻资讯的媒介呈现出多样化，在这场“信息爆炸”所带来的风暴当中，传统媒体要想生存下去，必须把融合转型作为头等大事。习近平总书记在中共中央政治局举行第十二次集体学习时强调：“推动媒体融合发展、建设全媒体成为我们面临的一项紧迫课题。”

信息化革命促使媒介传播格局发生了巨大的变化，也给县级广电媒体带来了前所未有的挑战，要想推动媒体融合，县级媒体面临着资金、人才、技术等方面匮乏的困境。然而，信息化也为县级融媒体中心建设带来了机遇。作为最基层的县级媒体，我们与现实生活、基层群众有着天然的“亲近关系”，也更能够凸显自身所在地区的特色和优势。

众所周知，江苏邳州是全国银杏的主产区，银杏产业更是邳州的重要支柱产业，素有“邳州银杏甲天下”的美誉。为了彰显本土特色，打响地域品牌，实现地方媒体发展与本土经济发展互相促进、互融互通的格局，邳州广电提出“一棵树”的理念，以银杏为融媒标识，以“银杏融媒”为品牌和核心，通过深化体制机制改革、推进传播渠道传播平台融合、着力创新融合产品、持续强化造血功能，全力打造新型主流媒体根强干壮、枝繁叶茂的融合传播生态循环系统。

一、深化改革创新，有效激发融媒内生动力

为破解体制机制上的桎梏，培育适合媒体融合发展的强健“根系”，自2015年始，邳州广播电视台在苏北地区县级台中率先启动体制机制改革，成立了传媒集团，将现代企业管理制度引入事业单位，探索实践事企并轨运作模式并取得了较好的效果。

一是重塑管理体制体系。在顶层设计层面，调整内部管理流程，重设融媒体中心组织架构，组建邳州银杏融媒集团并对外挂牌，深化事企并轨运作模式，实行党委领导下的分工负责制，按照一套班子、两块牌子的机制运行。围

绕融媒业务成立了四个中心,对所有部门和岗位实行定岗、定责、定目标考核的三定设置,薪酬待遇直接与工作实绩挂钩,各部门和岗位目标考核导向更加明确,责权利融为一体。

二是大胆改革用人制度。打破编内人员和编外人员的身份界限,用一把尺子量人才、评业绩,做到"同岗同责、同工同酬、优劳优酬";在编人员职务晋升只进档案,与集团内部使用脱钩。集团中层管理人员面向所有员工公开竞聘,择优使用,目前,已有25名企聘优秀员工通过竞聘走上中层管理岗位;集团所有岗位由部室主任和员工进行双向选择,尊重个人意愿,兼顾工作需求。

三是注重完善激励机制。加大薪酬分配改革力度,逐步在80%以上岗位推行零起点绩效考核,做到多劳多得、不劳不得,逐步分流工作能力不强、工作态度较差、没有责任心的员工,加大对优秀员工的激励力度,探索实行产品经理人制度,让年轻的优秀员工有为、有位,有价值、有成就。对符合融媒传播需求的人才实行"双特机制":提出特殊要求并给予特殊政策待遇,绩效考核上不封顶下不保底,正向激励。出台《邳州银杏融媒集团员工激励办法》等系列文件,通过立体多元的激励措施,提升员工的归属感、荣誉感和获得感。

二、催化融合质变,全力构建一体化传播矩阵

构建传播矩阵是融媒建设的重要基础,是巩固宣传思想文化阵地、壮大主流思想舆论的战略举措。我们全面聚合各类优质公共服务资源、媒体传播资源,彻底改变不同传播单元各搞一摊、各推一套、无序竞争的格局,全力构建一体化的传播矩阵,打造协调高效的全媒体传播生态系统,使媒体融合真正实现全方位覆盖、全天候延伸、全领域拓展。

一是突出移动优先。推动资源、技术、力量向移动端倾斜,打造集新闻资讯、银杏TV、银杏直播、智慧城市、政务服务、手机问政、互动社区等为一体的"邳州银杏甲天下"APP客户端。让195万邳州人"一端阅尽"家事国事天下事,"一端解决"柴米油盐酱醋茶,打造老百姓离不开、放不下的"掌中宝"。凭借其丰富的内容、完善的功能、便捷的体验,连续两年摘得中国县域最强广电APP冠军。同时精心培育"邳州银杏甲天下""无线邳州""银杏直播"三个具有社会影响力的微信公众号,开通抖音号、头条号、企鹅号、网易号、大鱼号、百家号、人民号等十多个媒体公众号,构建载体多样、渠道丰富、覆盖广泛的移动传播矩阵。

二是建强"大脑中枢"。先后投入3000多万元建设银杏融媒指挥调度中心、大数据中心等技术平台,实现采编制播全程高清化、网络化、共享化。建立

“中央厨房”运行机制，突出融媒体指挥调度中心的大脑中枢作用，实现宣传任务统筹、重大选题策划、采访力量指挥等统一生产指挥调度，再造策、采、编、发流程，形成新闻“一次采集、多种生成、多元传播”的崭新格局。

三是聚力多屏互动。整合全市广播、电视、报纸、网站、客户端、微信、微博等媒体资源，构建了“两台一报一网、三微一端多平台”传播矩阵，对内打通体系内各类媒体形态，对外无缝对接各类平台资源，推动“小屏带大屏、大屏通小屏、多屏联受众”全方位互动，实现新闻传播全方位覆盖、全天候延伸、全领域拓展，催化融合质变，放大一体效能，集聚“五个手指一个拳头”的倍增传播合力。例如全新改版的《邳州新闻》栏目，新增了两大板块，其中《有融有度》板块定位于话题讨论类节目，聚焦社会热点话题，先在小屏上互动讨论、开展民意调查，收集各方观点、投票数据，连接到大屏，丰富节目形式，增强节目互动；《搭把手》板块定位帮忙类节目，以关注民生、服务群众为立足点，帮忙说理、帮忙办事、帮忙维权、帮忙解忧，利用小屏收集网友求助线索，栏目记者帮助解决后，不仅在大屏播出，还要在小屏及时回应，增强了节日的服务性、针对性和接地性。目前，银杏融媒实现广播电台 300 万级、电视信号 200 万级、移动端 100 万级“321 百万级”用户覆盖。

三、坚持内容为王，巩固壮大主流舆论阵地

内容生产是融媒发展的立身之本，也是现代融媒增强引导力、影响力的重要环节，我们在精品原创内容的生产方面集中发力，打造银杏融媒精品的品牌影响。

1. 牢牢把握正确的舆论导向

始终把讲政治、讲党性摆在首位；围绕中心，服务大局；常年推出“新时代新作为”“学习进行时”等专栏专题，上接天线、下接地气，创新传播手段和话语方式，让党委政府直通人民群众，让党的创新理论“飞入寻常百姓家”，切实将银杏融媒打造成新时代宣传思想工作的主阵地、党委政府联系人民群众的桥梁纽带。

2. 开展精品创作

深耕本土特色，关注群众需求，发挥名主持、名记者、名编辑效应，紧紧围绕引导群众、服务群众，精心打造《政风热线》《有融有度》《搭把手》《逗是这个事》《教子有方》等品牌栏目。例如推出两档融媒体新闻栏目，其中《有融有度》定位话题类节目，聚焦社会热点话题，增强了节目互动性；《搭把手》定位帮忙

类节目,以关注民生、服务群众为立足点,增强了节目服务性。融媒体直播问政节目《政风热线》播出136期,共收到咨询投诉930件,经节目筛选梳理后转给各部门办理的930件,群众咨询、投诉转办件的解决率超过86%,答复率95%,群众满意率达到82%,该节目深受群众信赖。深化走、转、改,推出大量沾着露水、冒着热气的融媒精品,例如围绕宣传推进乡村振兴战略,策划推出"俺村振兴我担当"融媒体系列报道,由20多路全媒体记者深入街道村组、田间地头、农户家中,聚焦全市400多个村党支部书记带领村民在乡村振兴道路上的担当作为,报道中利用图文、视频、直播等多种形式在全媒体平台推送,取得较好的传播效果。

3. 放大传播效应

重点在"准""新""微""快"上下功夫,按照跨体制搭配、兴趣化组合、项目制实施的原则,组建融媒实验室,60多名有志于融合创新的人才参与其中,瞄准前沿技术,创新表达方式,充分利用直播、短视频、H5、VR、AR等技术手段,研发创作适合移动端阅读的移动产品,一批10万+"爆款"产品不断涌现。新媒体端用户突破120万,日活跃用户累计25万+,日均阅读量累计60万+。例如创作推出"@邳州人,书记喊你加入群聊,讨论这件事"H5互动产品,以市委书记的名义发起解放思想大讨论,征求网友对推动邳州高质量发展的意见,吸引了"10万+"用户参与其中,收获有价值的意见、建议2000余条。孵化的本土方言网络视听节目《逗是这个事》播出42期,全网播放量突破2000万,深受观众热捧,单条短视频最高播放量500万。搭建"银杏直播"平台,实现新闻移动直播的常态化,累计开展直播340场次,最高单场直播观看达到50万人次。

4. 强化智慧引领,倾力打造综合服务平台

融合传播的根本目的就是引导、服务于广大人民群众。因此,在融合的过程中,我们深化"融媒+"理念,打造融媒产业发展新模式,把集团统一经营和各部门分散经营结合起来,做精做强融媒主业、做优做专融媒产业,从新闻宣传向公共服务领域拓展。

一是做强融媒+政务。以银杏融媒平台为载体,以移动互联网技术为突破,推出"政企云"服务平台,开通"政企号",整合全市政务信息资源,打造政务公开信息发布平台,目前全市近200家政企单位全部入驻;推出"智慧党建"平台,提供党组织管理、党员管理、党员教育、党务管理、党内资讯、互动交流等各类党建服务,成为6万多名党员在线学习阵地;推出新时代文明实践平台,建

立市镇村三级网络，拓展线上文明实践活动，全市 5 万名志愿者全部登记注册；推出手机问政平台，网友随时随地在线向政府单位发起问政，畅通百姓诉求渠道，回复率 98%以上；开通网上办事大厅，搭建政务办事的统一入口，为个人与企事业单位提供在线政务办理服务，开通了婚姻登记、房产证办理、企业登记、户籍办理等 22 个在线办理事项。

二是做实融媒＋服务。对接“智慧城市”建设和民生服务平台，聚合各类优质公共服务资源，开通查公交、查违章、水电煤缴费等热门应用，成为市民在衣、食、住、行、娱等各方面的贴心伴侣；推出“智慧教育”平台，提供教育信息、在线教育、教育考评、学区查询等教育服务功能，全市 400 多所中小学已全部进驻；围绕“智慧医疗”，开通“银杏名医”平台，提供名医展示、知识普及、在线问诊、挂号等各类医疗服务；打造智慧文化、智慧旅游等公共文化服务平台，为百姓提供一站式便捷服务，目前已接入各项便民服务事项 50 多个。

三是做优融媒＋产业。打造银杏融媒广场城市综合体，拓展文化创意、影视制作、演艺活动、展会、教育培训等产业，不断增强自我造血功能，为“银杏融媒”发展提供坚强的经济保障。推进媒体融合以来，银杏融媒经营创收连续三年增幅超 20%以上，实现逆势上扬，突破了县域媒体发展的经营瓶颈，驶入了健康发展的快车道。

为了深化银杏融媒建设成果，继续推动媒体融合高质量发展，邳州广电锁定“内部深融、外部共融、区域联融”的攻坚目标，开启银杏融媒 2.0 智慧版建设，创新打造“一港一院一联盟”的全新融媒生态。以强化移动端政务矩阵、服务矩阵、娱乐矩阵等三大移动矩阵的打造为总体目标，组建融媒智慧港，着力打造产品创新的孵化器、智慧服务的新空间、媒体融合的新高地；以人才培养的平台、融合创新的智库、学术交流的载体为职责定位，成立银杏融媒学院，拓展对外培训及师资力量输出，把内部优势、核心业务系统化整理、规范化设计，面向全国各地新闻媒体尤其是县级媒体及有新闻信息宣发业务的部门单位，提供全媒体新闻采编业务培训、文化培训、教育培训、团队建设、拓展训练、融媒体中心建设管理咨询等多元服务；以移动资源共享平台建设为抓手，组建“苏鲁豫皖”百家联盟，围绕新媒体移动产品，研讨生产传播规律，培育产品创意，开发共同市场，促进区域内各类传播主体在移动产品的内容生产、研发等方面实现互联共享。

推进媒体融合是一项战略性任务、系统性工程，是中央赋予市县传统媒体的一项光荣使命，是时代赋予传统媒体的一个重大责任。媒体融合绝不仅仅是为了融合而融合，其根本目的是为了切实提高传统媒体的传播力和引导力，巩固壮大主流舆论阵地,更好地为党和人民服务。邳州必将坚持守正创新,遵循新媒体发展规律和融合传播规律,在机构、内容、渠道、平台、人员、经营、管理等方面深度融合和全面升级,全力打通引导群众、服务群众“最后一公里”,为全国县级融媒体中心建设探路先行。

融媒体新生态传播环境下主流舆论阵地"守与变"的思考

山东蓬莱市广播电视台副台长　吴鸿飞

商丘学院　吴禹霖

媒体融合正在快速发展，各地党委、政府对此予以高度重视，从顶层设计、机构搭建、运营机制、资金扶持等各方面给予了大力支持，媒体融合重塑区域传媒生态，新的媒体业态正在继续生长，新的传播生态正在迭代更新，蛰伏寒冬已久的地方传统媒体似乎步入了明媚的春天。但在融合发展的时代大潮中，一些地方传统媒体应对新传播生态显得"能力不足""本领恐慌"，或者照猫画虎，要么一味模仿盲从新媒体，要么固守传统，合而不融。

"你就是我，我就是你"本就是一场凤凰涅槃浴火重生，有人说，"只有忘记我是谁"，才能血脉相融；但忘记并不意味着背叛，在融合大潮中如果我们舍弃了"初心"，就会成为无根的浮萍，随波逐流最终无路可行。将自身优良的传统基因注入到新的媒介形态中，在传承中变革，在变革中传承，通过优势互补，吐故纳新，方可把握正确的方向。

一、守正创新，构建新型主流媒体舆论阵地

地方传统主流媒体作为党的喉舌，在及时传递党和政府声音、弘扬社会主旋律、整合和引导舆论等方面发挥着重大作用。新媒体时代，随着"万物皆媒体，万事皆媒源，平台多样化"的到来，大量兴起的自媒体以其快捷方便、信息海量、受众门槛低等优势迅速吸引了大众，成为群众行使知情权、参与权、表达权和监督权的重要工具，同时也是实现信息传达、人际交流、发表意见的重要途径，在这种传播格局和传媒生态的变化中，社会信息泥沙俱下、错综复杂，人们的思维模式、行为方式都受到各种思潮带来的巨大影响，不断地分割着过去由传统主流媒体所掌握的话语权，而且媒介信息求新求快的特点，使得用户更倾向于关注单一、具体的事件，新媒体的助力致使媒体和受众都很容易陷入对浅层刺激的追求和短期热度的追捧，忽视了对人类作为命运共同体普遍面对

的时代挑战、未来发展等宏观、严肃问题的关注。因此,传统主流媒体肩负的责任更大,需要寻找到有效的途径,不断壮大主流思想阵地,引领社会舆论健康发展,提高传统主流媒体引导舆论的能力。

党的十八大以来,以习近平同志为核心的党中央高度重视传统媒体和新兴媒体的融合发展。在2018年8月的全国宣传思想工作会议上,习近平总书记发表重要讲话,县级融媒体中心的概念首次在中央级会议上提出。

实际上,在中央顶层设计之前,为应对县级媒体所存在的问题,很多县市已较早开始了改革尝试。一些地方先以建立全媒体新闻中心的名义来满足县级传播需求。比如,贵州瓮安县2008年将报纸、广播、电视、网站合并为一家媒体;2011年,原来的长兴县委报道组、长兴政府网、长兴宣传信息中心、长兴广播电视台四个单位整合组建而成长兴传媒集团。他们的探索,为今天的融媒体中心建设积累了丰富的经验。

2019年1月15日,中共中央宣传部和国家广播电视总局发布《县级融媒体中心建设规范》,对县级融媒体中心定位为:"整合县级广播电视、报刊、新媒体等资源,开展媒体服务、党建服务、政务服务、公共服务、增值服务等业务的融合媒体平台。"定位为县级融媒体中心建设指明了方向,即突出县级融媒体中心的舆论引导功能和服务功能,通过县级融媒体中心建设,打造适应现代传播体系的新型主流媒体,将其建设成为新时代治国理政新平台。

融媒体中心的建设,涉及不同部门、不同利益群体的变革,需要打破原有体制的藩篱,各地在以"突出核心职能、聚焦关键职能、合并重复职能"的思路指引下,在党委、政府的统一规划协调下,打破部门壁垒,创新工作机制,重塑内容生产流程,实现对媒体发布平台的"统一指挥",有效盘活了媒体资源,整合了党务政务、服务民生等功能。

虽然媒介资源得到了有效整合,但仅有主流媒体架构的"形"还是远远不够的,对主流媒体来说,多年来所积累下的政治背景、社会资源和品牌效应以及言论的权威性、新闻素养的专业性和发布的优先权是其内在的"神",在融合发展中只有立足自我,实现优势互补、取长补短,达到形神兼备,方能在多元的媒体格局中牢牢掌控话语权。

首先,在内部打破不同部门、不同板块之间的边界。一是借助新技术对信息采集、生产、加工、存储和发布等多个程序实行融合。二是利用新媒体双向互动特性,为用户提供个性化内容推送、内容分享和互动平台,拓宽传播范围。前些年,随着对新媒体的认知,许多地方传统媒体也开始寻求自建网络和节目内容的网络表达,渴望继续抢占主导地位而不再是跟在网络身后跑,纷纷创办了各类新媒体平台，或是通过搬运媒体内容，或是通过双方联动，来切入网络舆论场，试水与新媒体互动。但由于缺乏“互联网产品”用户理念，缺少相互渗透、相融相和的有效手段，许多新媒体平台成为了传统媒体母体的附属品和延伸品。以我们蓬莱市广播电视台为例，早在2008年就创办了自己的网站，主要以转播每天的视频内容为主，其余内容大多为网摘，只有少数人观看。随着移动传播的发展，又相继创建了微信公众号、微博、APP等平台，虽然架起了新媒体框架，但办台的惯性思维和运行模式导致这些新媒体平台缺乏独特性、针对性，而且各栏目组微信公众号互相拆台，难以产生忠诚的“粉丝”，我们陷入进退两难之地。融媒体中心的成立，将更多部门合而为一，这种现象如果不从根本上解决，必将乱象更生。目前有许多地方在融媒体建设过程中已经清醒地认识到这一点，在机构重构中，他们有的以内容生产为基础，彻底打乱原有各媒介平台人员组织结构，在融媒体中心下设生产部门，部门上层设立不同媒介编委会，由编委会负责不同平台总体把控；有的则以媒介形态为板块，对新闻.经营.技术等共性内容整合，对其他部分仍按照媒介平台个性分工。无论什么模式，最重要的就是要打破原有各自为战的模式，从人员思想上合而为一，只有“忘记我变成你”才是“你就是我，我就是你”。

在融合中我们还必须清醒地认识到，不同媒体平台仍旧有着不同的用户需求，传统媒介平台风格应有深度、有内涵，更符合其享受“客厅文化”的固有受众收视需要；微信公众号、微博则以短平快见长，可以第一时间满足碎片化信息时代的转发传播需要；客户端和网站则要重点围绕杂志风格展开，强化服务功能，在知识的获取和生活的需求上突出实用和鲜活，以黏住用户，各平台之间相互独立又相互渗透。

其次，适应新语态环境，继续发挥传统媒体的权威性。一是围绕市委、市政府中心工作及时跟进做好宣传，坚守主流媒体阵地，让党和政府放心，让群众满意，进而增强媒体权威性、公信力。二是做大做强自己的品牌，唯有如此，才能继续保持其在公众心目中的良好形象。三是要适应新型融媒体平台不同受众参与热情高涨的舆情特点，深入掌握重大新闻事件的各种舆论倾向，拓宽视角，扩大自身舆论引导的影响力。

再次，在媒体融合中联动互补，将新兴媒体平台信息传递及时性和传统媒体传播中的权威性有机结合，充分挖掘和整合信息资源，在信息传播中占据主动、赢得优势。新媒体具有发布快捷、易于激活热点话题、建构固定人际网络热点的优势，借助这一特性，要善于利用各种新媒体平台，如论坛、微博、微信等，了解和总结民众对相关事件的观点和意见，从而能够在舆论事件中合理地将民众转化为舆论引导的助推者。

针对新兴媒体传播过程中容易出现信息失真、导向偏离等问题,融媒体中心应对新闻事件进行详细、权威、负责任的解读,使受众了解更多的新闻真相。前段时间,蓬莱市区发生一起危楼自然倒塌事件,由于前期有关部门已采取合理措施,人员早期已经撤离,无一人员伤亡,但因事发于城中闹市,当时自媒体纷纷通过不同方式发表议论,各种猜测和小道消息满天飞,我们第一时间奔赴现场,以蓬莱手机台和微信公众号等新媒体及时发布信息,网友纷纷点赞并转发,令谣言不攻自破。随后电视台和广播电台进行深度报道,从各角度详解事故出现原因,并对市委、市政府排查危楼举措进行深度后续报道,立体化的传播方式引领了舆情向正确的方向发展。

二、思维创新,增强主流媒体核心竞争力

尽管随着传播技术的不断发展,现有的媒体格局、舆论生态、受众对象、传播技术都在发生深刻变化,但一些最根本的东西并没有发生改变。香港浸会大学传理学院高级讲师、原 BBC 中文总监李文在分析欧美传统新闻媒体起死回生的启示中指出,欧美传统媒体业之所以起死回生,是"内容为先"为原则,独特内容是武器。

相比较而言,传统媒体有着非常强的政策资源以及社会的连接资源,这就足以使得它能够有比较强的生命力,这也是传统媒体内容打造的核心优势所在。与此同时,融媒体时代内容生产和传播方式上已经发生了深刻变化,新媒体强调及时、多样、海量、互动、共享,传统媒体强调准确、严谨、客观、深度和权威,二者合作呈现了新闻的整体景观。同时,随着技术彻底重构信息传播机制和形态,传播流程、传播技术、传播范围、传播效果都发生了颠覆性变革,以"5G+4K+AI"为代表的新技术也开始直接影响着内容生产、呈现、分发和消费等链条。在这种背景下,坚守原有优势,创新内容生产方式尤为重要。

一是强调地域特色,摆脱人有我有的同质化竞争,打造具有地域特色的品牌节目,从而在众多媒体信息包围中脱颖而出。节目本土化,是地方媒体立足的根本,因其内容具有浓郁的地方特色,有天生的贴近性、亲近态、认同感,深受群众喜爱。蓬莱电视台的《蓬莱新闻》《乡村行》等节目因为突出了地方特色,围绕受众所关注的大情小事展开话题,一直深受欢迎,线上点击率以及线下收视率都有不俗表现。

二是改进话语表达和传播方式,使内容更丰富多彩。在新的媒介环境中,平等化、贴近化已经成为现代传播语态的基本要求,融合化、互动化是发展方

向。现在，一般化的信息不再是稀缺资源，特别是伴随社交媒体的兴盛，媒介内容的丰富让受众的信息选择范围较之前任何一个时期都更为广阔，导致了受众注意力持续时间缩短，在信息选择时呈现出明显的兴趣取向且兴趣点极易转移，这些变化倒逼着内容生产必须在特色化、分众化、个性化、趣味化上下功夫。《新闻记者》主编刘鹏在《新传播环境下用户新闻学的开启》演讲中表示，在新媒体时代，任何机构、社交媒体平台和个人都可以在网络中成为传播的节点，改变传统媒体时代“一对多”的传播模式，出现“多对多”的传播模式。在互联网时代，每个人都是主角，每个人都能发出自己独立的声音，他们充分发挥着自己的想象力，综合运用图文、图表、动漫、音视频等多种形式，满足多样化、个性化的需求。

融媒时代，一定程度上是受众找媒体内容，因而，融媒体提供优质又可以互动的自助式内容尤为关键，这就要求我们适应互联网传播移动化、社交化、视频化、互动化的趋势，遵循新兴媒体微传播、快传播的特点和规律，主动为民意的自主表达开拓途径，善于利用自身的优势，如权威性与公信力，主动探访民情、体察民生、了解民意，针对社会生活中聚焦的热点、难点问题，有计划地推出一系列主题报道，来表达民意，代言民声，运用柔化的手段实现对舆论的有效引导。

在网络中受众成为信息传播的主导者，还可以发表自己的看法，回馈给传播者，这是网络媒体最突出的优势所在，只有用户深度参与才是真正的媒体融合。几年来，我们蓬莱台在互动环节进行了多方式的探索，把电视摇一摇、二维码推介、开展活动、建立群团、直播互动等方式作为留住忠实用户的重要载体，提高用户的关注度和参与度，在互动中参与，在参与中传播，各具特色的活动吸引了众多粉丝，根据后台大数据分析，我们又将这些群体进行分类，建立了户外运动、汽车俱乐部等不同的社群团体，不定期开展线下活动，极大地增强了黏合度。

直播是参与互动的最直接手段，中国的广播史已经验证了“直播＋互动”的功效，只是它被我们大家忽略了，而这恰恰是我们拥有的巨大拓展空间，蓬莱手机台等新媒体平台把视频直播常态化，对一些身边的活动实时直播；广播电台除了每天正常直播外，还定期策划公益主题活动，同时，我们积极借助新的技术手段，对广播电台直播视频化，使以往只闻其声的电台走入公众视野，成为了可以看得见的媒体，极大地激发了听众的参与热情。

三是创新服务功能。随着媒体融合的进程，传统媒体已经不再是独立的优质主流传播媒介，人们更为关注的是创造了什么场景，发生了什么关系，是否真正戳到痛点。对于地方融媒体来说,在文化认同、区域话题制造、共同兴趣、服务半径上都更具服务优势,可以通过不同的社群运营,通过内容的引领,通过深度的服务,利用好当地的政务资源,提供速度快、质量优和体验佳的新型媒体服务产品,搭建全媒体服务平台。一是围绕"媒体+政务"做活服务。各级党政部门的工作决策、形象、民生福祉等方方面面都需要主流媒体传播,各职能部门同样需要主流媒体的公信力扩大影响。围绕党委政府中心工作需求,优化政务平台服务内涵,让企业和群众"多走网路、少走马路",通过群众爆料、民生诉求、城市管理、业务查询等功能,为群众提供"掌上便利";与便民服务监管、食品安全监管等职能部门合作,发挥媒体舆论监督作用,督促相关部门及时解决问题,既方便了群众,又丰富了内容生产信息。二是围绕"媒体+民生"做好服务。媒体的最终用户是社会大众,最大资产是拥有相当规模的、高忠诚度的用户群。充分利用媒体移动互联、大数据、物联网等新技术,搭建起大数据信息资源平台、智能生产传播平台和用户平台,为用户提供多种形式的生活服务,让用户主动参与到节目的生产、整理与推送过程中来,为用户"创造消费之外的梦想,提供超越商品本身使用价值的人文诉求和情感寄怀,赋予内容更多的附加值",提高用户的成就感、新鲜感、创造感与愉悦感,形成新型核心竞争力。

随着媒体融合力度的加深,"媒体+"的内涵也在不断延伸,只要结合好媒体优势,就会裂变出无限可能。未来,信息传播服务将逐渐成为媒体的基础服务,而各媒体在垂直领域的深耕和不断专业化,将逐渐形成差异化竞争,演变成一个具有媒体基因的服务平台,这个平台的服务价值将决定媒体转型的成败。

三、跨界互融,加大新型平台传播力

《三体》中有一句话:"我消灭你,与你无关!"随着移动互联网、大数据、云计算、物联网等信息技术的飞速发展,各行各业已进入了全面渗透、跨界融合的新阶段。

跨界的本质是整合、融合、借智。融媒体中心的建设本身就是一种跨界的融合,我们要打破传统媒体之间的边界以及媒体行业与其他行业的边界,使自己与同行、与其他产业充分融合。"联合起来做大事,团结起来谋发展",新的环境下,地方媒体要想发展,一方面要坚持立足自身,以我为主,挖掘潜力,通过流程优化、渠道分发,建立开放、共享的内容生产和分发平台,通过算法实现信息分发的精准推送,使各种媒介资源、生产要素有效整合流通。另一方面要学会借船出海、借力前行，通过引进、合作等多种形式，善于加强与上级媒体、兄弟媒体、社会资本的合作，争取与聚合平台合作，包括人民网、新华网这样的中央级新闻媒体大的新闻聚合平台，腾讯新闻、网易新闻这样的市场化的新闻聚合平台，也包括类似于今日头条、百家号、抖音这样的算法平台。既要充分利用上级媒体、兄弟媒体先进的理念优势、技术优势、平台优势、内容优势、管理优势、运营优势，嫁接我们自身的资源，借我所用，又要广泛吸纳、整合配置多渠道的行业资源和广泛的社会资源，加快我们的发展。目前，全国有许多家专业协会和媒体单位在节目的引进、广告的联盟、产业的拓展等方面提供了有益的合作机遇，收效显著。近几年，蓬莱市广播电视台借力中国电视艺术家协会县市委员会云平台、山东轻快云平台等成熟的技术平台以及千台联动平台着手搭建了蓬莱手机台，与这些云平台之中的各级媒体相互借鉴，内容分享，联手互动，抱团发展，不定期同步直播各兄弟台的大型活动，在兄弟台平台上推送我们的精彩内容，在互动中融合，在融合中拓展，扩大了影响力，实现了广播电视媒体在融媒体大背景下的突围和创新。

未来，5G、人工智能、大数据精准分析等新技术研发的逐步成熟，必将引发新一轮的信息科技的发展浪潮席卷至媒体领域，在这种不断发展的技术变革推动下，新的媒体形式不断涌现，县级融媒体中心将在不断转型中发展。

从平台搭建到落地运营，不断推动安吉县媒体融合发展

浙江文澜信息发展有限公司总经理　杨巍峰

随着信息网络技术的迅猛发展，传统媒体的发展环境发生了剧变，市、县级广播电视台面临着生存与发展的严峻考验，传播力影响力弱化、经营收入下降、专业人才短缺、体制机制制约等问题日益突出。同时，党的十八大以来，党中央高度重视传统媒体和新兴媒体融合发展。2018 年 8 月，习近平总书记在全国宣传思想工作会议上明确要求“要扎实抓好县级融媒体中心建设，更好引导群众、服务群众”。

安吉广播电视台是浙江省首批开展媒体融合建设单位。自 2014 年以来，坚持“融合、创新、跨越”发展，依托大数据和云平台，推动新时代主流媒体核心功能、群众服务综合平台的智慧化，成功实现以共建共享为纽带的转型升级，创造了以技术创新为引领的媒体融合变革，催化形态多样、手段先进、竞争力强的融合质变，走在了浙江省媒体融合前列。

一、县级融媒建设的“痛点”分析

纵观整个融媒体建设，我们发现，目前各种融媒体解决方案都是建设方案，没有一个持续的运维方案，单纯从技术层面阐明怎么建，却没有思考如何运营。运维概念还没有人提出来，如何解决将来建设过程中的一系列问题以及今后在接下来的运营模式上面的思考和探索，我认为是解决媒体融合的“痛点”。主要存在四个方面的问题。

(一)县级媒体缺乏主导权

目前整个融媒体建设过程当中，各个县级融媒体几乎都在强调“一个中心”建设。但是目前主导权都掌握在省级融媒体的手上，那么就会导致县级媒体在融媒体建设中没有主导权，在整个方案的建设中单纯出钱，主要还是由省里面来进行一个统筹，比较被动。县级融媒体中心的最大优势在于本地资源。

本地资源包括新闻信息资源、语言资源、服务资源、风土人情资源、自然资源等丰富有特色的资源。本地资源是县级融媒体中心的核心竞争力。我们个性化需求得不到保障，从全省的平台来说，也就是县域的个性化发展没有得到保障。

（二）缺乏技术支撑

从整个架构来看，融媒体建设由省级媒体强势介入，但是缺乏一个强大的技术部门支撑。往往省级平台被一些专业的技术专家所引导甚至是被“绑架”，解决方案一般偏向厂家技术方案，由此产生的问题一是成本上升；二是个性化需求得不到保障，包括技术方案都是围着单一的厂家来走，这对我们以后的技术改造以及技术创新是不利的。

（三）融媒体方案形式不明确

县级融媒体中心应正确处理好“管”与“建”的辩证关系。“建”是基础、前提，“管”是保障、后盾。只“管”不“建”，或者只“建”不“管”，县级融媒体中心都得不到健康可持续发展。有的地方没有真正领悟到融媒体的“融”，仅仅机械地将多个部门搬到一起，各媒体之间依然是相互闭塞的孤岛。有的地区则将传统媒体和新媒体相连，但后续不懂如何深化和建设，媒体融合只是走一个过场，并没有达到实效。这些都是不可取的。县级融媒体中心应在建设中注意管理，两者相互促进，推动融媒体中心走向成熟。① 北京市昌平区融媒体中心对内建设基层版“中央厨房”，在投入较往年压缩近35％的情况下，内容生产量提升近30％，打造出高效的融媒体管理体系和运行机制。②

现在整个技术架构是由厂家来制定的，没有根据我们县级媒体机构的流程和整个制度结合在一起，没有考虑到最终用户群。往往导致整个方案只考虑生产过程，最终在大屏展现而已，这样的话会导致我们的硬件成本提高，但最终的用户体验效果是有问题的。

（四）融媒体如何可持续发展

整个融媒体方案预算是比较高的，一次性投入财政压力比较大，所有的厂家都是卖产品为主，今后每年的运营成本都是非常高的，财政压力与县政府的压力比较大，目前怎么来解决这些问题，尚没有一个思路或方案。

与此情况相似，有这么一个案例，国家部委农机方面的一个井的项目，在

---

① 罗昕，金昱伶．县级融媒体中心建设的原则与路径[J]．青年记者，2019(6)．

② 崔承浩，王小溪．北京昌平融媒体中心建设探索[J]．中国广播电视学刊，2018(11)．

整个实施过程中,打井完成,需要配套电力系统,实现地面管理中心并对井下电力设备的正常操作、快速判断和处理故障,然而井下电力系统缺失,导致几个亿资金投下去后没办法使用。作为国家专项资金管理者,部委表示只管打井不管电力。从这个案例同理可以看出,融媒体方案普遍只注重生产而没有考虑到后续的运营的后果是不好的。

融媒体系统架构如图1所示。

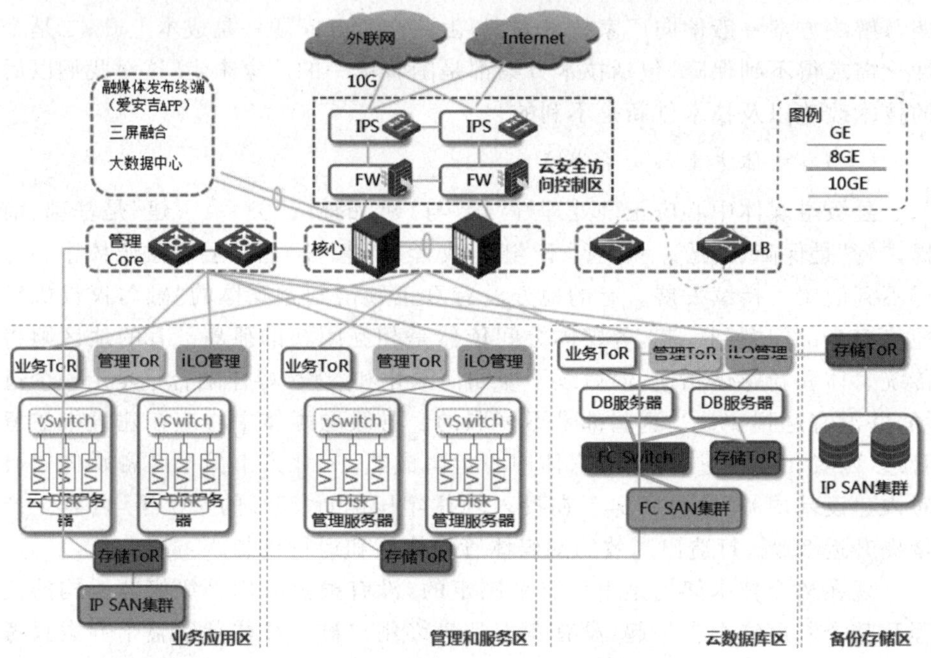

图1 融媒体系统架构

二、解读安吉模式的融媒体建设

在县级融媒体中心建设中,安吉广播电视台坚持移动优先发展战略,积极探索"媒体+互联网+"为引领的智慧信息产业发展,在重塑"统一策划,统一派工、采集,分类编辑,分平台推送"的新闻采编"中央厨房"的基础上,海纳新闻舆论、社会治理、便民服务等互融互通、黏合推动的"贴地"平台。

在融媒体建设中,积极探索"媒体+互联网+"为引领的智慧信息产业发展,目前已建成了安吉县大数据中心、公共应急指挥中心,成功研发并实施了全域智慧旅游、乡镇综合治理、田园智慧鲁家、智慧社区等“城市大脑”项目，并在全国15个省得到应用推广。自主研发“爱安吉”APP融媒体移动终端，成为县域范围内老百姓喜欢看、喜欢用、离不开的融媒体移动终端，又为大数据跨平台跨网络智慧城乡应用服务提供了解决方案。截至完稿，下载用户达20万户，日阅读量5万人次以上，活跃度40%，并在全国52个县得到推广应用。

（一）掌握核心竞争力，坚持创新为本

想要占领信息传播制高点，掌握舆论主导权，就必须充分运用新技术、新应用，创新媒体传播方式，加快传统媒体和新兴媒体融合发展。

安吉广播电视台在2014年承建了安吉县域“美丽乡村建设云平台”，积极探索以媒体建设为主、融合县域各方的公共服务需求为主的大数据、云平台系统建设的新路子。整合全县网络资源，建立多层级县域网，实现局域互联网络云存储、云计算、云宽带、云服务，建成高度集成、协同运行的安吉“云平台”。集团充分整合广电数字有线网、局域Wi-Fi网和无线通信网资源，整合了10多个部门数据资源，集成“三务”公开、治安监控等功能，实现公共资源集约化、城乡服务一体化、社会管理科技化，成为党政控制网络舆情传播的有力助手、美丽乡村信息建设的有力支撑。为强化智慧化发展速度，集团柔性引进以“国千人才”王盛为核心的6人博士团队，潜心研究开发智慧信息产品。充分利用融杭机遇，与数梦工场、海康威视、新华三等智慧产业集团的对接，共筑战略合作伙伴关系。安吉县委、县政府最近作出了以安吉新闻集团为主，着手建设“两山”数据转化研究院的决定，以更好地统筹全县各大部门的数据，引领区域大数据系列产品的研发和运营。独立搭建县域平台，打通数据，形成县内环链，互联共享。

（二）在县媒体融媒体建设过程当中，我们可以打造一套以流程与制度为基础的平台，软件为主，硬件为辅

依托大数据和云平台系统，使互联网智慧化这个最大变量成为事业发展最大增量。集团自主研发运营的“智慧社区”平台系统项目，获得浙江省“金潮奖”“基层优秀科技创新奖一等奖”。投入运行的智慧旅游体系，包含安吉旅游大数据中心、“智慧灵峰”、“田园鲁家”、“智慧余村”等项目，助推安吉旅游迈入“两千万人次、两百亿收入”时代。同时，以公共危机应急指挥中心为载体，打通电视端、手机端、电脑端的“内容互通、数据共用、信息共享”，在各个端口开设消费维权、平安安吉、看安吉等社会治理板块，极大方便了基层的社会管理和群众自治的积极性，其研发技术获列2018年度浙江省重点研发项目，全省

广电系统仅有2家入列。尤其在重大节假日的安全防范、自然灾害面前,应急指挥成了“千里眼”,起到了预防、维护、保障的作用。研发集综治工作、市场监管、综合执法、便民服务为一体的乡镇社会治理“四个平台”,实现了基层治理的集中统筹。通过运用矩阵化管理,有效整合各条线上的职能相近、职责交叉和协作密切的日常管理服务事务,使职权、人员力量等切实集中在一线解决问题,使乡镇区域管理“既看得见,又管得了”。2019年年初,集团抓住安吉县成为全国新时代文明实践试点县的机遇,成功研发上线了手机端、电视端为一体的“文明超市”,统筹起全县志愿服务活动管理,受到省市委宣传部门的高度肯定。

(三)强化本地落地运营

引导群众、服务群众是媒体融合重构的根本遵循,服务的零距离,关键在智慧化。集团打通与用户“最后一米”,自主研发“爱安吉”APP融媒体移动终端,并参与创新推出“安吉惠民卡”,让服务更便捷、更贴近群众。

“爱安吉”融媒体移动端通过设立融媒体模块,可实时收听收看电视台各频道、各档新闻栏目及广播直播、内部刊物《安吉新闻》。实行24小时新闻50条次以上的滚动播出,用户可实时浏览本地图文资讯、中央及省市各权威媒体发布;借助直播系统,实时推送县域内各类大型活动,每年直播达到150场以上。用户可以绑定微信账号来进行内容分享转发微信好友和朋友圈。

为解决一个县域内单纯资讯类APP黏性不强的问题,集团潜心研究智慧化便民模块应用。在移动端研发和设置了借车扫码、预约挂号、电影票、爱旅游、安吉美食、汽车票、停车场、电话大全、智慧5189000等近20个贴近民生的便民服务板块,基本覆盖群众的日常交通出行、娱乐、旅游、美食等。安吉美食是用户喜欢使用的服务之一,这里聚焦了全县各地的酒店、小吃、火锅、蛋糕、水果等300余家,通过设立可兑现积分的云豆子,将餐饮补贴、工会福利纳入到云豆子体系,极大地方便了机关干部就餐不便的问题。推出的智慧5189000,涵盖家政服务、安心维修、特色服务、社区服务、云上家园等栏目,一键解决社区居民物业缴费、各类维修等各项社区需求。资讯与应用相互作用,指尖上的服务紧紧黏住了县域20万用户,“爱安吉”成为看得见、用得好、离不开的移动端。2018年,《人民日报》和复旦大学等高校首次联手开展中国网络理政创新案例评选,“爱安吉”APP被评为中国网络理政十大创新案例之一。

(四)重视用户体验,形成闭环生态圈

在搭建平台的原则上,我们以用户体验为原则,因为最终融媒体是做给用户来体验的，所以我们在整个过程以移动优先的基础上，把资源进行整合，把政务服务、民生服务这些应用结合，以应用来促进新闻资讯传播，以资讯来反哺应用发展，这样形成一个良性体系，既达到新闻传播的效果，也为我们今后的运营平台提供了资金保障。

（五）以“生态圈”形式促进融媒体发展

在引导群众与服务群众过程中，我们要结合整个县域规划的发展，结合智慧城市建设，把我们的融媒体方案纳入到整个智慧城市建设体系当中去，这样就跟我们整个县域今后的发展形成一个生态，以“生态圈”形式促进融媒体发展。

加快推进县级融媒体中心建设的核心问题:“三个到位”

广东鹤山广播电视台台长　龚　拓

2018年8月21日至22日,习近平总书记在全国宣传思想工作会议上发表重要讲话,指出“要扎实抓好县级融媒体中心建设,更好引导群众、服务群众”,从国家战略层面提出了县级融媒体建设的发展方向。2018年11月14日召开的中央全面深化改革委员会第五次会议审议通过了《关于加强县级融媒体中心建设的意见》,指明了县级融媒体中心建设的基本思路。2019年1月15日,中宣部和国家广电总局又联合发布了《县级融媒体中心建设规范》《县级融媒体中心省级技术平台规范要求》,为县级融媒体中心建设提供了操作指南和技术规范。由此,各地加快建设步伐,县级融媒体中心迎来空前的高速发展期。但是,面对如此良机,县级融媒体中心该如何建设?全国没有也不应该有单一样本和固定模式,各地都在探索之中。时至今日,广东省各县市基本上完成挂牌,但除中宣部试点的两个县市外,其他县市推进较慢,其原因就在如何建、如何融上。到底如何建如何融呢?近两年来,笔者组织广东省部分县级台先后参观考察过全国十多个县级台或县级融媒体中心,它们都是中宣部试点县市,笔者也正在积极参与推进融媒体中心建设,综合参观考察与亲身实践以及反复思考,笔者觉得加快推进好县级融媒体中心建设的核心问题在于“三个到位”。

一、保障到位

首先是组织保障到位。县级融媒体中心建设是个“一把手工程”,政治站位要高,要成立县级融媒体中心领导小组,并由党政一把手担任领导小组正副组长。县级党政主要领导只有从思想上高度重视县级融媒体中心建设,才能加强县级融媒体中心的顶层设计,有针对性地出台指导方案、扶持政策。县级融媒体中心建设是个系统工程,庞大而复杂,从部门层面上看,虽然它以广播电视台为主体,但可能关系到报社、新闻中心、政府信息中心、政务数据管理局,甚至人社局、财政局、编办、国资委等;从职能层面看,它可能关系到新闻报道、政策宣传、党群社区服务、公共信息服务等。以县级党政主要领导为正副组长的县级融媒体中心建设领导小组决策更有力、运作更高效,很多一时办不了的事、一时解决不了的问题都会迎刃而解,更能保证县融媒体中心建设起点高、融合好、推进快。单靠宣传部门或广播电视台去推进,则速度缓慢,效果不明显。习近平总书记也讲过,“媒体融合发展不仅仅是新闻单位的事”,要站在国家治理体系与治理能力现代化的高度,以及政治与意识形态安全重要性上看此事。广东省四会市、番禺区由市、区委书记任领导小组组长,江西省分宜县则由县委副书记任县融媒体中心建设领导小组组长,常务副县长任常务副组长,其他分管县领导任成员,这三个县市区都是县级媒体融合的排头兵。

其次是财政保障到位。据国家广播电视总局发布的2018年全国广播电视行业统计公报称,全国广告收入保持持续增长,收入构成持续调整,广播电视传统广告收入下降,网络媒体广告收入大幅增加,其中广播广告收入140.37亿元,比2017年(155.56亿元)减少15.19亿元,同比下降9.76%;电视广告收入958.86亿元,比2017年(968.34亿元)减少9.48亿元,同比下降0.98%;网络媒体广告收入491.88亿元,比2017年(306.71亿元)增加185.17亿元,同比增长60.37%,占广告收入总额的比例从18.57%提高到26.38%,网络等新媒体广告成为新的收入增长点。这些数据中包括央媒和一线省级卫视,它们是大型吸金机,它们占了大头,县级广播电视台只是九牛中的一毛,许多县级台广播电视广告已经可以忽略不计了。现在要想单靠广告经营来解决县级融媒体中心的经费来源,难度非常大。其实有的地方政务类广告投入、庆典性活动投入也不多,能给广播电视台承办的更是少之又少,县级广播电视台捉襟见肘,有的甚至工资难以为继。县级广播电视台普遍存在资金不足、设备陈旧、技术落后、人才紧缺等问题,若单靠自身的“造血”已经难以维持生计。就目前情况而言,对于经济不甚发达的地区采取由融媒体中心(县级台)自行“造血”和由财政对融媒体中心“输血”相结合的办法最理想。一是设立融媒体中心建设专项资金,保证融媒体中心软硬件平台建设及运作的基本开支;二是将融媒体中心从事公益宣传的人员薪酬由财政兜底,以减轻融媒体中心负担,既让其轻装上阵,也让其无后顾之忧,专心于内容生产,专心于引导群众、服务群众。而从事经营的人员、部门则进入市场,实行企业化管理。四川苍溪县融媒体中心被列为县委直属公益一类事业单位,江西分宜县融媒体中心被列为全额拨款公益类事业单位,广东番禺区融媒体中心被列为公益二类事业单位,都从一定程度上保证了融媒体中心的事业发展。

二、机制到位

机制改革与机制创新是融媒体中心建设的着力点。前些年县级广播电视台走过它的辉煌时期,特别是在经济相对发达地区,县级台规模大、节目内容丰富、经营创收活跃,一派欣欣向荣景象。究其原因,当时新的"事业单位企业化管理"的运作模式为其生机活力源泉之一。而如今,世易时移,传统媒体面临诸多冲击、诸多挑战,而机制体制传统而陈旧,时时束缚着县级广播电视台。县级融媒体中心承接县级广播电视台的主体架构,也承接其遗留问题,所以,2018年11月,中央全面深化改革委员会第五次会议通过《关于加强县级融媒体中心建设的意见》指出,"要深化机构、人事、财政、薪酬等方面改革,调整优化媒体布局,推进融合发展,不断提高县级媒体传播力、引导力、影响力。"县级融媒体中心建设要按照中央的部署要求,从组织机构、薪酬激励、人才转型、事企分开等多个方面入手,找准自身定位,重建融媒体中心运行机制,通过新的体制机制和运作模式激活融媒体中心活力。通过体制机制的全方位改革创新,进而实现舆论引导的统一、传播竞争力的提升。没有这个着力点,则融而不合,合而无效。而机制体制改革创新中最关键的是分配机制和人事选拔任用机制,这是重点,也是难点。首先是分配机制,即薪酬机制。现在许多县级台属公益一类事业单位,基础性激励绩效工资和奖励性绩效工资由县财政直接划到个人,多做少做都一样,无从考核,无从约束。有的台属于公益二类事业单位,但在编人员与不在编人员收入相差有如天壤,有的台在编的与不在编的都有考核,但只考核月奖金部分,而月奖金本身少之又少,对部分人来说可有可无,无法起到激励作用。这是造成当下许多县级台节目形态单一、节目内容空洞、广告创收乏力、专业人才流失等的重要原因。分配机制改革是整个县级融媒体中心建设体制机制改革的牛鼻子,抓住了这个牛鼻子,许多问题就迎刃而解。当前比较成功的县级台或县级融媒体中心分配机制都比较完善,如江西分宜市融媒体中心、四川苍溪县融媒体中心等,都实行绩效考核、同岗同责、同工同酬、优绩优酬等分配机制。有的融媒体中心将财政划拨人员的薪酬进行二次分配,增大绩效奖励比重,强化绩效工资的激励作用,收到了较好效果。其次是人事选拔任免机制。当前,人浮于事、人不做事、效率低下等现象在县级台并不鲜见。究其原因,这与干部特别是县级台的中层干部选拔任免有关。有的中层干部才能不配位、心态不配位,却能上不能下。中层干部大多数既是教练员又是运动员,如果他们不会教又不会做或不愿做,则很难带出一支能干、高效的队伍。许多县级台已经认识到该问题,在融媒体中心建设过程中采取了各层级岗位竞争上岗的办法，或一年一聘，或两三年一聘，以此打通人才上升通道，激发干部员工活力。尤其重要的是，这种竞争上岗的选拔任用机制要打破身份限制，要同样适用于那些编外员工，让那些编外的但优秀的员工同样有一条成长的通道，让优秀人才脱颖而出。

三、融合到位

到目前为此，北京16个区也全部挂牌成立，广东首批35个县级台也完成挂牌，县级融媒体中心建设正在全国全面铺开。但究竟怎样融合，没有统一模式，各地都在摸着石头过河。但有的融合方式是相同的，各地都在做，比如流程再造、统一调度、一次采集多屏分发、移动先行、中央厨房等，这些都很重要，都很有用，但如何真正融合好融合到位，融合的核心是什么，主要有以下三方面。

一是要推进移动先行工作。在2013年8月全国宣传思想工作会议上，习近平总书记就指出："今天，宣传思想工作的社会条件已大不一样了，我们有些做法过去有效，现在未必有效；过去有些不合时宜，现在却势在必行；有些过去不可逾越，现在则需突破。'不日新者必日退''明者因时而变，知者随时而制'。做好宣传思想工作比以往任何时候都更加需要创新。"结合广播电视的实际来说，就是科技进步了，社会变化了，群众获取信息的渠道多了，广播电视的受众少了，人都到手机上去了，到移动客户端去了。人在哪里新闻舆论的阵地就在哪里。早在2014年习近平总书记在一次次重要会议、在考察新闻单位时就提出媒体发展要"深度融合""移动先行"的理念。"移动先行"可以理解为优先满足移动客户端需求、优先发展移动客户端传播。要做到"移动先行"就得创新采编流程，加强技术支撑，打造传播平台。目前，"移动先行"呈现的平台主要是微信和手机APP客户端两种，而手机APP因其较大的内容承载量而广受媒体关注。许多县级融媒体中心都建有自己的手机APP客户端，有的已经将自己的APP建设成为本区域有重要传播力、影响力和公信力的融媒体平台，如湖南浏阳台的"掌上浏阳"访问人次已超过2.8亿，广东鹤山的"掌上鹤山"也备受群众关注。在重大事件、突发事件的新闻信息采集发布方面，手机APP客户端更具有权威性、及时性、互动性等优势，这是广播电视难以企及的。

二是坚持服务群众理念。2018年8月，在全国宣传思想工作会议上，习近平总书记提出"要扎实抓好县级融媒体中心建设，更好地引导群众、服务群众"。很多县级台缺资金、缺人才、缺技术，做的广播电视节目也缺质量、缺数量,有的台自办的电视节目只有一档十几分钟的新闻,甚至本地新闻栏目两天一播,引导群众乏力。有的台也做了一些节目,但老百姓不看,对老百姓没用,老百姓不需要它们,这也谈不上“服务群众”。县级融媒体中心建设不能再走广播电视老路了。群众的需求在哪里,我们的服务就要在哪里。要在服务中吸引群众,引导群众,赢得群众。有的融媒体中心也探索出一些新路,提出了媒体+政务、媒体+社区、媒体+电商等理念和做法,值得学习和借鉴。四川富顺的《富顺眼》将便民电话、天然气缴费、电力缴费、医院挂号、出入境办理、惠企办事指南、社保住房公积金查询、购票、快递等几十项民生服务项目汇聚在自己的平台上,极大地方便了群众。“有用”才是融媒体平台建设的硬道理,“有用”才能服务群众,才能增强融媒体平台的黏性。

三是要提升基层治理能力。县级融媒体中心不仅是一个以新闻传播为主业的媒体单位,还是一个在基层治理实践中扮演重要角色的主体。《国家治理周刊》提出,“县级融媒体中心是一个治国理政重要平台和抓手”,《人民日报》也提出,县级融媒体中心“事关国家治理体系和治理能力的现代化”,“在全媒体时代,媒体不仅是信息的提供者和传播者,而且在国家治理中也发挥着重要作用,它通过通达社会民情、传递主流声音、实现党心民意同频共振等提升和优化治理效能。”但县级融媒体中心要提升基层治理主体作用,最重要的手段是依靠党的执政优势,整合各种本土资源,打通各种屏障,聚集大量本土用户,建成一个共建、共治、共享的社会信息枢纽式服务平台。既要打通与县域党委政府各级组织各个部门的联系,又要打通其与本土各个企事业单位的联系,通过各项垂直应用的渗透和各类便民惠民服务的聚合,盘活县域社会资源,构建起能够运用海量的用户数据、精准的用户画像、丰富的生活服务项目与有引导力的内容资讯,为所在区域人民群众提供一站式综合服务的互联网端口。目前,许多县级融媒体中心尝试整合本土资源,打通部门屏障,构建大数据库,如湖南浏阳、浙江安吉等。广东省政府也出台了《广东省推进政务新媒体健康有序发展的实施意见》,提出对政务新媒体要大力推进集约整合,实现统一平台管理,着力加强内容建设,全面完善服务功能等要求。广东省级融媒体技术平台采用广东广播电视台《触电新闻》APP 平台,《触电新闻》计划纳入各县市新时代文明实践中心、全科网络化、雪亮工程、志愿者服务管理等项目,这些创新和举措都必将推动县级融媒体中心深度融合,快速发展。

信阳广播电视台推进媒体融合发展的探索与思考

河南信阳广播电视台党委书记、台长 蒋文俊
河南信阳广播电视台党委委员、工会主席、机关党委书记 黄国治

中共中央总书记习近平在2019年1月25日主持中共中央政治局第十二次集体学习时强调，推动媒体融合发展、建设全媒体成为我们面临的一项紧迫课题。信阳广播电视台作为地方主流媒体，以习近平总书记有关推动媒体融合发展的重要论述为指导，增强紧迫意识，守正创新，科学谋划，整合资源，突出移动优先，生产优质内容，坚持一体化发展，推进媒体深度融合，不断增强作为地市级主流媒体的传播力、引导力、影响力和公信力。

一、推进媒体融合发展的重要性和紧迫性

信阳广播电视台于2012年由原来的广播、电视、技术、播控等10个单位合并组建而成，是信阳市政府直属事业单位，共有台属部门、直属单位32个，在职人员600人。开设有电视栏目节目、广播频率、手机台、报社、网站及微信公众号、微博、抖音等各种传统媒体和新媒体平台总计近60个。根据党中央的要求，结合实际，推进全台媒体融合发展乃大势所趋，意义重大。

（一）做大做强主流舆论的迫切要求

习近平总书记指出，我们要加快推动媒体融合发展，使主流媒体具有强大的传播力、引导力、影响力、公信力。信阳广播电视台目前虽然也有网站及微信、微博等一些新媒体平台，但还是以传统媒体宣传为主，传统媒体与新媒体的融合度较低，整体宣传的传播力与影响力有待提升。为了不断壮大主流舆论阵地，更好地宣传推介信阳，为服务“五个信阳”建设、添彩中原作出更大贡献，迫切需要推进全台媒体深度融合发展。

（二）强化意识形态工作安全的必然要求

作为党委、政府的喉舌阵地，为落实意识形态工作责任制，需要把我们掌握的社会思想文化公共资源、社会治理大数据、政策制定权的制度优势转化为

巩固壮大主流思想舆论的综合优势。由于全台各种媒体平台近60个,而且处于较为分散的状态,管理难度大,潜在的安全隐患较多。为加强全台的网信工作,确保意识形态工作的安全,必然要求推进各种媒体平台的融合。

(三)为广大群众提供服务的需要

中国特色社会主义进入新时代,顺应广大人民群众对美好生活的追求,我们地市级主流媒体可充分发挥在电子商务、政务服务、文化娱乐、社会交往等方面的功能,为老百姓提供信息资讯、文化教育、卫生健康等方面的服务。2019年4月15日,我台承办的首期《信阳问政》栏目针对老百姓关注的小区物业、环境保护、审批服务等热点问题,面向全社会全媒体直播,产生了轰动效应,当晚的新媒体矩阵直播点击量达30多万,充分表明广大群众对主流媒体提供有关民生方面的服务有着强烈的需求。

(四)增强经营创收能力的需求

面对全媒体时代激烈的竞争,传统媒体人的压力和焦虑不言而喻,整个广电行业的经营创收压力相当大。信阳广播电视台目前还有相当一部分职工属于自收自支或台聘人员,他们的工资要靠经营创收来解决。面临众多商业网站、新媒体及自媒体的激烈竞争,我们要不断提高经营创收能力,也需要整合现有过于分散的宣传平台,打造影响力强大的拳头产品,增强对客户的吸引力。

二、推进媒体融合发展面临的主要问题与困难

中央出台的《关于加强县级融媒体中心建设的意见》为县级融媒体建设提供了根本遵循,而对于地市级融媒体中心建设尚未出台类似的具体文件。虽然北京、天津、湖南等地已经陆续开始了市(区)级的融媒体中心建设,但目前推进地市级融媒体发展,更多的还是要靠自觉的探索。信阳广播电视台同不少兄弟市广播电视台类似,面临着单位人员多、财政包袱重、创收压力大等基本现状,推进媒体融合发展自然面临不少的问题和困难。

(一)观念转变明显滞后

尽管有的同志已开始认识到媒体融合发展势在必行,应该有“山雨欲来风满楼”的紧迫感,但也还有不少同志安于现状,观望态度明显,认为改革的时机尚不成熟,甚至认为“无过就是功”。

(二)整合平台问题复杂

信阳广播电视台是由过去的10个单位合并组建,业务宣传部门有几十

个，各种大大小小的传统媒体及新媒体平台有近60个。融合发展的前提是要适度整合过于分散的平台。但是由于各部门都有创收任务，整合平台必然会涉及创收任务分配和绩效考核，触及人、才、物的重新调配和利益格局的调整，需要应对和解决方方面面的复杂问题。

（三）重塑机制任务艰巨

媒体融合发展需要重新再造采、编、发的生产流程及相应的运行管理机制。现在各部门各平台的采、编、播及绩效考核均由各平台独立进行，而且在人员配置、节目影响力、创收完成额度等方面相差甚远。若按照媒体融合发展的需要，建立统一调度、统一标准、统筹考核的运行机制，必然涉及现有宣传资源配置、利益分配等复杂的深层次问题。

（四）人才资源紧缺

推进媒体融合，归根到底要依靠和拥有一批全媒体记者、全媒体编辑等融合型人才。目前全台宣传业务专业人才绝大多数对传统媒体业务熟悉，但能熟练驾驭运用短视频、微信、H5、抖音等新媒体的人才相当稀缺，成为制约媒体深度融合发展的关键因素之一。

（五）亟待专项投入

购置"中央厨房"等基础设备设施，需要大量的专项经费投入，而地市级广播电视台普遍存在人员负担重、创收压力大的问题，能保障工资发放和正常运转已实属不易，实在无力顾及对融媒体发展进行投资。

三、对推进媒体融合发展的初步构想

根据中央的要求，结合信阳广播电视台的实际，学习借鉴兄弟地市县的经验，我们打算从以下几方面推进全台媒体融合发展。

（一）提升政治站位，加快观念转变

习近平总书记继在中央政治局等十二次集体学习时发表重要讲话后，又在《求是》杂志发表重要文章，反复强调推动媒体融合发展问题。我们要从增强"四个意识"、坚定"四个自信"、做到"两个维护"的高度，提升政治站位，充分认识推进媒体融合对做大做强主流舆论的重大意义。思想是行动的先导，要切实转变观念，深刻认识到现在不是要不要融的问题，而是必须融、怎么融的问题。要认识到融合是为了资源共享、优势互补，为了共同发展、做大做强。要增强时不我待的紧迫感，科学谋划，及早行动，否则明天就会更被动，与先进媒体单位的差距就会越拉越大。

(二)紧抓改革机遇,做好顶层设计

此次党和国家机构改革基本完成后,事业单位也会进行相应改革。信阳广播电视台需要紧紧抓住这一历史性机遇,积极对接改革政策,学习借鉴兄弟地市成功经验,对全台媒体融合发展进行全方位、深层次的顶层设计。应着力解决制约媒体融合发展的人员、机制等关键问题。例如,实行新闻主业与经营分离,从事主业的人员工资等经费需全部纳入政府财政预算,需要为解决差供与自收自支人员的身份问题提供必要的政策支持。

(三)突出“移动优先”,加快发展新媒体

统计显示,截至2018年12月,我国网民规模为8.29亿,其中手机网民占比达98.6%。移动互联网已经成为信息传播主渠道,随着5G等技术不断发展,移动媒体将进入加速发展新阶段。我们要坚持移动优先策略,建设好自己的移动传播平台,同时用好商业化、社会化的互联网平台,让主流媒体借助移动传播,牢牢占据舆论引导、文化传承、服务群众等传播制高点。信阳广播电视台目前新媒体的力量还相当薄弱,要突出移动优先,加快媒体融合,必须先补上新媒体这一短板。大力发展新媒体,需要优化整合现有的近30个新媒体平台,打造大平台,提升竞争力。让电视、广播等传统媒体的产品通过新媒体尽快发布出去,大幅提升主流媒体的传播力和影响力。同时还可考虑与《今日头条》等商业平台合作,借船出海,扩大影响力。

(四)整合现有平台,坚持一体化发展

作为主流媒体,只有将具有权威性的信息生产成优质产品,才能彰显我们在权威性方面的优势。要坚持“内容为王”,充分发挥原创内容、权威报道、深度解读、发表评论等优势,在传播上注重快捷精简,多生产精准短小、鲜活快捷、吸引力强的优质信息。这就必然要求对现有诸多散、小、弱的宣传频道、频率、微信、微博、网站等各种平台进行整合。要牢牢树立全台一盘棋的观念,坚决摒弃各自为政、打小算盘的思想,通过流程优化、平台再造,实现线索共用、资源共享、平台共建、渠道共融,催化融合质变,达到“1+1>2”的效果。当然,整合中应注意保持各相关部门现有业务宣传及服务客户不受影响。

(五)建立配套机制,大力培养人才

推进媒体融合发展,必须锻炼、培养和引进全媒体人才。按照融媒体“一专多能一尖”的方向组建人才库,要求记者会写、会拍、会剪,能向多平台独立供稿。建立引导融合、鼓励融合的运行机制和考核机制,建立健全完善薪酬体系、岗位竞聘办法、晋升机制等制度。要突出对全媒体人才的培养，在绩效考核上予以倾斜。建立健全灵活有效的人才管理、激励机制，可借鉴外地媒体融合的先进经验，进一步打破身份限制，竞聘上岗，人尽其才，多劳多得，干好多得。

（六）坚持稳中求进，争取财政支持

地级市广播电视台的干部职工和宣传业务都远远多于县级广播电视台。推进媒体融合方面的改革，涉及面宽、影响大，必须坚持稳中求进原则，切忌急躁冒进，急功近利。要立足实际，在确保宣传业务质量及创收经营均不下降的前提下，精心设计，分步实施，积极稳妥地推进媒体融合发展。建设“中央厨房”等基础设施需要大量的资金，在努力提升经营创收能力的同时，还需要积极争取政府的投入和支持。

总之，媒体融合势在必行，我们要紧紧抓住机遇，站在讲政治的高度，把推进媒体融合与守正创新统一起来，让传统媒体和新媒体在相互融合中优势互补、勠力同心，不断壮大主流舆论阵地，使广电事业焕发新活力，真正强起来！

整合、心合、人和

——永康广电融媒体建设的实践与思考

浙江永康市委宣传部副部长、永康广播电视台党组书记、台长　陈晓峰
永康广播电视台广播副总监(主持工作)　程　煜

对县级融媒体中心建设，习近平总书记的相关重要论述，为这一工作绘就了路线图。与硬件概念的“融媒体中心”有技术标准不同(如中宣部、广电总局联合发布的《县级融媒体中心建设规范》等)，作为组织机构概念的县级融媒体中心，因为各地的原有媒体生态、实际情况千差万别，并没有放之四海而皆准的统一模式。各县市开展融媒体中心建设，必须在认真学习领会习总书记重要讲话精神，以及虚心学习外地先行者经验的基础上，因地制宜，稳步推进，才能做到“扎实抓好”。

永康广电台几年前也提出了要进行媒体融合工作，但由于种种原因，一直缺乏实际动作。2019 年 1 月中旬，永康市委宣传部副部长陈晓峰同志，带着市委市政府牵头筹建市融媒体中心的重任兼任党组书记、台长。上任伊始，他就提出 2019 年是广电台的融媒体建设年，融媒体建设是压倒一切的重头戏，并以高度的责任感和时不我待的精神，马不停蹄带领全台上下投入工作。像新春上班第一天，台党组就研究启动融媒体中心建设。在多方调研、反复论证、程序合规的基础上，融媒体建设步伐显著提速，半年过去即已取得实质性、阶段性的进展。

硬件上，投资约 3000 万元的融媒体中心平台，包括指挥调度大厅、全媒体演播室、广播融媒体直播室以及电视非编、媒资、新媒体生产工作区域，高起点规划，高标准建设，正在紧锣密鼓地施工中。完成后，宣传的策、采、编、审、发等环节将在这里高效联动运行，但这不是本文探讨的重点。

在无形的媒体融合方面，5 月底，广电台大刀阔斧进行内部机构人事改革，形成了全媒架构的雏形。通过体制优化和流程再造，初步实现了广播、电视两频道及微信、掌上永康 APP、微博、抖音、网站、美篇等媒体矩阵的融合宣传。更重要的是，为正式成立全市融媒体中心，与永康日报社(“报纸”)实现

“大融合”，做好了硬件技术、机构人员、体制机制、思想观念、业务能力等方面的基本准备，预留了对接空间。显然，假如先跟报纸合并再做这些工作，不仅会增加难度，更要延误时机。

一、机构人事改革

此次广电内设机构改革，根据融媒体建设需要，除了保留原有的电视新闻综合频道、电视华溪频道、电台、网络中心、办公室设置之外，还新整合设立或充实、升格了一些重要部门，其中跟宣传有关的主要有如下几个。

1. 总编室

此前广电总编室已经名存实亡多年。如今新的总编室负责人由台党组成员兼任，发挥起日常协调各媒体融合宣传的职能，改变了以往各媒体策划、宣传各自为政的局面。如牵头组织各媒体统一策划、统一报题、统一编辑，组织统一的内容评审，开展业务学习培训，编印内部交流材料等。像每个工作日组织各媒体新闻宣传骨干开早会，共享线索题材，协调采访协作。越来越多的新闻内容做到了“一次采集、多元发布”，前期采写节约人力物力，避免撞车，提高效能，后期传播形成合力；策划出了“壮丽70年”等融媒体主题报道，初步实现了“宣传相融”。总编室还积极对接拓展外宣新领域，像永康“大树冠栽培葡萄”短视频，成为新华社融合平台建立以来播出的第一个百万级短视频，获得新华社浙江分社副总编点赞。

2. 融媒体中心

原来广电的“永康人”微信公众号由办公室下的广告中心“兼营”，有违宣传经营分离的规定，在工作上也难免顾此失彼；而“永康电台”微信公号、微博原来由电台主持人兼带；广电网站则由电视新闻综合频道负责管理……现在这些新媒体都整合到融媒体中心运营，让更专业（更擅长新媒体语态）的人来做专业的事，推进传播话语方式创新，初步实现了各新媒体之间的相融。比如中午推送的“永康人”和傍晚推送的“永康电台”，内容时效的分工配合更好。新媒体和传统的广播电视之间联系配合也更加紧密，新媒体推送的很多内容来自广播电视，而新媒体也设有传统媒体的通道（“视听节目”“微电台”），为广播电视移动传播、“大屏变小屏”提供了便利。而且通过台领导和总编室加强审稿把关，新媒体“唯点击量”“标题党”等不良倾向得以有效扭转，确保了正确的政治导向、舆论导向和价值取向。目前，融媒体中心同时还负责“融媒体中心”的硬件建设推进。

3. 技术中心(筹)

原来广播、电视都有技术人员,各管各的,现在技术中心统一为广播电视和新媒体提供设备、技术保障,实现“技术相融”。技术人员打破了媒体限制,通过不断学习培训,成为全媒体的技术员。

4. 广告运营中心

原来广告部只是台办公室下设的一个科室,而电台下面又有一个广告部,责权不统一,分工不清晰,广告创收一定程度上存在“自打自”的情况。新广告运营中心统一负责各媒体广告创收的运营和协调监管,初步实现了“广告相融”。

5. 人事调整

与机构改革相同步相适应,一批德才兼备的中青年走上了台中层(部门频道负责人)和部门下设科室中层岗位。具体人选上重能力、轻资历,体现“能干肯干给舞台”的精神,不少属于破格提拔。中层队伍年龄能力结构得到大幅优化,融媒体建设发展的人才梯队框架基本形成(其中新提拔的台中层多为副职,为市融媒体中心成立后的人员进一步整合预留了空间)。此前,广电台中层队伍已经多年没有大的调整,存在严重的青黄不接问题。一方面部分中层岗位长期空缺,另一方面一些人员因为缺乏用武之地,上升空间受限,工作积极性受到影响,这甚至导致人才流失。

二、改革成效初显

本次机构人事改革人员总量没有增加,广播、电视等原有部门还有不少同志提拔或抽调到其他部门,新设部门人手也暂时非常紧张。但是,改革理顺了机制,优化了流程,明确了职责,加强了融合协作,让广大员工尤其骨干找到了价值感和归属感,激发了他们干事创业的干劲、拼劲和潜力,不但上班时间效能大大提升,休息时间不计个人得失,主动工作已成为一种氛围。各部门媒体的工作,包括“健康宝贝秀”等大型活动,没有因为改革、交接而耽误,反而比过去做得更好,新成绩、新亮点、新变化精彩纷呈,比学赶超蔚然成风,初步达到了以媒体融合更好地引导群众、服务群众的目的。

除了前面已提及的成效外,再以电视新闻频道为例,电视记者从原来的近20人减少到现在的11人,做好日常新闻的同时,还要做《问政时间》《焦点时刻》等很多栏目,接二连三地录制晚会等大型活动,采制新闻和广告专题,但六七月外宣发稿得分是往年平均水平的两倍,所采制省委书记点赞永康公安“最多跑一次”服务、“西瓜男孩”带着五名贫困准大学生再出发等新闻频频被浙江卫视等上级台及《学习强国》采用。

电台改革后记者暂时只有 3 人，不到原来的一半，而且都是非在编记者，其中两位是女记者，且有两位是新记者。但六七月外宣发稿成绩也是呈前所未有的井喷状态，上半年央广发稿篇数、省台用稿总分均列全省第九；金华台发稿上半年总得分继续保持第一，领先优势还有所扩大。其中，面向浙江之声微博、微信、抖音等新媒体的融媒体发稿占了相当比例。这除了电台自身的努力，很大程度上也属于“融媒体红利”，像线索、内容共享后，提升了电台发稿的质量、时效和命中率，部门协作支持加强，也弥补了电台人力的不足。同时，电台对电视和新媒体的“反作用力”也得到增强。

三、坚持以人为本，坚守内容为王，四个“抓好”，继续推进融媒体建设

融媒体要求各媒体协同作战，优势互补，尤其要发挥新媒体的传播优势。但不论媒体形态、发布方式怎么演变创新，相对于内容，都只是“末节”，所以必须坚守“内容为王”，其中权威、及时的本地内容又是县级台的核心竞争力所在。而要做到内容为王，就要以人为本，而不是以设备硬件为本。因为生产力决定生产关系，人，特别是采编播人员，才是融媒体中心的“核心关键部件”，再先进的设备也是要通过人来操作。鉴于此，有必要以四个“抓好”，将永康融媒体建设继续推向深入。

1. 继续抓好队伍建设，实现“人员融合”

(1)加强教育学习，讲清融媒体建设的目的、意义、做法、要求等。媒体要融合，理念先融合，人人都要有融媒体意识，对“自己应该怎么做”人人都要心中有数，从思想上适应融媒体新形势。心往一处想，才能劲往一处使，心合才能人和，合心才能合力。

(2)加强业务培训，打造全媒体型的记者、编辑、主持人、技术人员等工作人员。既要鼓励大家自学，也要走出去、请进来，创造和提供各种学习、锻炼机会。要使原来只服务于一家媒体的人员，在有侧重、有专长的同时，其技能能跟上融媒体新时代，发扬协作分享、用户至上的互联网精神，不断增强“四力”。比如，电视记者采写的“全媒体通稿”，能更适合其他媒体使用；其他媒体记者也能拍摄视频图片，为电视提供素材、线索乃至文稿等。在内容生产上，要提升采编人员的融媒体采写编辑能力，也要重视发挥广播电视主持人的补充作

用,培养记者型、编辑型乃至专家型主持人。鼓励主持人采写贴近本地的独家内容,不仅有利于做活做好自己负责的节目,还能为其他媒体所用。还要重视新提拔中层干部管理能力、心态格局方面的培训辅导。

(3)加强人才引进。相比原先,融媒体对员工的能力素质要求更高,因此在做好原有员工的全媒体培训转型的同时,要引进一些急需特需、来之能战的专业人才。要重视招用本地主持人、记者,努力提升节目内容的贴近性、本地性。

(4)加强队伍整合、充实、优化。要以与报纸融合的契机,进一步整合优化各部门、媒体队伍结构,从根本上缓解当前人力紧张、聘用人员偏多、女性偏多等问题。要提升一线骨干记者的待遇,让优秀或有潜力的记者有动力、留得住。对已有的中层干部也要实行动态管理,做到能者上、庸者让。

(5)打造融媒体通讯员队伍。改变以往各媒体各自招募通讯员,只为其中一家媒体服务的情况,更好地做到线索、文稿、人脉共享。

2. 继续抓好制度建设,体制优化,实现“制度融合”

融媒体建设,提升广大员工的觉悟、能力是一方面,但要从“知道”到真正“做到”,加强队伍管理,避免出现新的部门、媒体本位主义,离不开刚性、相对科学合理、可操作的制度做规范,做保障。融媒体要有专业化分工,更要有制度化保障,要做到职责明了,奖惩分明,纪律严明。如对个人来说,原有“单媒体”的工作模式,较现在的“融媒体”模式更为舒适、习惯,光靠提醒、培训,无法确保人人能达到融媒体的要求。假如只是提倡记者为其他媒体着想出力,没有奖惩措施,往往是说了也白说。因此,在机构人事改革后第一个月,我们要求各部门把建章立制和原有制度完善修订作为重点工作,包括各项纪律、行为规范、考核办法等。以此实现压力传导,做到管理的科学化、制度化。而其中的考核制度,要体现“干多干少不一样,干好干坏大不同”的原则和融媒体的理念,内容质量高,考核分数就应该高。

制度建设并非一劳永逸,一成不变。这些经过征求意见、反复修改、领导审核的制度试行两个月,哪怕在试行期结束后,也要根据实际情况,经过一定程序,继续完善。

3. 继续抓好融媒体中心和“中央厨房”硬件建设,实现“平台融合”

(1)搭建融媒体“中央厨房”。目前,电视依然是内容生产的主力军,永康广电现有的“大洋新闻协同生产平台”,只存有电视两个频道的文稿。建设统一的“中央厨房”,各媒体原创内容资料统一入库,可以改变电视对其他媒体内容单向输出为主的状况，让各媒体互动共享、互相借鉴的广度深度再上台阶。

(2)在坚持新闻立台、做好新闻主业的同时，要体现以人民为中心的思想，强化融媒体的公共服务功能。要以“掌上永康”APP为主阵地，搭建新闻宣传、政务服务、生活服务融为一体的平台，努力实现新闻与服务融合，宣传与创收并进。

(3)按时做好融媒体中心硬件建设，为各媒体的进一步融合提供好物质基础。包括其中的视频直播间，让广播“听得牢”的同时，也借助移动终端“看得见”。

4. 继续抓好内容生产过程融合，做到“稿前共享”

相对于广播和新媒体，作为当前内容生产主力的电视、报纸，其新闻时效性反而是最弱的。如果等电视报纸成稿后才与其他媒体共享，往往会错过最佳播发时机，包括外宣发稿的时机。因此，不仅稿件要共享，还要稿前、稿中共享，尤其对突发事件等时效性强的新闻线索，要第一时间通过微信群等方式通报共享。

(1)策划、线索、报题共享。除了一些规定动作，一般新闻由各媒体自行判断是否需要及时跟进，做到重要新闻不遗漏，而又体现媒体特性。这一工作中，光各媒体骨干开早会通报策划、线索可能还不够，有必要建立统一的记者报题制度，要求人人每天都要报题。要相信普通记者也会有自己的好线索，也可能有自己的亮点策划。实际上强制报题制度，对督促记者开动脑筋，主动寻找线索题材，提升策划能力，便于后方编辑、上司及时指导沟通，做好考勤考纪等有多重积极意义。

(2)记者采访带回的各种文件材料等，也可以通过一定的途径共享。如有些时政活动新闻，记者带回的材料中，比如领导讲话、本地政策规定等等，常常信息量很大，如果只是写一篇动态消息就把材料扔掉，是很大的信息浪费。这些材料共享后，可以让其他采编人员深入了解更全面的信息。像各媒体编辑可以了解更多背景，把稿子改得更恰到好处，补全记者无意中遗漏的亮点信息；其他记者也可以从中得到启发，发现更多的新闻题材线索。

(3)县级台题材线索有限，线索、策划共享，乃至上级台的约稿、点评共享，也是集思广益和思维碰撞，有助于各媒体、记者相互借鉴启发，找到更好的线索，作出更好的策划。

四、问题与思考

融媒体建设时间紧、任务重，应该说碰到的大小问题和困扰有不少，我们逢山开路,遇水架桥,一一妥善应对。眼下的问题主要在队伍建设上,一些部门岗位人手紧张,尤其缺乏高素质专业人才。同时,作为内容生产一线的记者,劳动强度、精神压力很大,寝食时间不能保证,而收入特别是聘用记者收入水平总体偏低。四五万的年收入,可能难以养活一个人加一辆车,不足以撑起一个年轻大学毕业生的梦想,因此造成他们不安心工作状况,常常工作刚刚熟练,人就走了,新招来的人,又要经过几年学习适应期。虽然记者"民工化"、人才流动过、成为"培训基地"是各县市广电台的共性现象,但这个问题不努力解决,融媒体建设的长远效果恐怕会大打折扣。我们有心改革收入制度,对年轻记者既要讲诗和远方,也要解决好眼前的生活,采取灵活的政策,更好地以待遇留人、事业留人、感情留人。

总之,经过前期努力,永康广电现有各媒体初步达到了"你中有我,我中有你"的相融,但离"你就是我,我就是你"的境界尚有差距。融媒体建设任重道远,下一步与报纸融合,才是深水区、硬骨头。但办法总比困难多,我们深信,在市委市政府的高度重视和坚强领导下,在有关方面和广大干部员工的支持下,我们一定能够克难攻坚,不忘市融媒体中心组建的初心使命,真正做到导向为魂,内容为王,移动为先,创新为要,进一步提升未来永康本地这个唯一主流媒体的传播力、引导力、影响力、公信力,构建永康全媒体传播新格局。

有“融”乃大

——息县融媒体中心建设的探索与思考

河南息县广播电视台台长　李树立
河南息县广播电视台总编室主任　尹自强

河之南葱翠秀丽，河之北坦荡宽广，位于中原腹地的息县，总面积1892平方公里，全县总人口113万。悠悠淮河穿境而过，自古以来土沃田良、物产丰饶，素有“中原粮仓”的美誉，连续10年获得“全国粮食生产先进县”，“有钱难买息县坡，一半米饭一半馍”的赞誉在民间流传至今。3000多年来，历史变迁不易“息”名、不改县治，堪称中国“郡县制”的活化石，被誉为“中华第一县”。曹雪芹《红楼梦》中“伤心岂独息夫人”、伏波将军马援“马革裹尸”的历史典故均出于此。

作为一个典型的农业大县、人口大县和文化大县，息县打造“中国生态主食厨房”的县域经济发展模式走过了辉煌的历程，站在历史的重要节点。息县媒体人作为当地改革发展的见证者、推动者和参与者，深知在新时代的背景下，突破曾经的羁绊，实现媒体融合发展的新飞跃，是历史赋予我们的责任与担当。

2016年1月开始，息县广播电视台完成了与原息县文广新局的分离，新的台领导班子以时不我待、只争朝夕的魄力和勇气，率先在全市范围内拉开了融媒体建设的序幕。笔者结合当前媒体特点和自己在一线工作近30年的经验，就息县融媒体中心建设的探索与思考谈谈自己粗浅的认识，内容仅供参考。

一、内外兼修，有“容”乃大

纵观当前媒体业态的主要特点就是“大”，内容上海量播发包罗万象，传播上铺天盖地见缝插针，渠道上资本运作八仙过海。国家对互联网经济的扶持，带来移动经济、关注经济等新业态蓬勃发展，媒体平台在资本、大数据和高科技的三重加持下“一家”独大，各路自媒体也蜂拥而至野蛮生长。

息县在融媒体中心建设之初就清醒地认识到,“融”首先是一个由小变大的过程,只有增量扩容才能有“容”乃大。2016 年,息县广播电视台首先从内部增量抓起,先后搭建了自己的移动端平台:“息县广播电视台微信公众号”“息县 1044 电台微信公众号”和手机客户端 APP“掌上息县”。2017 年至 2018 年注册入驻了“息融媒”抖音号,实现了与“今日头条”、腾讯等信息发布平台的精准推送实时对接。

在外部扩容上,息县还整合县域内公共媒体资源,实行“一网打尽”,宣传部《濮山淮水》、监察委《清风息县》、《息县坡报》、广播组组响、户外大屏等,全部纳入融媒体统一管理、统一指挥,重构媒体生产新模式,实行“一元策划、一次采集、多种生成、多元传播、科学评价、效果运用”融媒化工作流程,一个集广播、电视、政府网站、两微一端、公共服务于一体的融媒体宣传矩阵雏形初显。我们还吸纳一批如“息县百事通”等有影响力的本地自媒体加入,加大节目内容交流,互通有无,进一步拓展融媒体的外延。

同时我们注重新老媒体关系的和谐共存,对传统媒体进行加强和巩固,3 年来,新建 166 米高广播电视发射塔一座,成为息县新地标。投资 700 多万元对现有电视台采编播基础设施完成升级改造,特别是新建 200 平方米虚拟演播室、自动播出系统和电子签单技术的投入使用,航拍飞行器、佳能 5D3 单反相机、GOPERA 微型 4K 高清摄像机等一系列新型媒体工具的运用,实现了新旧媒体间资源互补、优势互补,达到 1+1>2 的效果。2019 年 9 月,投资 3300 余万元的息县融媒体中心正式投入使用,一个体量庞大、功能齐全、设备先进、人才密集的新型媒体巨人将屹立在豫南大地。

我们深知,面对互联网的“四个无限”(无限空间、无限时间、无限作者、无限受众),有限的增量扩容绝不是简单的相加,更不是麻雀虽小五脏俱全,而是鲲鹏展翅前那击水三千的蓄势待发。2019 年 6 月 6 日,国家工信部正式向电信、移动、联通和广电发放了 5G 商用牌照,而广电拥有的黄金频谱 700MHz,有着其他 3 家网络运营商无法比拟的覆盖优势,成本消耗将会更低,媒体融合必将成为未来“三网融合”国家战略的先行者和试金石。两会期间,李克强总理在答记者会上的表态发言,再次印证了国家在破解网络运营之间的壁垒,实现数据无障碍无差别自由流通的决心和信心。

作为县级融媒体中心,在浩如烟海的互联网容量面前,如何在本土化前提下提高自身节目的竞争力、传播力,苦练内功依然是原动力。建设之初,我们组织全台开展“县级媒体该往何处去大讨论”,从思想根源上提高传统媒体人对新形势下媒体业态的认识,增强全员媒体融合发展的积极性和主动性。台领导还亲自带队,远赴长兴传媒集团、项城融媒体中心、汝州广电总台融媒体中心等媒体学习考察,寻经觅宝,定期组织业务骨干在长兴传媒驻地实习,掌握最新的媒体技术和制作流程,邀请国内知名学者专家来息县授课,通过理论和实践相结合,打通任督二脉,同时,组建编委会,每周一上午召开选题和考核会议,新旧媒体骨干全员参与,通过头脑风暴的形式明确宣传主题,并对上周各媒体表现查漏补缺,综合协调新旧媒体间"我无他有"和"他无我有"的问题,力求全媒体间相互包容、兼收并蓄。

二、公信价值,有"溶"乃大

"责任凝聚力量,公信创造价值",一直是主流媒体工作者的座右铭,融媒体时代,只有完成渠道、内容、平台、技术、经营、管理六个方面的华丽转身,传统媒体才能重回主流舆论阵地,实现公信力的价值转换。如果说内容、经营与管理是媒体自身的"内练一口气",那么渠道、平台与技术就是融媒体的"外练筋骨皮",媒体公信力只有成为政府公信力的代言人,才能整合政务服务的众多渠道,转变为舆情传播的总开关和社区服务的总枢纽。息县县委、县政府对息县融媒体中心建设进行了顶层设计,对息县融媒体中心的功能进行了定位。即建成一个新闻+政务服务+生活服务+舆论监督+产业发展,集新闻舆论阵地、政务生活服务、社区信息枢纽、党委政府参谋于一体的社会综合治理服务平台。建设之初就把"掌上息县"手机客户端与智慧城市建设一并考虑,客户端功能上具备生活水电气缴费、公交车辆运行实时跟踪、税收、办证、申报、信息查询等一系列与百姓生活息息相关的服务,实现政务服务从"只跑一趟"到"只点一下"的总体要求。只有这样的水乳交"溶",才能实现媒体融合你就是我、我就是你的终极目标。

县级融媒体建设的难点集中体现在政务资源的整合上,是名副其实的"一把手"工程,息县融媒体中心在建设中始终把县委、县政府重视、主要领导支持作为工作开展的前提要求,多请示、勤汇报、要政策、求助力贯彻始终,特别是在融媒体中心场地和体制机制、人才引进等重大事业建设过程中,多次邀请县委书记金平实地调研,现场解决实际问题,极大地加快了融媒体中心的建设步伐。

融媒体中心与本地资源的相融相生,只是走出了融合发展的第一步,而机制和人才仍然是制约融媒体创新发展的瓶颈,息县融媒体中心与息县城投公司合作成立息县淮河影视文化传媒有限公司,实行事业、企业双轨运行,县编委会为融媒体中心特别增加了 30 名人才专项编制,用于公开招聘专业技术人才,极大地解决了应用型人才短缺和分配机制不活的问题。2016 年至 2018 年累计向全县公开招聘一线记者共计 86 人次,全县范围内首次在一线工作岗位实现零工资+绩效考核分配机制。在高精尖人才和特殊人才引进方面,息县首创性提出专项人才引进计划,特殊岗位特殊待遇,对营销策划、互联网技术、大数据、网络安全等方面人才实行年薪制,基本实现了机制和人才的有机融合。

三、媒体迭代,有"融"乃大

近期,在华为鸿蒙操作系统、大数据、人工智能等领域,马云、马化腾等互联网巨头在公开场合提出新技术免费共享的倡议,一定程度上反映出社会对新技术运用的需求在急速膨胀,融媒体要完成自我迭代,拥抱大数据经济时代的到来,对新技术呈现出一如既往的渴望。

媒体的优化迭代,首先是在互联网平台下媒介之间边界模糊的数据共融。近年来模板式自媒体(如抖音)的恣意疯长,代表的不是短视频的胜利,其本质是数据互融的必然结果。正如共享单车不代表共享经济,而是租赁经济的数据化一样。

融媒体时代,每一个县级融媒体既是数据的制造者,也是数据的使用者和传播者。媒体通过数据实现对"用户"的筛选对接、精准推送,更是通过数据链接,保障政务服务的实现,完成各媒体平台间的内容交换,没有与大数据的融合,谈不上深度融合。

为加快息县融媒体中心空间和技术平台建设,息县融媒体中心采取 EPC 招标模式与牵头制定《县级融媒体中心建设规范》的中广电广播电影电视研究设计院签订设计、施工、设备购买施工协议。按照县级融媒体中心技术规范进行设计、施工。对硬件技术支撑、流程工艺要求、舆情监测、大数据技术、人员培训等实行一揽子工程,项目于 2019 年 9 月份完工,通过国家标准验收,期望产生推动河南其他县区融媒体中心建设的标杆示范效应。

浅谈媒体融合的趋势、困境与创新

江西赣州广播电视台党委书记、台长　许　勇
江西赣州广播电视台总编室编辑　胡　彤

媒体融合已成为现今我国传媒行业发展的主题，媒体战略布局的进程也取决于传统媒体与新兴媒体融合发展的程度、深度和广度。本文分别从内容、平台、渠道、产业、体制等方面进行分析，对加快推进媒体融合发展的路径创新进行探讨，以供借鉴。

近年来，新兴媒体以互联网为主要依托平台快速发展，在传播力、影响力等方面给传统媒体带来巨大冲击和诸多挑战。传统媒体在这场媒体对战中形势岌岌可危，遇到了生存压力加大、收入下滑、融合传播影响力不强、产业经营结构比较单一、整体运转效率相对较低等突出问题。如何瞄准痛点，点准穴位，整体把握，系统治疗，把握好传统媒体和新媒体的渗透融合再发展，成为了目前广播电视的发展和传承的关键问题。[1]

一、媒体融合的背景

（一）什么是媒体融合？新媒体新在哪？

媒体融合，最早由尼古拉斯·尼葛洛庞帝提出，美国麻省理工学院教授浦尔认为媒介融合是指各种媒介呈现多功能一体化的趋势。[2]

综合各界观点来看，媒体融合就是传统媒体提出并实践“台网一体”战略，主动培育和发展新媒体产业，并且在融合发展中，能够结合实际，更新观念、统一认识，明确目标、制定规划，形成新的工作机制。

（二）媒体融合的政策、市场背景

1. 政策背景

2014年8月18日，中共中央总书记、国家主席、中央军委主席习近平主持召开中央全面深化改革领导小组第四次会议，审议通过了《关于推动传统媒体和新兴媒体融合发展的指导意见》，以此为标志，媒体融合正式上升为国家

战略。[3]

2019 年 3 月 16 日出版的《求是》杂志发表习近平总书记的重要文章《加快推动媒体融合发展 构建全媒体传播格局》。[4]

从媒体融合初露端倪，到国内各大广播电视媒体领域开始研究实践媒体融合，再到媒体融合上升到国家战略层面，是顺应社会生产力发展趋势和传播规律的必然结果，有其深刻的政策、市场和技术等背景因素。

2. 市场背景

(1)陷入“盈利模式困境”。

过去，社会大众更多地习惯于从报纸、电视、广播当中获取新闻、消遣娱乐。如今，越来越多的人开始习惯于通过手机等移动方式获取新闻、消遣娱乐和社交互动。目前，传统媒体中存在的主要问题是，各家广电集团收入来源依然来自广播电视广告，但收听收看率下降，广告利润直线下滑，新媒体前期投入成本大，短期回报收入少，固定成熟的盈利模式尚未建立，新媒体和传统媒体共享多元化变现模式收益不足以支撑整个电视系统运转，久而久之，资金来源成为阻碍电视发展的重大问题。

(2)人才流失成为“致命短板”。

新媒体的冲击造成传统媒体衰落，经营困难造成大量传统媒体员工离职。工作压力大、受传统体制束缚、非扁平化的管理结构弊端造成人才流动大；传统媒体记者编辑全媒体技能不足，而新媒体记者受制于薪酬和管理机制，导致业务水平低，也是媒体融合中不得不解决的问题。

二、媒体融合创新的问题与瓶颈

1. 互联网思维不强，内容生产只是相加没有相融

目前，许多地方媒体融合实践还停留在简单的内容复制粘贴，只是将广播电视内容以位移的方式上传到 APP 和互联网终端，机械地叠加新闻，缺乏深度挖掘内容，不重视原创，更缺乏主动设置议题，不能在互动中提升信息量，内容生产只是相加没有相融。

2. 改革不够到位，组织架构、体制机制及相应考核没有相应变革

传统媒体沿用多年的体制机制继续为媒体融合勉为其难地服务，组织还是原来的架构，体制机制没有跟上，有些单靠新媒体部门单兵向前，没有后续的政策、人力、组织等做保障，缺乏系统性推动，很难实现相融发展。宏观来看，媒体融合需要媒体组织的合唱，而不是新媒体部门的独奏。

三、媒体融合的路径探索

1. 坚持融合的正确方向

坚持以习近平新时代中国特色社会主义思想为指导，进一步提高政治站位，增强“四个意识”，坚定“四个自信”，坚决做到“两个维护”，切实把思想和行动统一到党中央决策部署上来，把正确融合方向和舆论导向贯穿广播电视媒体融合发展各环节、全过程。正确处理好手段“变”与内容方向“不变”的关系，与时俱进，切实通过媒体融合建设，实现传统媒体的华丽转身，在新时代更好地完成宣传战线的使命和任务。[5]

2. 推进组织架构的创新

重新顶层设计组建，对机构、人员、资源进行集约化整合，结合实际，探索找到更适合融媒体运营的组织架构，比如有些台已经从传统媒体的“频道制”切换到了“中心制”，集约化调度使用媒体资源、一体化组织指挥，构建全媒体生产传播新格局。优化经营体制机制，改革完善传统媒体经营考核机制，打破“大锅饭”；通过加强机构整合、人员压缩等，降低媒体成本，提升媒体各项业务的投入产出比和资源利用率；健全下属公司关停并转工作机制，对于发展方向不清、市场化程度不高、盈利能力不强的业务或全资、控股公司，坚决实施关停并转或股权退出。

创造全国广电改革“金华模式”的浙江省金华广播电视台将原有的四个电视频道两两合并，分别组建融媒体新闻中心和一个民生频道群，将原有的四个广播频率整合组建为广播中心，原有作为独立建制考核主体的频道、频率成为了新的被考核主体的播出平台，将整合节省的资源更多地投入到活动开发、新媒体发展中。

3. 推进体制机制创新

创新人才激励机制和培训机制，采取项目运营机制，打造真正的“创业文化”。结合人员引进控制、员工绩效考核等手段，实现减员增效；建立包括采编、新媒体、技术、经营等领域的人才分级培训体系，形成人才队伍梯队；推行干部带任务上岗，严格考核，先领任务、后当干部，强化目标管理，进行全员岗位双选。建立问责、鼓励创新与容错机制、运营风险防范机制等，提升媒体整体运营的规范性和安全性。

4. 推进内容生产创新

建立“中央厨房”模式，再造移动互联网传播新生态。打通内部各传播终端之间的条块分割,建设“统筹策划、一次采集、多角度再生产、分众传播”的“中央厨房”传播新格局,不断提高媒体的影响力,再造移动互联网传播新生态。

创新新入口,打造短视频新闻。传统媒体如何在屏读时代赢得年轻网民的青睐,并与其建立新的连接,短视频新闻就是个新的入口。传统媒体要以互联网思维进行内容策划、制作、生产,通过对新闻的碎片化二次加工,去电视台化的手法,主打短、频、快的风格定位,制作成有热度、有温度、有高度的抖音、快手类短视频,让新闻报道快起来、实起来、活起来。

5. 推进技术创新

随着新媒体的不断发展,前沿技术不断创新,新型设备不断更新,技术体制创新成为行业中至关重要的一环。提高对电视、广播、IPTV、CUTV、客户端等全渠道的新技术应用;完成全媒体动态媒资库、全媒体内容生态平台、全渠道互动运营平台、全媒体指挥中心以及广播融合制播系统的建设,为内容生产和分发流程再造升级提供有力支撑;加强人工智能、大数据、云计算、4K 超高清、IP 化等新技术研究,打破当前新媒体业务的快速响应瓶颈,积极参与智慧城市建设;利用虚拟包装、社交互动、人工智能等新技术,提升视频传播的屏幕呈现效果。

6. 推进商业模式和经营模式创新

要突破以广告资源售卖为主的单一收入结构,以产业思维革新广告经营体制,用多种手段、多种工具深入挖掘传统媒体资源价值,向广告产业的上下游拓展。要进一步明晰事业产业协同发展路径,加强资源整合配置,充分利用市场化手段,做大做优广电产业。要大力拓展多元化经营,改变单一依靠广告创收现状,向资本资产要效益。

深圳台、宁波台、绍兴台、安吉台等在已有广播电视台事业机构的基础上,分别注册成立了广播电视传媒集团,台和集团两块牌子一套人马,便于真正推行事业单位企业化管理和市场运作;在公司化运营方面,成立公司都必须有严格的盈利前景评估分析报告,只做有钱赚的公司,经营管理委员会决策通过后完全按照市场化方式运作。在减员增效前提下,除了线下活动的大力拓展外,未来着力点是发展转型、多业并举,尤其是打造文化创意园区,发展影视动漫、电子竞技、高科技运用等优势明显、积淀较深的产业。

7. 推进队伍建设创新

媒体融合发展的关键是人才队伍建设。要练好“脚力、眼力、脑力、笔力”,

完善激励机制，打造一支政治过硬、本领高强、求实创新、能打胜仗的宣传思想工作队伍。定期组织新闻宣传业务培训，派遣记者、编辑、主持人、播音员进行全媒体采编播发业务培训。[6]传统媒体记者要不断更新自己的知识结构，强化自己的新媒体专业水平，外出采访时做到能拍摄就拍摄，能直播就直播。全媒体记者不仅要熟悉视频拍摄，更要完善拍摄剪辑视频以及写稿的能力，做到既能发新闻，又能制作视频，使内容多元化而更具传播优势。

媒体融合的战略命题，关乎着舆论引导力，需从舆论导向新格局上考量媒体融合的改革措施。习近平总书记指出，要推动媒体融合向纵深发展，加快构建融为一体、合而为一的全媒体传播格局，让党的声音传得更开、更广、更深入。[7]对于媒体融合的这条新长征之路，我们要不忘初心，重新再出发。

参考文献

[1] 王求. 建设广播云平台 构筑融合产品集群——中央人民广播电台媒体融合实践[J]. 中国广播电视学刊，2015(11).

[2] 黄晓新. 中国传媒融合创新现状、问题与趋势[J]. 中国传媒科技，2017(4).

[3] 盛浣菲. 传统媒体的转型发展之路——媒体融合探析[J]. 中国传媒科技，2017(12).

[4] 黄晓新. 中国传媒融合创新现状、问题与趋势[J]. 中国传媒科技，2017(4).

[5] 关于进一步加快广播电视媒体与新兴媒体融合发展的意见[J]. 广播与电视技术，2016(8).

[6] 刘奇调研江西日报社 勉励打造全国一流省级党报集团[EB/OL]. 中国江西网，http://www.jxcn.cn/system/2018/09/07/017110314_01.shtml.

[7] 刘峰. 新媒体环境下传统媒体的转型突围之路——广东主流媒体融合发展调研报告[J]. 中国经贸导刊，2017(2).

中国市县级融媒体建设背景下的阿克苏思考与做法

新疆阿克苏地区广播电视台台长　易重庆

浙江传媒学院硕士研究生　易莹洁

近年来,我国市县级融媒体平台可谓百花齐放,百舸争流,发展势头迅猛。国家不仅出台了各项扶持政策,还投入了大量的人财物,全力推进县市融媒体平台建设。

新疆阿克苏地区地处塔里木盆地北沿,八县一市土地面积13.8万平方公里,拥有人口284万,是“一带一路”上璀璨夺目的明珠。阿克苏地区幅员辽阔,这里生活着维吾尔、汉、回、哈萨克等30个民族,有着深厚的历史渊源和多元的文化底蕴。2019年5月,全地区八县一市的融媒体中心投入运营,走在了新疆其他市县的前列。

与其他民族、文化、语言较为单一的地区县市相比,阿克苏地区媒体融合所面临的问题复杂且突出,任务艰巨而繁重。在借鉴与学习其他市县融媒体建设与发展的经验基础上,探索出了适应本地区融媒体平台发展的新路径。

一、以维护国家政治安全、文化安全、意识形态安全为核心使命,全力打造核心竞争力

新疆拥有5600公里边界线,与8个国家接壤。习近平总书记治疆方略就是实现新疆社会稳定和长治久安的总目标。没有国家安全,就没有区域安全、民族安全和家庭安全,更不会有社会稳定和安居乐业,把改革开放和加快发展推向前进就成为一句空话。而国家的政治安全、文化安全、意识形态安全又体现在融媒体建设的方方面面,它在国家安全体系中的基础性、全局性和主导性地位绝不能低估。所以,八县一市的融媒体建设,时时刻刻都要唱响“国家政治安全”主旋律。

阿克苏地区民族众多,语言各异(汉语、维吾尔语、蒙语、柯尔克孜语等),加之群众教育程度参差不齐和相对封闭等客观因素,容易产生偏激情绪,甚至

会形成错误思潮。文化安全和意识形态安全是仅次于国家政治安全的主基调。“三大安全”相互影响,相互作用,如影随形,不可偏废。融媒体中心运用各种新闻元素、传播载体,高密度传播国家政治安全、文化安全、意识形态安全内容,增强国家意识、法制意识和公民意识,抵御“西化”和“分化”图谋,筑牢思想防线,增强国家自信、文化自信,确保意识形态领域阵地安全。

二、搭建脱贫致富、经济发展和社会服务新平台,为同步进入小康社会助力

国家大力建设市县级融媒体平台,是希望这个平台能够成为脱贫攻坚的中坚力量。阿克苏地区是新疆南疆四地州之一,集中连片贫困人口多,其中乌什县、柯坪县是国家级贫困县。截至 2018 年底,阿克苏地区还有 77 个深度贫困村,16676 户贫困户,58548 名贫困人口。阿克苏地区的融媒体平台该如何为辖区内贫困县、乡(镇)、村的贫困人口提供服务?该如何为农牧民致富、提升生活水平作出贡献?这些问题一直萦绕在融媒体建设者的头脑中,不断推动媒体从业者反复思索,做出改变。

一是扶贫先扶智。各县市融媒体中心成立后,通过广播电视传统媒体和新媒体(零距离、自媒体、抖音号等)传播农业、林果业、畜牧业等传统生产科技知识,宣传勤劳致富先进典型,增强贫困群众脱贫致富的内生动力,让有一定文化知识的农村青年掌握新知识,提高新技能,通过自己的努力,发展种植业和养殖业,先富带后富。

二是更新观念促脱贫。阿克苏地区的农村群众绝大部分是维吾尔族,过去由于受极端宗教思想的影响,很多年轻人的文化程度不高,国家通用语言水平低,与外界的沟通交流少,就业创业观念落后。通过融媒体对地区经济发展、社会稳定、人民生活和谐美好全方位的宣传,让广大农村群众追求时尚、追求幸福生活的愿望日益迫切。目前,农村青年就业创业的积极性、主动性不断增强,形成为脱贫助力、为致富加油的新局面。

三是与电商联手保脱贫。阿克苏地区农副产品非常丰富,而且质优口碑好,如:阿克苏红富士苹果、阿克苏纸皮核桃、阿克苏红枣(小灰枣、骏枣)。通过全国电商销售及与浙江合作开展的“十城百店”销售活动,阿克苏的农产品已经遍布全国,影响力不断扩大。目前,阿克苏地区各县市开始通过融媒体平台与全国有影响力的电商平台联手销售扶贫项目黑木耳,经济效益逐渐显现。2018 年阿克苏地区人均林果收入达到 4992 元,占农民人均纯收入比重 1/3,为 2020 年全地区实现整体脱贫奠定了基础。

三、融优淘劣，创新内容，扬长避短，激发新活力

媒体融合后，市县级媒体该如何经营与发展？在过去，阿克苏传统媒体的收入大体分为两块：一部分是依靠财政支持，另一部分是依靠媒体盈利所得。在几十年的发展过程中，市县级媒体一度成为地方政府和企业塑造形象、扩大影响、打造品牌的利剑，而在融媒体时代，阿克苏地区媒体和全国许多市县级媒体一样，在经营方面遇到不少难题。外部环境持续恶化，内部问题急需破解，这就需要从产品构成、经营模式、运行方式、分配比例、人才配置等方面入手，全方位推出激励方式方法，调动方方面面的积极性，创新内容，扬长避短，激发新活力，实现提质增效的最大化。

一是针对功能定位失准，推出全方位经营新模式。长期以来，阿克苏地区的各大媒体都是以党媒、主流媒体的形式出现在大众面前，曾经在发展中过度依赖政府，导致发展体制僵化，新闻感较弱，在承担政府舆论宣传引导的功能方面投入过多。过去广播、电视、报刊、新媒体各司其职、互不干涉的局面在融媒体时代被打破，但硬性宣传灌输模式依旧存在，这种脱离群众的平台定位阻碍了市县级融媒体健康发展，导致民众与基层媒体渐行渐远。因此，各县市融媒体中心通过新媒体直播平台以及与国内知名的新媒体平台联合宣传，扩大影响，开拓新的经营模式。如阿克苏市利用零距离直播平台向全国观众直播“2019中国国际环塔拉力赛”发车仪式，多浪龟兹文化旅游节、美食节、环塔之夜晚会以及“美丽阿克苏”全域旅游活动，让全国人民了解阿克苏，走进阿克苏，截至7月，阿克苏地区旅游人数达到600万人次，比2018年同期增长50％以上，直播平台的粉丝量不断增加，经济收入突破20万元。

二是针对产品内容缺乏持续创新力，推出“我的媒体我做主”的新模式。融媒体建设完成后，其内容生产模式相较于传统媒体虽有所调整，但大多数传统节目仍被保留，这些节目以展示政务工作成绩及政府部门资讯为主，质量不高，形式相对单一，而且内容过于正式，略显枯燥乏味，很难吸引受众。由于县级媒体是最贴近基层、贴近群众的媒体，其事业单位性质强于市场经济性质，导致媒体长期依赖于政府扶持，整体市场化水平较低，缺乏创新动力，竞争水平低下。2019年清明节期间，阿克苏地区广播电视台制作了祭奠先烈的《传承·阿克苏不会忘记》三集系列报道，用讲故事的方法，回顾了马俊武、刘新来和买买提江·托乎尼牙孜三位烈士为阿克苏的和平稳定、社会发展英勇牺牲的事迹，展示了他们的后代在新时期用鲜血和生命维护国家安全的英勇气概，在当地干部群众中产生了强烈的反响，仅抖音的点击量就突破30万人次。

三是针对看听吸引力不强的问题，推出感人故事，激发看听激情。5月24日，中共中央总书记、国家主席、中央军委主席习近平对张富清同志先进事迹作出重要批示，老英雄张富清60多年深藏功与名，一辈子坚守初心、不改本色，事迹感人。在部队，他保家卫国；到地方，他为民造福。他用自己的朴实纯粹、淡泊名利书写了精彩人生，是广大部队官兵和退役军人学习的榜样。95岁的张富清是原西北野战军359旅718团2营6连战士，而原359旅718团现就驻守在阿克苏。得到这一重要线索，我们组织强大的采访队伍，赴张富清老人曾经立下赫赫战功的所在部队及生死与共的战友家中，从他深藏功名、坚守初心的现实生活中挖掘感人故事，制作了5个微视频、5个抖音，点击量达到800万次，黏粉量达到20万人，得到了新疆维吾尔自治区网信办的肯定。

四、群策群力，奋起赶超，力争融媒体平台更好更快发展

一是找准方向，破解市县级融媒体中心的功能定位障碍。融媒体平台是面向大众的互动平台，284万各族干部群众是真正的主人，为各族人民服务是它的天职。基于这一发展战略，阿克苏地区提出将县级融媒体中心建成坚持正确舆论导向的新闻舆论传播平台、引领社会新风的育人平台、开展全方位政务服务的网上办事平台、提供多领域民生服务的便民利民平台、创新传播手段的新技术应用平台、服务经济发展的招商引资平台（六大平台）。新闻舆论传播平台处于核心地位，是主导平台。

二是借鉴、学习优秀市县级融媒体经营案例，增强产品创新性和互动性。融媒体时代，要立足用户，用户“最想看听什么？最反感什么？怎样做新闻才能更吸引人？如何让人们快乐看听？”就成为“互联网＋”新思维下的传播新形态，也是题材建设的首选。做立体化、组合式、多元素的互动感强、接地气有温度的新闻，就成为媒体从业人员的职责。要跳出结果报道和效果报道的传统思维模式，明确新闻是正在发生的事，而不是就近发生的事。信息发布仅仅是传播的开始，要以社交思维打造具有参与感、体验感、互动感的新闻。

三是解决体制机制难题，留住创新性人才。目前，阿克苏地区正在探索通过人才引进、落实编制、绩效奖励、解决子女就学、提供免费人才公寓、亲属落户、报销路费等激励政策，筑巢引凤留住创新性人才。2019年，阿克苏地区广播电视台已经引进区内外优秀人才10余人，各县市融媒体扩编15—30人不等，人才队伍不断扩大。

四是媒体从业人员既要增强党性原则，也要提升专业素养。融媒体平台内部需要从理论和实践两个方面对从业人员进行培养，提升其思想觉悟，在从

事新闻采、编、发工作过程中自觉维护民族团结与社会稳定,进而维护国家政治安全、文化安全以及意识形态安全。此外,还需要有意识地组织从业人员系统学习新知识、新技术。2018 年至今,阿克苏地区派出多名融媒体从业骨干赴浙江、上海、四川等地学习融媒体建设先进技术与经验。

总之,深刻理解“融媒体”本质,解决好市县级地区媒体由“相加”到“相融”的问题。阿克苏地区的媒体人在建设融媒体过程中认识到,不是各种媒体按原有的形态混合在一起就可以称之为融媒体,更多的是需要不同种类的媒体之间、上下级媒体之间进行的渠道相融、业务相融、人员相融。所有从业人员都应理解融媒体的精髓,树立全媒体意识,按照区块链的“去中心化”理念构建融媒体中心,实现“一次采集、多种生成、多元传播”,消除地域和层级的概念,成为彼此的内容“供应商”和产品“需求者”,进而推进新闻传播更加扁平化、快捷化。

地市融媒体在县级融媒体中心建设中的作用

南昌广播电视台党委书记、台长　张金洁

从媒体融合的发展路径来看，自2014年开始，历经了早期的创新融合产品，到后来建设融合产品，到现在构建融合传播体系的发展历程，从“相加”阶段迈向“相融”阶段，从“你是你、我是我”变成“你中有我、我中有你”，进而变成“你就是我、我就是你”。

媒体融合的“初心”是解决主流媒介传播“最后一公里”的不通问题，而县级融媒体中心建设就是最生动的注脚。

一、发展机遇：国家层面，全盘激活

县级融媒体是构建现代传播体系不可或缺的“神经末梢”。中国有着2500多年的郡县制历史，至今整个国家大的结构仍然是以市县为基础框架。数字表明，县一级的人口占全国总人口的80%。随着移动互联网应用的普及和下沉，县域用户已成为移动应用最大的增量群体，“快手”“拼多多”等活跃于这一细分市场的互联网商业平台的迅速崛起，也印证了该用户群体的巨大潜力。通过县级融媒体中心建设，实现渠道下沉和资源整合，聚集起海量用户并建立用户黏性，构建起新型媒体平台，形成现代传播体系，具有较强的可行性。

早在2018年2月，党中央印发的《关于加强和改进党的新闻舆论工作的意见》中就指出，“县域媒体要强化服务功能，整合资源，充分利用互联网，重点发展新媒体，建设综合信息服务平台”。

2018年8月21日至22日，习近平总书记在全国宣传思想工作会议上强调：“要扎实抓好县级融媒体中心建设，更好引导群众、服务群众”，从国家战略层面提出了县级融媒体建设的发展方向。

2018年9月20日至21日，中宣部召开县级融媒体中心建设现场推进会，确定2018年先行启动600个县级融媒体中心建设，2020年底基本实现县级融媒体中心在全国的全覆盖。

2018年11月14日，中央全面深化改革委员会第五次会议通过《关于加强县级融媒体中心建设的意见》,习近平总书记在会上再次强调组建县级融媒体中心对于整合县级媒体资源、巩固壮大主流思想舆论的重要意义。

2019年1月15日,中宣部和国家广电总局联合发布《县级融媒体中心建设规范》《县级融媒体中心省级技术平台规范要求》,为县级融媒体中心省级技术平台规范要求制定了操作指南和建设规范。

2019年1月25日,在中共中央政治局第十二次集体学习中,习近平总书记明确提出推动媒体融合向纵深发展的重大要求,按下了推动媒体深度融合的快进键。

中央紧锣密鼓的一系列战略部署,"县级融媒体中心"时不我待地密集涌现,不仅是媒体融合的"最后一公里"下沉,也有利于促进国家媒体体系的全盘激活。

二、建设现状:未来已来,加速推进

目前,全国县域融媒体平台普及率极高,已形成较完整的新媒体传播矩阵,93.9%的区县至少拥有一种融媒体平台,60%的区县已经拥有多样化的融媒体平台,融媒体中心步入实质落实阶段。

实际上在目前已经建成的县级融媒体中心中,以广电媒体为主导者更多。就整体而言,全国县级融媒体中心建设主要有三种模式。

模式一:省级平台主导

现状:投入使用快,但开发度不够。

优势:在中宣部、国家广播电视总局发布的县级融媒体中心相关标准规范中,对于提供业务和技术支撑的省级技术平台进行了规范和要求,因而,建立完整的省级平台,覆盖全省各县融媒体中心,建设速度非常快,各个县可以马上投入使用并保持一致性。(湖北长江云、陕西秦岭云、山东闪电云、浙江中国蓝云等)

弊端:县级融媒体中心"在地"属性不足,主体性旁落,个性化的服务需求难以充分满足。以我省为例,江西日报社建有"赣鄱云",江西广播电视台建有"赣云",在县级融媒体中心建设初期,两朵云采用跑马圈地方式扩张县区"版图","赣鄱云"还提出一年70万的建设服务费用,客观上把县级融媒体建设这件大事变成了创收的工具和手段。在万物皆为渠道的互联网时代,仅仅在有限的渠道上"整合"与叠加意义甚小,推进县级融媒体中心发展需要结合县区特性,提供用户需求、内容创新和市场运营等多维度、行之有效的定制服务。

模式二:县区主动出击

现状:满足个性化需求,难点在体制机制改革。

优势:在县级融媒体中心建设中,有的县区按照要求的建设标准,自主搭建了融媒体中心,然后跟省级平台进行对接。这样做一是符合国家标准,二是可以比较好地满足个性化的需求,以便向下延伸,同时还可以充分发挥现有设施和设备的作用。(浙江长兴和安吉、福建尤溪、江苏邳州等地)

弊端:技术平台前期建设和后期运营资金投入大、技术门槛高,成为县级融媒体中心自主建设的难点。

模式三:技术企业搭台

现状:提供各种技术解决方案,关键看能否转换成生产力。

优势:在县级融媒体中心建设中,技术的支撑作用不言而喻。有不少民营技术企业进行县级融媒体中心建设相关的技术研究,他们与平台合作,在不同的技术领域为县级融媒体中心建设提供解决方案。

弊端:技术是县级融媒体中心建设的命脉,但是更重要的是如何把技术转换成提供生产力的工具,否则就很难讲之后的影响力和传播力,无法真正解决生存能力的问题。

县级融媒体中心建设属于改革创新,哪种模式更符合发展趋势、更合理更管用,目前并无定论也没有统一标准。因为每个媒体所处区域的经济发展状况、人口数、城市化程度、媒体发展层次、当地媒体竞争格局、地方政府的重视度等等,都影响着媒体改革的方向与路径、具体做法。

三、存在问题:"新瓶旧酒",合而不融

在县级融媒体中心建设加速推进过程中,改革阻力牵绊、技术创新不够、专业人才缺乏、资金短缺、人才短缺、内容不足、受众黏性不够等一系列共性问题伴随而至。据统计,全国目前有县级微信公众平台 7019 个、县级新闻网站 2302 个、县级微博账号 4587 个、县级新闻客户端 677 个,这些应用虽多却尚难以实现真正的融合。

一是内容简单搬移,创新严重不足。因同质化严重,媒体机构"僵尸号"现象层出不穷,传播效果不理想。报道内容多为对传统媒体内容的简单加工或复制,以领导活动、一般性工作动态、总结性报道为主;报道方式和表现手法陈旧,缺乏多元形态和样式创新,对受众缺乏吸引力。

二是平台简单组合,缺乏联动统筹。一方面,平台之间的沟通和信息共享效率低下,难以保证信息传播的实效;另一方面,在传播重要方针政策和应对

重大突发性事件时,割裂的平台之间难以统筹协调、形成传播合力。

三是技术支撑不足,缺乏发展后劲。对于大多数区县,融媒体中心建设要从传统媒体的改革开始,这就非常依赖原平台能否用互联网思维来武装自己。同时,县级媒体对于改革的方向和目标常常缺乏共识与统筹,加之缺少经费来源、设备严重老化、人才和投入不足,发展乏力。县级媒体作为基层舆论宣传主阵地的地位面临巨大挑战。

四、南昌路径:因地制宜,落地生根

习总书记这次提出县级融媒体中心建设,有八个字非常重要:“引导群众、服务群众。”引导群众,一直都是党媒的应尽之责,服务群众中的“服务”二字,为地市媒体打开了窗口,也为县级融媒体的美好生活打开了入口。

2018 年 9 月,我省制定下发《关于加快推进县级融媒体中心建设的实施意见(试行)》,提出“到 2019 年 6 月底实现全省县级融媒体中心建设全覆盖”的工作目标,统筹部署、重点推进。同年 11 月 13 日至 14 日,全省县级融媒体中心建设现场推进会在新余市分宜县召开,要求以高度自觉的政治责任感,推动县级融媒体中心建设。

为深入贯彻习近平总书记的重要讲话精神和中央、省委重大决策部署,南昌快速行动,把加快推进县级融媒体中心建设摆在加强党的新闻工作的突出位置,解决好县级融媒体中心怎么建、怎么融、怎么用的关键性问题,探索可供借鉴的南昌路径。

1. 县级融媒体中心怎么建?

2019 年 3 月,市委主要领导专门主持召开专题工作会,研究部署推动县级融媒体中心建设工作。市委、市政府分管领导多次现场调研、召开调度会,解决县级融媒体中心建设问题。为加快推进此项工作,我市还成立县级融媒体中心建设领导小组,负责研究决策县级融媒体中心建设重大事项。

在市委主要领导的重视和南昌市县级融媒体中心建设领导小组的高效协调推动下,各县区纷纷行动起来,自 5 月 29 日我市首家融媒体中心揭牌成立开始,从传统分散传播到全媒融合发力,短短半个多月,全市 12 个县区融媒体中心完成了从外观到内容、从量到质的改变。

这一“加速度”,首先得益于全市自上而下清晰的总思路:确立主体、整合资源、依托平台,特别强调县级融媒体的“基层”属性,发挥本地主流融媒体优势。

我市县级融媒体中心建设和运维采用“1＋4＋N”模式，即以南昌全媒体大数据中心为中枢，以市级媒体为主要传播平台，联接各县级融媒体中心，形成互融、互通、互享、互益的新型媒体格局，打造县级融媒体中心建设的“南昌模式”。

南昌全媒体大数据中心依托于南昌广播电视台、南昌日报社已有的融媒体平台，升级改造融媒体生产平台、融媒体发布平台、区域协作平台、技术保障平台，打造信息呈现模块，实现市级与县级各种内容的统一策划、生产、审核、分发以及传播运营分析功能，完成从选题策划、采访报道、编辑加工、内容分发到传播追踪、评价考核的六步闭环业务流程，并为县级融媒体中心业务开展提供技术支撑和运营维护。

其次，融媒体建设，技术要先行。借此机会，我也要特别感谢中科大洋这个经验丰富的媒体融合专业团队的技术支撑。

2. 县级融媒体中心怎么融？

“融合发展关键在融为一体、合而为一。”自 2000 年我台广播官网“南广网”上线以来，我台“触网”发展已经 18 年，尤其是在 2012 年南昌广播电视台成立以后，我台以“开放、跨界、互动、融合”的理念，全力推进融媒体建设，从技术建设、采编流程、管理机制等方面向融媒体方向变革，着力打造全媒体新型主流媒体集团军。

从多年的融媒体实践经验总结，县级融媒体中心必须在做大融合“增量”的同时，积极盘活资源“存量”，从“单打独斗”迈向“协同作战”，形成纵向延伸、横向兼容、融合精耕的发展特点。

首先，通过横向融合解决生产问题——打通报、台、网、端技术平台体系，建立策、采、编、审、发及效果跟踪的生产流程，以移动优先，打造 12 个“掌上县区”特色媒体品牌，做好党委政府喉舌，反映人民群众呼声。

其次，通过垂直融合解决传播问题——上接中央和省级媒体、下拓街道村社，加强整合上下资源，联动开展创新策划，以全球传播为目标放大地方品牌和媒体影响力。县级融媒体中心自成立以来，已经联合我台“掌上南昌”APP、央媒矩阵平台，开展了《南昌迎接“换乘”新时代》《文明南昌 面对面》《南昌问政现场》等 10 余场直播，壮大了主流舆论声音。

再次，通过多维融合解决发展问题——建成主流舆论阵地、综合服务平台、社区信息枢纽，突破物理空间和运作理念的局限，全力助推各县区高质量发展。如联合湾里区推出了《湾里花正开——首届粤港澳大湾区文化艺术节》直播，近期还将围绕安义古村赣派小吃街开街仪式暨电音泼水节活动开展融合互动宣传,后续将深挖各县区的地域特色和品牌,唱响县区富有地域底色的好声音。

3. 县级融媒体中心怎么用?

由“融媒体”拓展到“融城市”,进而产生“融价值”,才是真正实现习近平总书记“服务群众”方针的关键。

(1)增加用户黏性

以“深度融合”为坚实基础,南昌全媒体大数据中心将有效整合全市电子政务服务、便民生活服务、智慧城市特色服务等,延伸到基层,服务到群众,为县级媒体转型发展有效赋能。

县级融媒体中心要按照“更好引导群众、服务群众”的要求,在做强做精新闻主业的基础上,积极拓展“新闻+政务”“新闻+服务”“新闻+文创”等服务领域,着力打造综合型的信息服务平台,以“信息源+新闻+政务+服务+电商+短视频”的高度融合,提高各县区的新闻传播力、舆论引导力、政府公信力。

(2)实现流量变现

以“项目制”为抓手来做广做深“融媒+产业”,给“媒体深度融合”工作持续不断地注入澎湃动力,基本建立起自我“造血”和“输血”的良性循环。

县级融媒体中心建设,是一次触及转型改革等深层次问题的重大变革,是一个“牵一发而动全身”的系统性创新,是一项高起点、高投入、高技能的长期性、系统性、专业性工程,目前还有太多的痛点、难点需要破解,有太多的疑问、疑惑需要解答。我们也真诚地期待与各地媒体开展广泛、深度交流,为来年的县级融媒体中心建设积蓄能量!

县级融媒体中心建设要真融真建

江苏省海门市广播电视台副台长　钱逸鑫

当前，县级融媒体中心建设无疑是传媒界的热词。热热闹闹搞培训者有之，争相兜售各种理论和实践；轰轰烈烈宣布成立挂牌者有之，不甘落后于别人；千方百计推销技术平台者有之，唯恐分不到一杯羹……众声喧哗下，真融真建显得何其重要！

一、县级融媒体中心建设，县级广电改革开放后的第三次重大发展机遇，要满腔热情地去主动拥抱机遇，而不是被动应付交差

1983 年，中央出台文件，广播电视由中央、省、市、县四级办，四级混合覆盖，县级广电迎来了第一次发展热潮，也可谓县级广电改革开放后的第一次重大机遇。县级广播站改为广播电台，并增加了中波和调频广播，播音时间大大增加。特别值得一提的是，县级电视台纷纷成立，自办新闻和专题、文艺节目，这成为"四级办"的一个标志性事件，这一阶段县级广电主要依赖财政经费维持。

20 世纪 90 年代初，县级电视台发展过程中的散、滥等问题引起高层重视，一度停办的传闻不断，促使县级广电集中财力发展有线电视，从村村通，到户户通，后又实施了数字电视整转，县级广电在做好做大宣传主业的同时，产业化的步伐不断加快，实力大大增强。这一阶段，可以视为县级广电改革开放后的第二次重大机遇，许多县级广电台主要依靠自身的经营创收和收视费发展壮大，对财政经费已经没有依赖。

近年来，由于省有线电视网络整合，县级广电失去了收视费这块最大的经费来源，加上自媒体的兴起，电视开机率的下滑，县级广电发展面临心有余而力不足的境地。一方面，广告创收急剧下降；另一方面，宣传主业要求更高。同时人事、分配机制僵化，媒体融合步履维艰。县级广电要不要发展？怎样发展？正在这样的十字路口，党中央关于县级融媒体中心建设的部署，给县级广

电送来了福音,指明了方向。县级广电在改革开放40年之际迎来第三次重大机遇,这是新时代的新机遇,也是县级广电继1983年“四级办”的东风后第二次得到中央层面的政策支持。

对于融媒体中心建设这一新时代县级广电发展的新机遇,我们必须要提高站位,真抓实干,创新作为,不辱使命。

二、县级融媒体中心建设,转型是根本,要把传统广播电视台打造成媒体融合新平台

1. 物理整合后更要化学融合

在这场改革中,县级广播电视台是主体,党报党刊也是县级媒体融合不容忽视的阵地,目前县级媒体的存在模式主要有三种:第一种是县级广播电视台和没有刊号的县报本来就在一起,有的也同时有“两微一端”;第二种是县级广播电视台和有或没有刊号的县报不在一起,各自也同时有“两微一端”;第三种是在第二种的基础上,还有县委报道组或者新闻中心。县级融媒体中心建设主要任务的第一条就是整合现有媒体机构。在这三种存在模式中,第一种在建设融媒体中心时最便于操作,牌子往外一挂就是了,而其他两种情况因为涉及机构和人员重组,比较复杂。一些地方比较重视物理整合,但对于创新内容生产机制、重构策采编发网络、再造策采编发流程以及融合政务、民生等方面着墨不够,这样的融媒体不是真融。

在我们海门市,广电台和日报社分别是两家独立的正科级事业单位,海门日报社还是新华报业集团的子报,有公开发行的刊号,两家媒体实力都比较强。我们的做法是,立足真融真建,循序渐进,在正式成立融媒体中心前,先做打基础、利长远的工作。如目前我们整合了广电和报社新闻采访业务,在利用各自现有生产平台和办公区域的基础上,实现新闻策划、采访一体化,即“五统一”:统一采前例会、统一采访编组、统一采访调度、统一出稿安排、统一内容初审。接下来,我们还准备整合两家新闻单位的新媒体业务,以与互联网相适应的全新的体制机制,运行新媒体部门,并通过公开招聘的方式,向全国招聘新媒体人才,以这批新媒体人才为突击队,带动新媒体人才培养和队伍建设,逐步使原有的传统媒体人员过渡到新媒体,使新媒体业务成为融媒体中心的核心业务。同时,稳步推进技术系统建设方案落地,不照搬现成的东西,而是在全省统一的“荔枝云”平台基础上,更多地体现自己的个性需求,并邀请权威专家论证,广泛听取意见建议,力求最优,从而以先进的技术平台,再造流程和业

务,促进媒体真正融合。

2. 指挥大屏不是重点

现在,一些地方把县级融媒体中心建设的重点放在了指挥大屏建设上,一些上级电视台和技术公司或通过行政命令,或通过其他途径,想方设法推销自己的东西,以赚取利润,不少地方的领导也误以为这就是县级融媒体建设的重点,对数百、上千万的投入毫不犹豫。当然,这不是说指挥大屏建设不重要,问题是指挥大屏建设不能变成形象工程,更不能因此而忽视了更重要的东西。

3. 重要的东西是什么?

重要的东西是什么?是体制机制。广电行业已经到了拐点,县级广电最辉煌的时期已经过去,已经到了一个必须要做深化改革、加速改革的紧迫时期。重要的东西是什么?是互联网思维。互联网是我们这个时代最大的变量,在县一级媒体,我们怎么把互联网这个最大变量变成最大增量?重要的东西是什么?是不要把县级融媒体中心仅仅当做一个融媒体中心看,而是同时使其成为党和政府治国理政的新平台,为县级媒体可持续发展探索新路。

三、县级融媒体中心建设,要遵循新闻传播规律和新兴媒体发展规律,真正把移动优先作为首要战略

1. 从传统为主到新兴为主

到2018年年底,全国的网民达到8亿多,拿手机上网的已经达到98%,绝大多数网民都在手机上,特别是现在的互联网原住民只对手机有概念,这也是“移动优先”的原因。人在哪里,我们的主流舆论阵地就要建到哪里,要下大决心,逐步关停一批电视频道和纸质报纸,以壮士断腕的力度向传统媒体平台告别,强化新媒体建设,人员、经费、政策、技术设备等要立即向新媒体、移动互联网转移。应该说,县级融媒体建设的核心就是新媒体,就是移动端。

2. 从内容为王到用户为王

传统广电人始终固守一个观念,就是内容为王,内容为王原本没错,但是好酒也怕巷子深,内容再好,如果出不去,到达不了目的地,那么,主流媒体的公信力、传播力、影响力、引导力怎么体现?在智能手机普及的移动互联网时代,真正的传播力体现在你的信息能否通过社会化传播接入移动用户,而这个接入更重要的是服务接入。我们不能再用听众、观众、读者这些概念,要称“用户”,在社交化场景下,这个“用户”既是消费者,也是生产者,还是销售者。

3. 从技术保障到技术先行

在传统的广电人的思维中,技术部门一直是个保障的部门,从非编机到非编网,从全台网到中央厨房,再到云平台,往往生产部门需要什么,技术部门就干什么,技术一直是在跟随和保障。而在媒体融合过程中,技术是第一驱动力,要运用信息革命的成果来做媒体融合,以先进的技术来引领媒体融合。现在,抖音快手的短视频很火,而5G时代来临后,由于提供了高速率、强宽带、低延时,解决了流量问题,中长视频将会兴起,5G还可以和4K结合起来,带来强体验视听消费。人工智能也会给我们带来根本性的变革,大数据算法、精准化传播、机器人生产等等,对此我们要早做准备。

四、县级融媒体中心建设,要把媒体服务、民生服务和政务服务整合在一起,连好群众"最后一公里"

1. 要建好阵地

群众在哪里,我们工作就要做在哪里。群众在抖音上,我们就要在抖音上做工作;群众在微信上,我们就要在微信上做工作;群众在APP上,我们就要在APP上做工作。首先,要利用好现有的互联网商业平台,采取措施和手段,去渗透、去发展,使商业平台为我所用,从而展示影响力、公信力,传播主流价值,拓展增值业务。如海门广电的抖音视频平均阅读量在5万以上,海门日报微信公众号目前拥有20多万粉丝,10万+的作品层出不穷,在本地已经颇具影响力。其次,要自建互联网平台,主要是移动平台。比如湖南卫视成立了芒果TV互联网视频平台,央视最近也成立了短视频公司。海门广电台早在5年前就建起了集信息资讯和政务、民生服务于一体的APP手机客户端,目前用户数15万以上,已占全市智能手机用户的三分之一。自建移动互联网平台要成为县级融媒体中心建设的重点。

2. 做"四全"媒体

全媒体不断发展,出现了全程媒体、全息媒体、全员媒体、全效媒体,县级融媒体中心就要做到这样。第一个全是"全程",就是一天24小时全涵盖。传统媒体不是全时空的,广电节目基本是定时的,报纸更是一天一出,"全程"就要一天24小时,任何地方全能够到达,不管在什么状态下都能到达,是全时空媒体。比如,县级广电台基本上一周工作6天,一天18个小时左右,"6×18",而做广电APP就要"7×24",做互联网全程媒体。第二个全是"全息"。全息媒体是基于传统媒体真实现实和虚拟现实的混合,就是把人所有感官体验完全调出来，它是一个三维以上空间的概念，比如AR、VR、MR，就是增强现实、虚拟现实和混合现实等。第三个全是“全员”。广电现在最大的问题是链接人、财、物、信息及数据的能力不足，影响力和经营创收下降，全员不仅是指人人皆媒体，而且要把人、财、物、信息及数据全部都打通、链接，让其创造价值。第四个全是“全效”，是指媒体功效的全面化，各种各样的应用汇聚在同一互联网媒体平台上，这样的媒体平台，功能空前丰富。比如我们广电做APP就要突破传统媒体较为单一的信息传播功能，而成为社会的数据总汇和运营枢纽，让本县市区的人离不开。

3. 提供“媒体＋”服务

县级融媒体中心的功能定位是主流舆论阵地、综合服务平台、社区信息枢纽，我们在注重主流舆论阵地建设的同时，要顺应群众多样化信息需求，探索“媒体＋政务”“媒体＋服务”等运行模式，从新闻宣传向公共服务领域拓展。

要开展政务服务，承担智慧政务建设，整合党政部门信息资源，对接党政部门技术平台，提供申报审批、注册办证、办理社保、投诉受理等“一站式”移动软件平台服务，打造“指尖上的政务服务中心”；要强化为民服务，适应群众信息需求日益细分的趋势，负责建设智慧城市项目移动软件平台，整合水电燃气缴费、医疗、税务、旅游、购物、停车等便民服务资源，提供全方位的生活服务，参与组织开展各类群众性文化、体育、科普、公益活动；要服务公共决策，开展融媒体用户数据分析、建言资政等工作，突出本地化、社区化，搭建线上线下结合的互动交流平台，为群众反映诉求建言献策提供通道，为党委政府了解社情民意提供窗口；要组织经营创收，拓展广告创收渠道，探索发展产业经营途径，特别是要通过政府的政策扶持和资源划拨，增加重资产，壮大集团资产规模，促进国有资产保值增值，增强自身可持续发展能力。

奔跑在融合路上的追梦人

——县级融媒体中心建设的"昆山探索"

昆山市融媒体中心主任、昆山传媒集团党委书记、董事长　左宝昌

昆山市融媒体中心总编辑　顾彩芳

昆山传媒集团副总经理　公冶玉坤

舞台再大，自己不上台，永远是个观众；平台再好，自己不参与，永远是个局外人。媒体人没有四季，努力就是旺季，不努力就是淡季。不努力，听到的永远是别人的好消息！

——写在昆山市融媒体中心组建之际

作为全国县级融媒体中心建设的试点单位，昆山市融媒体中心（传媒集团）经过紧张筹备，于2019年7月正式挂牌。这标志着昆山媒体融合的画卷全面展开，昆山的传媒事业进入快车道，也开启了媒体从"相加"到"相融"、从"物理融合"到"化学融合"的新征程，并正在加快探索具有地方特色的"昆山经验"。

融媒体中心组建之前，昆山市拥有昆山日报社（昆山市网络传媒中心）、昆山市广播电视台两家新闻单位，从业人数超过450人。在上级部门的指导和昆山市委市政府的直接领导下，新成立的昆山市融媒体中心整合资源，汇聚报纸、广播、电视、网站、户外屏、客户端、微信、微博等媒体平台，以新技术、新应用为引领，以中央厨房建设为核心，构建了"报、台、网、端、微、屏"一体运作模式。目前，昆山融媒体平台已经实现广播300万听众、电视190万观众、报刊5.5万读者、移动端120万用户的覆盖。

一直以来，昆山全面贯彻落实习近平总书记关于"要扎实抓好县级融媒体中心建设，更好引导群众、服务群众"的具体要求，以入选全国首批县级融媒体中心建设试点城市为契机，按照江苏省宣传思想工作会议部署安排，先行先试、改革创新，用足用好相关政策，坚持"稳中求进、能快则快、加快破题"的原则，加快推进建设步伐，全力做好媒体融合改革发展各项工作，致力于有效打通引导群众、服务群众的"最后一公里"，努力争当县级融媒体中心建设"排头

兵”。

只有干出来的精彩，没有等出来的辉煌。回顾昆山媒体融合之路，昆山市融媒体中心(传媒集团)筹建主要经历了三个阶段。

第一阶段：内部融合，夯实基础

2013年，党的十八届三中全会提出了推动媒体融合发展的重大任务，昆山日报社和昆山广播电视台积极贯彻落实中央要求，第一时间启动内部融合工作，从“你就是你，我就是我”逐步走向“你中有我，我中有你”。

昆山日报社不断调整优化工作机制，打通报、网、微、端平台，重构策划、采访、编辑、发布流程，促进传统纸媒与新媒体相互借势，形成“昆报系”报、网、微、端、刊、播“六位一体”的融媒体架构，日均信息覆盖人群百万人次，媒体融合项目先后获得网易授予的先锋媒体奖、十佳地方站奖，腾讯授予的影响力三等奖、新媒体权威发布奖、企鹅新媒体创新突破大奖等。

昆山广播电视台2016年启动融媒体改革1.0版，将原先的广播、电视、经营、网络四大中心调整为新闻中心、新媒体中心、经营中心、技术中心、总编办、广播节目中心、电视节目中心、专题部八个中心。2017年，结合列入省四个县级融媒体改革试点机遇，启动改革2.0版，从组织结构、制度建设、平台建设、技术建设等多方面多措并举，将电台、电视台、新媒体融合通道全部打通，打开了融媒体建设的新局面。在江苏省县级广电媒体融合创新综合案例评选中，昆山广播电视台获第一名。

第二阶段：筹备融合，明确方向

2017年初，昆山市委市政府提出加快推进全面媒体融合发展步伐，要求新闻媒体坚持正确舆论导向，充分运用新媒体，创新延伸产品链，多办群众喜闻乐见的新闻栏目。2018年，对照上级融媒体中心改革工作要求，昆山市委组织部、宣传部，财政、人社、编办等部门集中人员先后组织赴苏州、长兴、如皋等县市对标学习，梳理先发地区融媒体中心建设成功经验，结合昆山实际开展研究。在广泛调研、多方征求意见、多次召开座谈会和讨论会的基础上，基本形成了组建昆山市融媒体中心(传媒集团)的实施方案。与此同时，两家单位在理论、思想、行动等方面做好准备，为全面深度融合奠定了坚实基础。

第三阶段：深度融合，融赢未来

2019年以来，昆山市委、市政府深入学习贯彻习近平总书记关于加快推动媒体融合发展的重要讲话精神，认真贯彻落实中央全面深化改革委员会第五次会议审议通过的《关于加强县级融媒体中心建设的意见》、省委宣传部等部门关于加强县级融媒体中心建设的实施意见精神，以入选作为中宣部重点联系推动、江苏省首批建设的县级融媒体中心试点为契机，按照全省宣传思想工作会议部署安排，先行先试、改革创新，全力推进融媒体中心（传媒集团）建设，重点做好以下五方面工作。

一是加强组织领导。昆山市委高度重视，坚持把融媒体中心（传媒集团）建设作为落实意识形态工作责任制的重要内容，科学部署、全面推进、改革创新、重点突破。出台了昆山市融媒体中心（传媒集团）组建工作的实施方案；成立了由市委书记任组长、市长任第一副组长的昆山市融媒体中心（传媒集团）建设高位协调领导小组，下设政策对接、人才保障、项目建设、资金保障4个专项办公室，由相关市领导牵头，市委组织部、市编办、市财政局、市人社局、市国资委等部门分工负责，健全工作机制，提供政策支持，以高度的政治责任感扎实推进昆山市融媒体中心（传媒集团）建设，市领导主动担当，高位协调媒体融合中遇到的壁垒和困难，媒体融合工作有实效。

二是制定若干意见。根据中央精神、上级要求和各地创新举措、成功经验，结合昆山实际，昆山市在充分展开调查研究和征求意见的基础上，经市委常委会审议通过，制定出台了中共昆山市委、昆山市人民政府《关于加快昆山媒体融合改革发展高标准做好全国县级融媒体中心试点工作的若干意见》，包括深化机构改革、深化人事薪酬制度改革、深化财务管理制度改革、创新人才引进激励政策、加大财政扶持力度、整合传媒资源强化服务功能、加强战略统筹和规划引导、高标准加快推动传媒大厦建设、创新绩效考核机制、建立动态评估机制等十个方面，重点在创新内部体制机制、打破人员身份限制，加大财政支持力度、“保基本、增活力”以及整合传媒资源、强化服务功能等方面允许融媒体中心（传媒集团）先行先试，给予政策、资金、资源上的充分支持。

三是整合各类资源。从2019年4月起，昆山市融媒体中心（传媒集团）启动整合昆山日报社和广播电视台的资产、人员相关工作。整合后的昆山市融媒体中心（传媒集团）拥有报纸、电视、广播、两微一端、社区电子屏、电子阅报屏、有线广播等平台载体的全媒体传播体系。员工总数为445人，昆山日报社和广播电视台实现合署办公。在完成“物理融合”的同时，昆山市融媒体中心围绕党媒姓党和守正创新的要求，重构策采编发体系、优化策采编发流程，将报纸、广播、电视、两微一端等各平台编辑部根据差异化定位，对新闻产品进行直接发布或二次加工，在打通“报、台、网、端、微、屏”各种资源方面进行了探索实践。目前，昆山全媒体指挥中心已经建成，重大题材策划、采访人员调度、技术整合、编发流程再造等实行新的工作方式，初步形成了“整体策划、一次采集、多种生成、全媒传播”的工作格局。

四是加强顶层设计。针对昆山日报社、昆山广播电视台的现状、融合组建进程中存在的问题和县级融媒体中心建设的方向要求，一方面借鉴其他地区媒体集团的先进经验，另一方面在内部广泛征求职工群众对于融合发展的意见建议，并与相关专业咨询机构通力合作，抓紧推进媒体融合、事业发展的顶层设计，初步形成了昆山市融媒体中心（传媒集团）组织管控、绩效管理与薪酬管理方案，形成全媒体指挥中心、技术中心、行政中心、公共服务中心、产业发展中心五大中心的架构，努力实现平台再造和传播流程、组织管理体系重塑，探索建立规范、高效、灵活的运行机制和考核激励机制，尽快完成从目前的“物理融合”为主向从组织、业务、人员到流程方面进行一体化运营的“化学融合”的转变。

五是加快建设进度。按照打造主流舆论阵地、综合服务平台、社区信息枢纽的功能定位，抓紧整合各类资源，加快融媒体平台建设。目前正在积极主动对接江苏省广电总台、苏州广电总台等部门、单位，加快融媒体中心技术平台洽谈建设、APP 回购或合作等事宜。同时，正在加快昆山传媒大厦的规划建设，坚持高定位、精品化要求，充分考虑传媒大厦建设功能性需要，综合考虑电视信号发射塔、现代新闻演播室、演播厅等硬件配置，研究其他相应功能配置，努力将其建成高标准、现代化、国内一流的传媒大厦。

当前，昆山市融媒体中心（传媒集团）建设的“顶层设计”已经初步完成，还面临着一系列管理制度的“软件升级”和中央厨房优化整合的“硬件提升”等急迫任务。在改革创新中，我们感到，前进的路上，有风有雨是常态，风雨无阻是心态，风雨兼程是状态。今后，我们还要敢于创新、主动作为，在“五个方面”深化改革，加快媒体深度融合步伐，高标准推进全国首批县级融媒体中心建设试点工作。

一是坚持一体化发展方向。通过流程优化、平台再造，实现各种媒介资源、生产要素有效整合，实现信息内容、技术应用、平台终端、管理手段共融互通，催化融合质变，放大一体效能，打造具有强大传播力、引导力、影响力、公信力的主流媒体。

二是进一步深化机构改革。昆山市融媒体中心(传媒集团)坚持引导群众、服务群众的总体要求,按照打造主流舆论阵地、综合服务平台、社区信息枢纽的功能定位,加快推动传统媒体和新兴媒体在机构、内容、渠道、平台、人员、经营、管理等方面的深度融合,实行"事业单位企业化管理、市场化待遇"体制形式和运营模式,切实履行好"传播主流舆论、促进文明实践、开展政务服务、强化为民服务、服务公共决策"的工作职责。

三是坚持移动优先策略。昆山市融媒体中心(传媒集团)把创新移动新闻产品、运用移动传播技术作为工作重点,推动采编资源向新媒体倾斜,集中力量打造综合性自主可控移动新媒体客户端,打造拥有百万粉丝的微信集群、百万用户的智慧昆山 APP、百万访问量的今日昆山网站、百万在线观看的直播受众,进一步增强主流舆论的覆盖面和影响力。

四是强化媒体服务功能。昆山市融媒体中心(传媒集团)参与"城市大脑"建设,通过与市大数据中心、行政审批服务部门合作,加快建设自主可控的综合服务信息平台,整合全市信息资源,探索"媒体+政务""媒体+服务"等运行模式,对全市政务 APP、政务微信公众号的采编和发布给予统筹、指导,逐步进行资源整合,统一发布平台和流程,确保网络意识形态安全,助力党建服务、政务服务、公共服务。

五是加强队伍建设。昆山市融媒体中心(传媒集团)已向全国发布招贤榜,加快引进融媒体内容生产、技术开发、经营管理等紧缺高端人才,同时加大对现有人员的培训力度,推动人才队伍向全媒采编、全媒管理人才转型,坚持"企业管理、以岗定薪、量化考核、多劳多得",做到"同岗同责、同工同酬,岗变薪变、动态管理",实现从"身份管理"向"岗位管理"转变,培养一支符合时代要求、适应形势发展的人才队伍。

实现以上目标,关键要做到"眼中有光、脑中有弦、胸中有数、心中有民、肩上有责、手中有招",重中之重是眼中有光,既要低头做事、久久为功,又要抬头看路、仰望星空;既要坚持党媒姓党抓队伍强"公转",又要坚持融合创新抓业务强"自转"。只有将目标导向与问题导向相结合,以埋头苦干打开新局面、以真抓实干实现新突破,才能够走出一条体现时代要求、符合发展规律、与昆山高质量发展相匹配的媒体融合发展之路。

结构功能主义视域下县级融媒体中心建设的探索

浙江传媒学院新闻与传播学院副教授　刘茂华

毫无疑问，在新的媒介生态和传播格局重构时代，我国县级纸媒、广播和电视台的传播力、发展等受到全方位、立体化的挑战。中央和省级媒体、商业门户媒体已经将县域受众的“注意力”和“眼球”抢夺得干干净净。同时，来自县级媒体自身因循守旧的发展模式已落伍，新一代受众有着新的需求。

正因为如此，县级媒体唯有改变过去独立发展的现状，合力一处，才能形成县域和区域性传播力，“县级融媒体中心建设”也应运而生。

按照马克思的批判观点，人类的一切活动都是“为己”的，“‘价值’这个普遍的概念是从人们对待满足他们需要的外界物的关系中产生的”，马克思的这段话常常被后世学者误解，马克思是在批判性文章《评阿·瓦格纳的“政治经济学教科书”》中提出这一思想的，经典马克思的意见其实是：他一方面肯定了“需求与满足”；另一方面也批判性地认为，仅仅为了这个目的，也不是人类的追求。

所以，结构功能主义理论学者马林诺夫斯基基于对人类学事实进行的全面功能分析，即确定所观察的事实在完整的文化体系中所占的位置，注重文化体系内部各部分之间的相互联系及文化体系与周围环境相互联系的方式。

回到县级融媒体中心建设问题上，基层人民需要什么，当然是要首先解决个人的“吃穿用”，同时也要满足基层人民交往和文化娱乐需求。

与中央级、省级融媒体不同，而信息接近性是县级融媒体的独特优势，县级媒体是基层媒体，也是“底层”媒体，它所传播的内容是最靠近受众的信息，接近性是传播价值的重要因素，县级融媒体中心建设理当强化县域信息的采集，将接近性作为自己的独特优势，影响县域受众，同时尽可能影响不同层面和区域外更多的受众。

由结构功能主义的视域或者视角出发，可以将县级融媒体中心归结为三大功能——外部功能、内部功能和外延功能。

其一,所谓外部功能,即肩负并着力完成舆论引导任务,这也是基础性的功能。

中央和国家之所以部署县级媒体融媒体中心建设,目的非常明显也非常简单:要巩固基层的新闻舆论宣传阵地。

既然如此,县级融媒体中心就是要充分发挥县级媒体贴近性、“接地气”的传统优势,提供最符合县域群众信息消费习惯的产品及服务,成为本地社会舆论的聚合平台,在基层和源头上打通我们常说的“两个舆论场”。

其二,内部功能,即县级融媒体中心承担并完成政务服务的一站集纳与多地多方协同的任务。

为什么将构建“政务服务”称之为内部功能,因为该功能其实是县级融媒体中心的核心功能。县级融媒体中心要紧抓政务服务这个政府治理的基本工具,也唯有如此,才能真正参与社会日常管理,并在突发状况下实现“危机管理”。

县级融媒体中心要实现内部功能,就需要一站式集纳与群众日常生产生活密切相关的政务服务事项,要区别于单个政府部门建立的类似端口,给县域群众提供全流程办结式服务。

县级融媒体中心实际上就成为了县级政务服务的“服务者”和“协调员”,既能督促政府提升服务效率,又能有效化解民生矛盾和舆情隐患。

其三,外延功能,即县级融媒体中心要开展社会合作并与社会机构的对接。

县级融媒体中心的“社会合作”,就是要与体制外社会机构在民生、文化、经济或者其他方面展开的具备增值可能的相关业务。

县级融媒体中心承担并实现这一功能的理由也很简单:既然“社会共治”已是国家治理体系改革的一种共识,那么,县级融媒体中心就应该开拓相应的社会合作,通过对接社会机构来延伸治理的边界和层次,达到主动“建构”社会的目的。

县级融媒体中心如果做到了这样,既能丰富县域受众日常生活,促进县域乃至区域性产业经济的发展,还能够扩大县级融媒体中心的用户体量、黏性,在此基础上,县级融媒体才有可能赢得广告市场,才能够孕育和建立新的内部造血功能。

县级融媒体中心三大功能的实现,必须建设三大“构件”——机构、平台和内容,由此完成县级融媒体中心对社会的主动“建构”。

很多年前,黄旦就对新闻传播学中的“建构主义”提出了个人的看法:建构主义寻求的是理解个人的和主体间的意义和动机。在建构主义这里，人被看作有资格能力和沟通能力的行动者，他们是积极主动创造或建构着社会世界和日常生活，因此，社会是互动的，这种互动不仅表现在个体与个体，同时也表现在行动者和社会结构。①

虽然三大功能——外部功能、内部功能、外延功能是县级融媒体中心建设要实现的目标，但是，县级融媒体中心不是实现这三大功能就万事大吉，而是同时要构建新型的媒体中心，完成自身的融合，也要完成对社会的融合，参与社会的"建构"。

倘若要完成社会"建构"，实现县级融媒体中心建设的一体化，三大构件——机构、平台和内容都需要同步完成。

其一，机构融合是前提。

对县级媒体了解的人，无论是从业者、管理者还是研究者，他们都感到县级融媒体中心建设的一个重要前提，那就是机构必须得到真正的融合，没有了这个前提条件，其他一切免谈。

实现机构融合有三个方面，每一个方面都不可缺失。

第一个方面是"新的机构"。

县级融媒体中心，机构先是要整合，即县辖机构建制的机关党报社、党刊社、党台，按照事业单位法人治理规范，建构为县融媒体中心或者集团，整个县级融媒体中心必须成为县党委直接领导、宣传部门统筹指挥，中心协同治理、齐头推进的新型事业机构。

这种新的机构是县融媒体中心建设的组织结构基础，也是县级融媒体中心健康运行的前提条件。

第二个方面是"一家机构"。

县级融媒体中心就是"一家媒体"，是"一个媒体中心、集团"，要按照现代传播理论、思维和价值打造新的编发流程，我们常说的"采写编评播"依旧是管用的，要做到是"一家媒体"，那就要"一起商讨、一并运营、一起发布、一同考核"，最终成为管理流畅、激励到位的融媒体中心。

这也就是业界常说的"五个手指头要攥成一个拳头"，但是，现实的问题是，县级媒体在合并融合之前，包括高层管理的绝大多数从业者认为，报纸就是报纸，广播就是广播，电视就是电视，它们之间有本质性的差异，不可能融合。

---

① 黄旦.由功能主义向建构主义转化[J].新闻大学，2008(2).

第三个方面是“新的采编流程”。

与过去此岸彼岸流程完全不一样的是,现在的新流程必须适应互联网时代的采编流程的“新”形势和新要求。

融媒体时代、互联网时代的县级融媒体中心,内容生产方式为何要更新?

过去的传统媒体时代,不仅仅是县级媒体,其他各级各类媒体大多实行的是“采的不管编”“编的不管校”“校的不管发”“发的不管传播效果”,就现在看来,这就是分散的、作坊式的生产方式。

而新的生产体系,传播目的非常明确——以舆论引导为目标,传播对象也很清晰——以受众需求导向,传播形态同样很清晰——以网络媒体矩阵产品为链条,形成舆论生态链。

我国县级融媒体中心在建设中存在的重要问题就是体制落后,认识不到什么是真正的融媒体建设。融媒体建设中真正的“融”的含义是要把原来传统媒体与互联网等新传媒手段相结合,进行资源的优化配置,由此发挥比原来更好的传播效果。目前,大部分县级媒体从业人员大多把融媒体建设简单理解为把原来的报纸、电视、广播等传统机构合到一体,内容相互照搬,从业人员也就是做一个简单的“搬运工”。

这么做的结果是:表面看确实有一个融媒体中心,实质上还是“换汤不换药”——仍旧是原来的机构、原来的运作模式。

所以,不同类型的媒体生产要素要完全整合,打通不同平台、部门的限制,对原有采编流程进行数字化、集约化改造,形成“前端一次多媒体采集”“中端多次集成加工”“后端多类多元传播”的新型采编流程。

具体来说,县级融媒体中心建设,横向上破除媒体机构壁垒,纵向上进行开放式、扁平化管理,县级融媒体工作人员才有可能紧密联系、多向互动、灵活组合、协同运作,切实提高工作效率和传播效果。

其二,平台建设是根基。

我们对融媒体的理解是指充分利用媒介载体,把广播、电视、报纸等既有共同点又存在互补性的不同媒体,在人力、内容、宣传等方面进行全面整合,实现“资源通融、内容兼融、宣传互融、利益共融”的新型媒体。

但是,在此基础上的县级融媒体中心建设,其平台并非指的就是新闻或者资讯内容平台,按照结构功能主义的视角,县级融媒体中心建设的平台要实现三大功能,完成自身对社会的“建构”,而这个“平台”至少要包括下面三个方面:

一是围绕政治要求,搭建展示经济社会发展成果的平台;

二是围绕市场需求，搭建促进经济繁荣活跃的平台；

三是围绕文娱渴求，搭建满足群众美好生活需求的平台。

尤其要注意的是，对县域而言，优势在于：县级融媒体中心不再只是新闻发布平台，而是聚合各种资源服务群众，成为“媒体＋资讯”“媒体＋政务”“媒体＋服务”的百姓窗口。

县级融媒体中心打造的是社区信息枢纽，贴着受众走，跟着民生跑，积极扩大融合发展半径，在更多的领域推行“新闻＋服务”“新闻＋产业”等模式，让县域群众在各种信息传播参与中获益并有获得感，县级媒体和融媒体中心建设在跨界融合中得到长足发展。

因此，与中央和省级融媒体中心不同的是，县级融媒体中心必须将传统媒体新闻资讯功能向公共服务领域拓展，对行政区划内涉及百姓衣食住行、服务群众生产生活等方面的相关部门及企业信息进行整合，以新媒体的思维服务并集聚用户群。具体来说，新型的县级融媒体中心平台，应该建造一个多元化多样态多维度的互动融媒体资源整合平台，包括前端资源信息汇入和后端政府服务集成，“前端资源信息汇入”要求内部整合全媒体矩阵资源，“后端政府服务集成”要求外部对接党政部门相关服务。

总而言之，县级融媒体中心的平台，一方面成为移动互联网端发布权威信息、传播主流价值观的重要窗口，另一方面要成为向基层受众提供全方位的生活信息服务和推进政民互动服务的重要工具。

其三，内容为王是保障。

县级融媒体中心所有功能的实现，“内容”是保障力量，没有了好的“内容”，这一切也是免谈。而在互联网这个新媒体时代，媒体内容与形式、技巧也融为一体，彼此不分，从某种意义上来讲，内容就是形式，形式也就是内容。

对于县级媒体机构来说，形式和新媒体技术也是一大难题，全媒体人才的匮乏，目前国内全媒体人才培养的不足等等，这些也导致县级媒体内容创新能力不足。

对于县级融媒体中心建设而言，内容的创新首要的还是从业人员的思维要改变，需要建立真正的“互联网思维”，即站在受众或是网友的角度、立场发现问题、看问题并剖析问题。

随着互联网的深入发展，互联网已经成为信息集散地、舆论策源地与思想交锋主阵地。但是，很多县级融媒体的主要职能依旧局限在信息传播方面，而政务服务、公共服务、文化娱乐等功能未能得到体现。从结构功能主义的立场看，县级融媒体中心只有充分发挥县域优势，增强公共服务，整合基层政务资源、社会资源和其他各方面资源,更好地满足基层人民群众的美好生活需要,才能提升基层群众对县级媒体的使用率,从而使自身得到发展空间。

另外,县级融媒体中心的外延功能当然包括自身的造血功能,即广告收入。广告收入下滑、经费不足是当前县级融媒体中心建设中的重要制约因素。县一级政府应当设立县级融媒体建设专项资金,保证融媒体中心运转的基本开支;另一方面,县级媒体应该借“融合”契机彻底将采编经营分开,创新经营方式,增强融媒体中心实力。

总之,县级媒体和县级融媒体中心的发展大有前途,所有从业人员应当自觉定位于“我是融媒体人”,尽快适应新的时代发展步伐,尤其是采编人员,更要以融媒体新闻工作者的要求,全方位锤炼自己的脚力、眼力、脑力和笔力。

关于县级融媒体中心人才战略的几点思考

浙江传媒学院播音主持艺术学院　胡蓓蓓

县级融媒体中心建设如火如荼，政策支持、技术跟进，产业升级迭代前景看好，但如果缺乏持续的“造血”能力，中心容易面临体制僵化、人员老化和财务风险等问题。中心建设前期的硬件更新、平台搭建、资源整合和人员配备，一定程度上可以依托财政补给，但后期的运营管理、可持续发展都需要依托中心的盈利能力和自我补给能力，这一过程需要高度重视人才战略的实施。只有把人才工作摆在首位，把中心业务做实做强，时刻考虑如何吸引人才、留住人才和用好人才，以此来助推和反哺各项业务的开展，人才紧密联系业务，两者形成良性循环，发展基石才会比较稳固。

县级融媒体中心的人才战略可以理解为为实现社会和经济效益，围绕组织发展目标，把人才作为一种战略资源，对人才培养、吸引和使用所做出的宏观决策，以此来推动组织可持续发展。县级融媒体中心是产业升级换代的实践产物，在经济结构和产业结构调整的基础上，人才结构调整也需要相应跟上，围绕人才的专业结构和能力结构、能级结构，盘活人才资产，最大限度提高人才使用效力，提升人才综合素质，解决人才岗位匹配度下降带来的系列问题，促使团队不断创新不断进步，确立人才引领发展的战略思路，积极实施人才战略工程，是当下我国市县融媒体建设的一个重大课程。

习近平总书记高度重视人才工作，对人才战略有诸多论述，要求各级党政领导要树立正确的人才观，具备强烈的人才意识，要了解人才强国战略的重要性。不同领域不同部门如何识别人才挖掘人才是一项系统工作，不仅要有较好的业务水平，熟悉本单位核心业务和影响力、增长点，还要善于挖掘适合的人才，物尽其用，人尽其才。习近平总书记强调，“要树立强烈的人才意识，寻觅人才求贤若渴，发现人才如获至宝，举荐人才不拘一格，使用人才各尽其能”（见 2013 年 6 月 28 日习近平总书记出席全国组织工作会议并发表重要讲话）。

一、县级融媒体中心人才战略思考的出发点

县级融媒体中心的主要服务对象是本县区的常住或临时居民,主要任务是在满足他们的信息需求、情感需求和功能需求的基础上,建构良好的政府形象和使社会主义核心价值融入群众的生活,成为区域舆论的引导者,同时缓解人民日益增长的美好生活需要和不平衡不充分的发展之间的矛盾,提供能够更好满足人民在经济、政治、文化、社会和生态等方面日益增长的需要的文化信息产品。

当前,我国县级融媒体中心人才发展面临的主要问题是:编制紧张且复杂、绩效考核不成熟和缺乏晋升晋级通道。[①] 除此之外还包括:人才观念落后,专业一线人才缺乏,人才发展环境不理想,人才结构不合理,人才吸引力不足,人才缺乏创业理念和创新能力,人才使用效率不高,高层次人才队伍建设落后,人才转型难度较大,对创新性人才、领军人才重视不够,人才管理体制和机制不够完善,人才评价机制不充分,人才对事业的满足感有待提升等。

这些问题在不同县级融媒体中心建设过程中或多或少都有呈现,如何突破人才瓶颈,实施有效的人才战略,是本文思考的重点。我们结合媒体环境变化、业务流程调整以及融媒体中心体制机制特点,把人才战略划分为聚焦型人才战略、扩张型人才战略和保守型人才战略,分析县级融媒体中心核心业务、成长业务和新兴业务的区分,根据不同发展阶段的业务需要,展开差异化人才工程战略分析。

二、关于县级融媒体中心聚焦型人才战略的思考

人才争夺战需要一双慧眼一颗慧心,媒体的竞争环境日趋复杂,技术更新迭代越来越快,优质人才逐渐成为稀缺资源。县级融媒体中心融合多种媒体样态接踵而来,人力资源能否因才设岗人尽其用,岗位人才的匹配度一定程度上决定了中心的生产力和生产效率,需要全局着眼,统筹规划。

在人力资源相对缺乏或人力投入有限的情况下,为了实现中短期目标和竞争优势,从自身实际情况出发,需要集中财力聚焦优质资源,需要找准融媒产品生产的薄弱环节,找到县级融媒体中心渠道、平台、管理、技术、内容五大融合的重点环节和关键领域,形成突破后以点带面,完成全盘人才战略布局。

---

① 陈国权.中国县级融媒体中心改革发展报告[J].现代传播,2019(4).

（一）聚焦创新人才，着力新业务领域

融媒体中心建设是在全新媒体环境下基层媒体的集体转型升级，是政策和内部需求双重引导下的深层次改革实践，也是创新发展方式改变传播格局的重要尝试。融媒体中心不同于一般企业的兼并整合，用二次创业来形容似乎更合适，这就需要领导层和员工层都具备一定的创业精神，有较强的创新意识，尤其需要创意型人才。

习近平总书记指出："要学会招商引资、招人聚才并举，择天下英才而用之，广泛吸引各类创新人才特别是最缺的人才。"（见 2014 年 8 月 18 日习近平主持召开中央财经领导小组第七次会议并发表重要讲话）在实现县级融媒体中心可持续发展的过程中，要更好地实现创业创新前景，有效的创新人才支撑尤为关键。

事实证明，走在前列的一些县级融媒体中心，一般都拥有强大内生型创新基因，敏锐的信息市场嗅觉，灵活的用人机制，善于营造创新为要、保守出局的评价体系和导向认同，建立较为完善的容错试错机制，鼓励创新创造，善于在新业务领域发力。

根据现有的人才流动情况，县区一级要留住高层次人才不具备天然优势，绝大多数人才更倾向于大城市大企业，但创新人才不一定就是高学历高智商人才，他可以是某一传统和新兴媒体领域的实操型专家和志趣热情的追梦人，如果他的劳动与价值在县区融媒体中心能够得到充分的承认和尊重，他的各项权益可以得到有效的保障，做事干事的氛围比较良好，能够形成吸引创新人才用人机制，那么他的聪明才智和创造性价值便可以得到最大化发挥。

（二）聚焦领军人才，推动人才工作机制改革

媒体单兵作战时代，用人贵专贵精，包括县级媒体习惯于发掘和培养某一领域或某一条战线的有深度挖掘能力的记者、编辑，内容生产和经营两条腿走路，不同岗位的人才只需管好自己的"一亩三分地"，只求做精做深做专。进入互联网时代，全新的融媒环境也需要思考全新的人才战略，习近平总书记强调："要深化人才发展体制机制改革，最大限度把广大人才的报国情怀、奋斗精神、创造活力激发出来。要完善人才培养机制，改进人才评价机制，创新人才流动机制，健全人才激励机制。"（见 2018 年 7 月 3 日至 4 日全国组织工作会议召开，习近平出席并发表重要讲话）

人才优化，我们可以尝试从人才引进—培养—评价—激励—流动—保障这六个方面来推动人才工作机制改革，而改革的重点可以在聚焦领军人才引

进和内部培养孵化两个方面。领军人才是可遇不可求的,关键岗位核心业务层要确保领军人才的比重,要打破领军人才就是全能型人才的常规思路,而应根据业务需要形成“一专多能”的整合能力,既避免人才浪费,也能在内部形成良性的竞争态势。实践证明,还需要特别注重在全媒体记者编辑领域、数字技术领域和产业经营特别是融媒体内容产品开发方面的策划人才,倾其全力做足文章,以求在领军人才的带领下,带动融媒体中心往学习型创造型组织方向发展。譬如项城、长兴和三门融媒体中心的经验是通过推行“首席记者”“名记者工作室”制度来实施领军人才战略,在内部轮岗、对外挂职机制等基础上,来培育具备现代传播技能的全媒体人才。

三、关于县级融媒体中心扩张型人才战略的思考

县级融媒体中心虽然有政策红利,但同样面临来自内外部的竞争压力,组织间融合发展的愿景是好的,但过程是曲折的。只有对自身所处的内外部环境有敏锐的认知,对中心定位和愿景有清晰的分析,具备应对环境变化的能力,不断提高生产经营效率和效益,才有希望通过扩大人才规模来实现规模效应。扩张型战略依托快速增长策略,运用此战略需要对宏观经济形势和产业经济状况有准确的判断,管理者对融媒体中心发展态势较有信心,具备有竞争力的薪酬体系,相信中心有能力有资源来满足扩张型人才战略的实施。

(一)单一扩张型人才战略实施可行性有待商榷

人才的整体性开发,包括建设好基础人才、企业经营管理人才和专业技术人才,扩张型人才战略的落脚点就是分类指导层层推进。从现有的县级融媒体中心发展情况来看,实施单一扩张型人才战略的融媒体中心不多见,县级融媒体中心大规模招聘可能性比较有限,这和融媒体中心强调稳定的组织文化有关,和领导创业期求稳的心态有关,也和媒体人才使用惯性有关。传统媒体人才管理中行政化现象比较普遍,“论资排辈”问题也是屡见不鲜,人才评价体系模式固化,这些问题在一定程度上困扰着县级融媒体中心的发展。

(二)县级融媒体中心如何与扩张型人才战略进行匹配

在市场竞争中,绝大多数普通企业倾向于使用扩张型人才战略,因为扩张型人才战略有一定的优点:一是展示组织形象和组织实力,展示管理者扩大生产经营的决心和魄力;二是形成外部压力,对原有员工展示改革创新决心,倒逼原有员工奋发图强不断进步;三是有助于惩优罚劣优胜劣汰,形成最具战斗力的人才团队;四是避免组织老化、员工思想僵化、能力弱化,有条件让组织重

新恢复活力。缺点主要表现在增加短期人力成本，一定程度上破坏原有的组织文化，破坏原有的资源平衡，可能会有短期的人事动荡，薪酬倒挂打击老员工的积极性，发展过快引起的业务不适应和消极怠工等情况。

对县级融媒体中心来说，是否实施扩张型人才战略，首先要考虑领导层和管理层的诉求；其次应梳理既往各级媒体所制定的人才政策，去粗取精，去伪存真，围绕人才兴业目标定位，全面系统规划人才制度框架，形成全新的符合中心特质和发展要求的人才政策，并要让政策制度保持一定的制度刚性；再者最好能做到一把手亲自抓人才资源，把人才工作纳入领导考核的重要指标范畴，并形成有效的监督管控机制，这样才有利于出台更符合组织发展的人才政策；最后还要全面梳理和定位融媒体中心的舆论导向主体位置、业务发展情况和内外竞争优势劣势等。这是县级融媒体中心转型升级的关键所在。

四、关于县级融媒体中心保守型人才战略的思考

不管实施什么样的人才战略，战略目标的设定都应该摆在首位，不同的人才评价指标体系也会影响人才战略目标规划。人才具备什么样的创造能力，有多少价值变现能力，自身在行业内的美誉度和影响力如何，对原有老员工进行指标分解和确认相对容易。内在循环式发展注重的是培养机制的选择。县级融媒体中心工作与传统媒体差异在于，它突破了传统的产业边界，专业相关度要求边界也被打破，传统框架式的人才机制也影响了人才使用效度。我们要思考人才贡献度和组织的投入产出比能否匹配，5G时代从个人到组织的媒体素养提升，良好的治理体系，才能有序推动政策和产业结构的协调发展。长兴融媒体中心启动“万物生长”培训计划，旨在完善人才培养方式，这也是对现有人才资源的集中整合和充分发掘。

保守型人才战略以内部选拔为主，如竞聘上岗，这也是现在县级融媒体中心常用的人才配置手段，这种方式能够缓冲契约关系重组风险，与融媒体中心的归属关系较快融合，员工归属感和认同感较强，有利于员工队伍稳定，同时也面临创造力下降风险。事实上，在充分的市场化人才竞争中，产业与人才之间的联系和沟通有利于人才资源配置。不管是内部之间还是内外部之间的有序竞争，都有利于市场主体提升协同治理能力，有助于发掘人才内在驱动力，竞聘上岗一定程度上回应了竞争需要。还有业绩部门决策导向，会促使一部分组织淘汰掉不合格的员工，但在传统媒体用人惯性下，裁员还有一定难度，这也加大了组织人力管理成本调整的问题。

五、结语

县级融媒体中心的人才战略说到底还是要对应业务战略,只有找准核心业务,掌握关键环节,了解业务增长趋势,才能匹配关键岗位上的关键人才。也只有在对业务线、岗位线和人才线进行全面系统的盘点和梳理的基础上,才能更加明确人才重点是内培还是外引,力度多大范围多广,组织架构才能够更完善。选择单一型人才战略或是混合型人才战略,实施的人才战略有的放矢,战略真正落地执行才算卓有成效。

人才管理工作也很重要,职业报酬、成就感、满足感及其社会地位感知等都会影响人才的职业选择,不管选择什么样的人才战略,重视人才吸引都要排在首位,要尊重知识和劳动,创造宽松有度的充满活力的人文环境,鼓励各类人才积极投身事业。组织文化的特点重在员工认知到心态的调试,以此形成情感归属,意随心动,精神和物质激励同等重要,只有不忘初心,充分保护好用好真正有价值的人才,人才战略才能落到实处。

在人才需求匹配、人才使用效力、人才规划设计和人才特性梳理基础上,还可以开拓路径选择,尝试人才定制化生产模式,与相关高校和专业培训机构合作,订单式培养融媒体人才;采用多维挖掘模式,如网络技术发展聚集了很大一部分自媒体人才,他们的媒介产品丰富,价值变现较快,思考怎么把这部分群体中有求职意向的人才吸纳到市县融媒体中心来充分发挥作用,这有待破题。

县级融媒体建设的阳西实践与思考

广东省阳西县委常委、宣传部长　张英华
阳西县委宣传部副部长、阳西县人民政府
新闻办主任、阳西广播电视台台长　张文秀
阳西广播电视台总编　梁远红

“推动媒体融合发展、建设全媒体成为我们面临的一项紧迫课题。”2019年1月25日，习近平总书记在中共中央政治局第十二次集体学习时的重要讲话，鲜明地指出了我国媒体融合发展的紧迫性和重要性。阳西县是广东省委宣传部确定的“2018年首批启动的县级融媒体中心”建设试点县之一。2019年3月，阳西县将阳西县广播电视台、阳西县新闻中心进行整合，组建阳西县融媒体中心。筹建期间，阳江市委常委、阳西县委书记孙波，阳西县委副书记、县长谭忠健对阳西县融媒体中心建设予以高度重视，多次现场办公，解决融媒体建设中遇到的一些重点难点问题，从而成功开启了阳西县融媒体中心建设的新征程。

一、阳西县融媒体改革初见成效

阳西县融媒体中心是县委宣传部管理的正科级事业单位，为全县内宣外传平台的主流媒体阵地。融媒体中心主营《阳西报》、阳西广播电视台、《阳西微报》微信公众号、官方微博、南方＋阳西频道等新闻宣传平台。资源整合后，融媒体中心主要负责新闻策划采访、对外宣传、宣传片拍摄制作、舆情处置监控、政务服务，以及县委、县政府及上级各部门交办的工作，目前中心各项工作运行良好，实现了1＋1＋1＞3的效果。2019年以来，在“学习强国”、新华社、《南方日报》、《羊城晚报》、《南方农村报》、南方网等中央、省媒体刊发新闻160多篇；在中央、省、市电视台播出新闻300余篇，成功推出陈永利、何维景、刘振荣、何经培、郑小淇等十余名感动广东乃至全国的好人，在全县上下营造学习先进、崇尚先进、争当先进的良好氛围。1～7月份，入驻南方号的阳西微报公众号阅读量过万的有55条，总点击量突破“100万＋”，在全市县级政务微信排行榜排名第一。

1. 实现整合资源,提升服务水平

探索建立了"一体策划——次采集—分类加工—多元生成—矩阵发布"的协作分发工作模式,实现了电视、报纸、微信、微博、门户网站的信息共享互通、形式丰富多彩的新格局。中心与南方舆情合作,加大对网络舆情信息搜索和管控力度,密切关注经济社会热点,抢抓舆情信息第一落点,主动抢占信息发布制高点,先入为主、把握节奏、妥善处置,牢牢把握应对工作主导权,提高舆情信息工作服务大局、服务领导决策的能力和水平。

2. 加强主流舆论阵地建设,巩固拓展基层宣传文化阵地

坚持移动优先策略,以手机移动端为载体,着力打造"无线阳西 APP""南方+阳西微报"等一批具有强大影响力、竞争力的新型主流媒体,不断提高客户端、公众号、新媒体的下载量、日活跃率。截至完稿,"南方+阳西微报"粉丝逾7万,"无线阳西 APP"粉丝逾6万,阳西微报公众号粉丝逾2万、阳西广播电视微信公众号粉丝逾5万。其中,"南方+阳西微报"在南方号"广东省最具人气排名榜"中排名靠前,2019年上半年多次位居全省县(市、区)融媒体排名前十名。

3. 突出重点,聚焦群众关切

一是精心策划主题报道。注重围绕全县工作重点、群众关注点、社会聚焦点采编信息。如2019年4月份策划《重磅!阳西在广州召开招商推介会,现场19个总投资587.12亿元项目集中签约》在南方+阳西微报阅读量达65万+,《阳西招商推介会孙波书记推介讲话》在阳西微报公众号和无线阳西 APP 总阅读量达20万+。二是创新内容形式。注重内容的欣赏性、趣味性和实用性,从老百姓易于接受、乐于接受的形式出发,选准切入点,以动漫、图片、微视频等新媒体展现形式,有声有色辐射老百姓。如推出《一图读懂阳西机构改革》《"四城同创"随手拍》《夜话阳西》等栏目深受老百姓喜爱,制作《红树林前白鹭飞,人间风景如画美》《万亩红树林,鹭鸟舞翩跹》等稿件在"学习强国"及央视刊播,用精美画面展示阳西得天独厚的自然资源和生态环境,深受读者好评。

二、融媒体建设存在的问题

阳西县融媒体中心经过整合发展,在内容生产、阵地建设上有了初步的成效,但发展中依然存在不少问题,这些问题成为了制约融媒体建设的瓶颈。

1. 资金短缺

阳西县融媒体中心整合后，收入来源于阳西广播电视台。阳西广播电视台主要收入在数字电视、广告、新媒体运营、专题片制作四大块，受社会大环境影响，2018年总体收入呈断崖式下降。当前，阳西广播电视台现有的经济收入已经无法保障干部职工的基本工资、福利待遇和本台的日常运营支出需要。资金问题造成了员工福利待遇无法保障，导致干部职工人心不稳，工作积极性不高，创新后劲不足。新闻宣传的采编播设备缺乏资金更新换代，沿用原有的采编制播系统，未能实现传统采编播程序和新媒体融合的功能，远远不能满足融媒体中心发展需要。

2. 人才短缺

阳西县融媒体中心整合后，采编队伍共有30多人，包括采编、主持人、后期编辑、广告、新媒体运营等人员。融媒体中心运行需要有一支高素质、高效率的专业采编队伍才能适应融媒体中心发展，而目前阳西融媒体中心中有新闻采编专业学历的人员不多，多是半路出家的其他专业人员，不能满足融媒体中心运行的需要。未来融媒体中心发展将需要新媒体、新闻写作、摄影摄像、后期制作、后期包装、播音主持等专业人才，如果没有人才支撑，融媒体中心的建设发展将成为一纸空谈。

3. 平台短缺

阳西县融媒体中心目前有电视频道、网络(移动端)、纸媒三大媒体，目前，传统媒体有阳西综合、阳西公共两个电视频道和《阳西报》。就当前融媒体发展的趋势来看，移动端的新媒体将成为融媒体中心发展创收的重要渠道。阳西县融媒体中心手机端新媒体综合平台初步形成，但几个新媒体平台没有配备专业的外出采编人员，也没有购置专业的新媒体采播设备。人员队伍的不完善，设备的简陋落后，导致阳西县融媒体中心新媒体运营发展相对缓慢。此外，阳西县融媒体中心目前的新媒体APP没有自己的后台，依托无线广东后台，技术上依赖对方，新闻资讯的发布和后台技术问题处理受到各种限制。

4. 有线电视网络发展落后

阳西广播电视台与南方银视数字有限公司合作发展数字电视至今已经10年，近年来，南方银视数字有限公司对有线电视网络投入几乎为零，造成了线路老化严重，电视网络发展落后，加上电信、移动扩张电视业务，致使用户流失了近2/3。由于没有资金投入，有线电视网络不能发展宽带业务，在市场竞争中处于劣势，形成了恶性循环，这也成了阳西广播电视台事业发展的最大瓶颈。

三、县级融媒体建设的几点思考

当前,县级融媒体建设成功案例不少,根据各地融媒体建设先进经验,成功经验无非在于两点:一是党委政府高度重视,给融媒体"输血",在资金和政策上给予了大力支持,为融媒体改革奠定了坚实的基础和扫清了障碍。二是融媒体中心抓住机遇,主动作为,加快创新发展,增强自身的"造血"功能。基于当前的融媒体发展现实问题,应该通过"输血"+"造血"的方式,做到五个"两",来推动融媒体建设。

1. 兼顾两个"类型"

在欠发达地区,融媒体建设应以财政依托型为主,以市场经营型为辅,兼顾两个"类型"壮大融媒体的经济实力。笔者认为,财政依托型融媒体中心以服务地方发展、服务地方经济社会建设大局为主要目标,对重大宣传的响应十分明确,这类型的融媒体中心建设推进较为容易。在融媒体中心建设顺利推进的基础上,要适时引入市场经营机制,鼓励融媒体中心释放发展经济的自主权,最大限度激活中心的创新造血功能,保障中心发展资金充足,更好地促进新闻宣传事业的稳步发展。

2. 借助两个"外脑"

县级融媒体中心建设不乏成功的案例,在推进融媒体建设的过程中,要经常"走出去",学习其他地区的融媒体建设经验,借助先进地区融媒体建设这个"外脑"来推进融媒体中心建设,这样能够少走弯路,提高工作实效。同时,要经常"请进来",通过与各类传媒高校合作,聘请高校专家教授为顾问,借助专家教授们的"外脑"为融媒体建设把脉,及时找出融媒体建设的症结所在,及时对症下药,有效地推进工作。

3. 充实两个"一线"

习近平总书记指出,融媒体建设要坚持内容为王。融媒体中心要做好内容生产,就要在采、编、播一线有强大的力量支撑,最大限度缩减其他部门的人员,把人员充实到采编播一线,提高采编播一线生产能力。与此同时,我们结合阳西实际,在县直部门、镇、村等基层单位一线发展特约通讯员,充实基层宣传一线力量,确保每一个部门、每一个单位、每一个镇、每一条村都有一名特约通讯员,形成全县宣传一盘棋的格局,打通融媒体宣传最后"一公里"。

4. 解决两个“瓶颈”

在县级融媒体建设过程中，绝大多数县区受资金和人才的制约，要推进融媒体建设，就必须解决这两个瓶颈问题。地方政府要加大对融媒体的资金投入，完善升级现有的采编制播设备系统，购置一批新媒体专用器材，实现报、网、端、台从硬件和软件上的高度融合，支持融媒体中心稳妥有序推进“中央厨房”新闻指挥中心建设。结合阳西实际，我们将加快建设拥有自主平台的强大APP，构建“新闻＋政务＋民生”功能，补齐短板，增强县融媒体中心宣传主阵地的履职履责能力。地方政府要重视融媒体中心人才建设，形成相对稳定的新闻采编团队、播音主持团队、后期制作团队、新媒体运营团队。有了强大的人才队伍支撑，融媒体中心才可以打造具有本地特色的电视节目，制作更多贴近群众、反映民声、反映社会发展主流声音、传播正能量的产品，提高县融媒体中心的品牌影响力和知名度，为融媒体中心发展打好基础。

5. 打好两个“保卫战”

用户和网络是融媒体建设的两个阵地，融媒体要发展，必须巩固阵地，打好两个阵地“保卫战”。从浙江长兴、浙江安吉、广东开平等地融媒体建设成功经验来看，功能强大的有线电视网络是融媒体发展的经济支柱和坚强后盾。不少县区融媒体发展的最大困扰是网络发展落后，有线电视用户少，这意味着宣传阵地日渐丧失。地方政府要从资金和政策上支持融媒体中心发展有线电视，建立功能强大的电视网络，巩固宣传舆论阵地。随着移动网络技术的发展，移动手机用户成为了重要的舆论阵地。要巩固手机用户，就要根据用户的需求来打造具有“新闻＋政务＋服务”功能的APP，不断完善手机APP的功能，最大限度提高用户的黏性，提高用户的活跃度。用户在，宣传阵地就在。

习近平总书记指出，“媒体融合发展是一篇大文章。面对全球一张网，需要全国一盘棋。各级党委和政府要从政策、资金、人才等方面加大对媒体融合发展的支持力度。”县级融媒体中心的建设要紧紧依托各县区党委政府的大力支持，给予资金和政策的支持，坚持“输血”和“造血”同时发力，改革创新管理机制，配套落实政策措施，推动媒体融合沿着正确方向发展。

以“乡村融媒体”构建“智慧乡村”助力乡村振兴的阳东探索

广东省阳江市阳东区广播电视台台长、高级记者　梁　琪
广东省阳江市广播电视台编辑　徐春雪

一、探索缘由

随着近年来各级党委政府对农村广播电视基础设施建设的投入不断增加，尤其是“村村通”“户户通”工程的实施，农村广播电视覆盖难的问题得到了基本解决，广播电视已经作为一种大众传媒手段而普遍存在于农村群众的日常生活中。但是，目前广大农村的广播电视公共服务体系建设还有待进一步健全，主要表现在乡村群众仅仅停留在收看收听广播电视节目的单一功能上，在引领和服务上短板严重，广播电视的社会属性和强大功能并没有完全发挥出来，不能更好地满足人民群众对美好生产的追求。当今已迈入了信息化时代，人们的生产、生活、人际交往都与“信息”的传递密不可分，以数字化、网络化、智能化为特征的信息化浪潮正逐步影响到广大乡村，村民对互联网和信息化的需求越来越迫切。

为了深入贯彻落实党的“乡村振兴”战略和努力实现习近平总书记提出的“广东四个走在全国前列”新要求，加快推进乡村治理体系和治理能力现代化，加快推进媒体融合，实现基本公共服务均等化，营造共建共治共享社会治理格局，阳东区努力探索并走出了一条以广播电视公共服务融合体系构建“乡村融媒体”、打造“智慧乡村”的特色融合发展之路。

二、融合整合广播电视功能为一体

“乡村融媒体”集高清互动电视、公共 Wi-Fi、宽带网、视频监控、可视紧急报警、应急广播、村民议事厅直播室、新时代文明实践中心、乡村广播室、村务信息、便民服务、乡村党建、乡村普法、乡村集市、扫黑除恶、乡村健康、乡村课

堂、廉洁乡村、乡村资讯、致富门路、手机 APP 等 20 多个功能板块为一体，是多功能、全方位的广播电视公共服务融合体系。

三、四个"融进"凸显乡村融媒体的强大功用

1. 融进百姓家

创新联系群众方式

只要机顶盒遥控器轻轻一按，村民们通过家里电视机足不出户便能知晓村中事务，查阅村务信息，学习党的路线方针政策，掌握农技新知识，查看监控视频，联系城里医院挂号，跟老师温习预习功课……"智慧乡村"建设给村民们的生产生活带来了极大的变化。

试点村已实现光纤网络全覆盖、村村通视频监控和应急广播、村村建应急指挥中心和广播室，并通过安装有线电视机顶盒，实现家家通高清电视、家家通宽带，家家通村务电视公开、家家通达平安视频监控、家家电视直播村民会议，人人监督村务事务，人人享用便民服务，人人接受智慧教育。

借助"智慧乡村"建设这股惠民东风，将广播电视公共服务普及到每一个村、每一户家庭、每一个村民，为乡村群众提供了有效的公共服务、公共管理、公共安全，创新了联系群众的方式，完善了群众参与乡村公共事务治理的渠道，让人民群众在共享广播电视公共服务信息化发展成果上拥有了更多的获得感。

2. 融进村务治理

提升乡村治理能力现代化水平

在东平镇北环村属下的三个自然村，村头巷尾共安装了 26 个监控摄像头，除了村干部在村委会的电视监控墙上密切留意村里的一举一动外，还通过电视机顶盒将 26 个视频监控头全部连接到了村民家中的电视机。即使离开了村里，村民们通过手机 APP 照样能看到村里的实时视频监控，正因有了现代化的监控手段，村民们外出生产、打工就不用再牵挂家里的安危了。

除了治安管理外，村委会还将监控系统用于村中事务的管理，随时监督村道的卫生状况。村民们也通过家里电视机的监控互相监督，自我约束，以往乱丢垃圾，乱放鸡、狗在村里跑的一些不文明行为得到了根本的改变。

在试点村的各主要路口，都安装了紧急求助可视对讲通话报警器。当村民在户外遇到突发事故或紧急困难时，按一下报警器，即可通过可视通话向村委会报警求助，这有效保障了公共安全。

成为了"智慧乡村"后，阳东 12 个自然村现在已经形成了群防群治、共建

共治的良好局面，在村民们的自觉下，村里环境整洁，民风淳朴，平安和谐。

为减低自然灾害的影响，村里还建起了应急广播系统，对于突发公共危机进行迅速快捷的传输，保障村民的生命财产安全。三个试点村的村委会建立了村应急指挥中心，通过视频监控系统和应急广播系统，对村里的环境整治、村容管理、维稳处突、抢险救灾、治安管理、消除纷争等进行第一时间的应急处置，大大提高了村社会管理和服务民生的能力水平。在2018年防御超级强台风“山竹”时，广播电视公共服务融合体系发挥了强大的功能作用，村干部坐在村委会，通过视频监控屏幕和应急广播有条不紊地指挥着村里的防台工作，村民们则在家里通过电视机上的监控，时刻盯着自己的小渔船、农作物遭受台风袭击的情况。村干部以前防台风要么冒着大风大雨在村里奔走指挥，要么在村委会干着急，忧心忡忡，现在有了视频监控系统，不管是村干部还是村民们，觉得防台工作一切尽在掌握中，既省心又省力。“乡村融媒体”构建“智慧乡村”切切实实提升了村委会治理能力的现代化水平，提升了村民生活的安全指数。

智慧电视门户中的“村务公开”专区设置了党务公开、政务公开、财务往来、集体三资、扶贫工作等栏目，内容涉及党费管理、村委会工作纪要及村收入支出情况，甚至还能准确地查到村里贫困户的详细资料和帮扶计划，连村委会干部的工资也是公开透明的。这些村务信息原先是张贴在村委会墙上的，村民平常要到村委会才能看到。但现在不出家门，在家里的电视机上就能天天看到了，村民真正拥有了对村务的知情权和监督权。

试点村还建立了村民议事厅直播室，村民在家可以通过电视机、在外可以通过手机APP同步实时收看村里召开的各类会议直播，监督村委会工作，形成广泛参与的议事机制，提高村委会民主决策的公开透明度，保证群众的知情权、参与权、决策权和监督权，真正把村级事务的决定权交给群众。

3. 融进乡村思想文化阵地建设

实现扶志扶智

一个个具有通俗易懂、生动活泼、丰富多样、贴近性强、紧跟时代步伐、接地气的教育专区，确保习近平中国特色社会主义思想和党的十九大精神、习近平总书记系列讲话精神以及党的富民政策、科学文化教育和道德文明教育精准传到每一个家庭和每一个村民。《乡村党建》专区的内容以视频和动漫的形式表现出来，通俗易懂，生动活泼，重点突出，很适合农村部分文化水平不高的党员学习掌握。通过《乡村党建》的学习，农村广大党员的党性观念增强了。

为了进一步提高乡村精神文明建设水平，提升村民的思想道德水平和精神风貌，智慧电视门户专门设立了《新时代文明实践中心》专区，宣传党的理论、社会主义核心价值观，宣传村规民约，宣传好人好事；普及各类科学文化知识，提升村民综合文化素养。

试点村还利用应急广播系统建立了村广播室，每天固定广播时间和节目内容，成了村里宣传党的方针政策、农业技术、各类文化科学技术的重要工具，丰富了群众文化生活，筑牢乡村思想文化建设阵地。

“乡村融媒体”有效地增强了乡村社会主义意识形态的凝聚力和引领力，全面提高了村民的理想信念、价值理念、道德观念，提升了乡风文明水平。

4. 融进服务群众“最后一公里”

和谐生活人人共建共享

在每一个家庭电视机的智慧电视门户上，都设立了“便民服务”专区，提供日常办事指南和基本常识以及法律援助和就医服务，为群众排忧解难。例如，阳东区人民医院在“便民服务”栏目专门设立了乡村就诊绿色通道，村民们如果需要到阳东区人民医院就诊，可通过绿色通道进行咨询，预约专家挂号，大大节省了看病时间，为村民到城里看病提供了方便。

现在农村很多孩子的父母都外出打工，留守儿童在家里没有人辅导功课，为了保证孩子们的正常学习、健康成长，智慧电视门户利用《乡村课堂》专区将小学一至六年级以及初中的同步教材以视频形式呈现，孩子们在家里随时就能跟着电视机里的老师一对一进行温习预习功课了，有了“家庭辅导老师”，父母省心了不少。

以大众化、智能化、全方位、全媒体化的广播电视公共服务“乡村融媒体系”构建“智慧乡村”，是阳东区实施乡村振兴战略、打造乡村共建共治共享社会治理创新格局、不断满足乡村百姓对美好生活需求的一项重要举措。它的推广应用完善了公共服务体系，打通了服务群众“最后一公里”，使人民群众获得感、幸福感、安全感更加充实、更有保障、更可持续。

四、成效与反响

2018 年 8 月以来，阳东区东平镇北环村、北惯镇彭村、新洲镇乌石村三个行政村管辖的 12 个自然村已完成了“智慧乡村”试点建设，实现了“惠民工程、全村覆盖、家家通达、人人享用”的目标，其中 9 个贫困村实现了“智慧乡村”的美丽蜕变。2019 年，阳东区将分步实施、全区推广“智慧乡村”，目前包括省定贫困村、省级新农村示范村和重点村等 22 个行政村 100 个自然村正在抓紧建设中。

该项目建成后,受到了中央政治局委员、广东省委书记李希的充分肯定,也在广大乡村中引起了强烈的反响,受到了广大村干部和村民的高度认可和欢迎,取得了良好的政治效益、社会效益和经济效益。来自各地各级党委政府、村委会等150个团体先后来到阳东参观考察了该项目,并已经在广东省部分地方复制、推广应用。

五、经验与启示

1. “乡村融媒体”实现了广播电视功能的全融合,将广播电视由以往的宣传教育单一功能向多样化、全方位的公共服务信息化转变,打通了基层宣传群众、教育群众、服务群众“最后一公里”,最大限度地将广播电视的政治功能和社会功能发挥到极致,真正产生了引领群众和服务群众的强大效应。

2. 构建了新一代多功能、多样化、智能化、全媒体化的广播电视公共服务“乡村融媒体”体系,做大做强了广播电视主流舆论。成功地将电视大屏和手机移动端、传统媒体和新媒体、应急广播和乡村广播室、视频监控和村民议事厅直播室、收看电视节目和智慧电视教育、村务管理、便民服务等创造性地完美融合在一起。“乡村融媒体”成为了党的方针政策的传播阵地、幸福平安生活的守护者、村务公正公开透明的助推器、扶志扶智的好帮手、群众办事的服务台、留守儿童的第二课堂,充分发挥了广播电视融媒体贴近基层、贴近群众的优势,有力地助推了乡村振兴工作。

3. 创出了广播电视“政企合作”经营发展新路子。面对“三网融合”的市场竞争,通过广播电视功能的全方位融合,增强了用户的黏性,保有和拓展了广大农村市场。阳东广电网络公司同时还得到政府项目专项建设资金近3800万元,政府还为贫困户购买了两年的收视费和宽带费。此外,通过各专区的合作运营,还可以从各乡镇、各部门中获取良好的经济效益。

4. 项目容易复制推广。近年来,不少地方已经建有视频监控、应急广播和服务平台,但都是独立单一功能或者简单组合,没有做到真正的全方位融合,没能发挥广播电视的最大功用和效益,尤其是缺乏电视大屏和手机移动端的媒体融合以及应急广播和乡村广播室的融合、视频监控和村务管理的融合。只要在原来基础上,建设一个融合平台,将功能重新整合就能达到“阳东模式”标准。

“民之所望,心之所向。”随着“智慧乡村”的成效凸显,随着乡村振兴战略的全面实施,随着小康社会的全面建成,坚信乡村人民群众的生活一定会“芝麻开花节节高”,一年比一年更加美好。

从“相加”到“相融”，乌当区融媒体中心建设的化学反应

贵阳市乌当区融媒体中心主任　邹　婷

县级媒体的融合，是新时代宣传工作的必由之路。新陈相容，带来了挑战，也孕育了机遇。传统媒体的稳健扎实、新媒体的活泼灵动，如何通过媒体融合找到新的契合点，成为乌当区融媒体中心建设的关键。

乌当区在媒体融合上起步较早。2006 年，为了实现统一指挥、统一调度、集合高效的原则，乌当区将隶属于区广电局的乌当电视台和隶属于区委宣传部的《新天通讯》报进行整合，成立了直属于区委的乌当区新闻传媒中心。经过 12 年的探索，我们实现了两种不同模式的传统媒体的发展壮大，同时还结合新媒体的建设，搭建了微信、微博、政府门户网站的新闻板块等，为迎接媒体融合发展的新浪潮奠定了基础。

2018 年 8 月，贵州省委宣传部做出了在全省统一推进区县融媒体中心建设的重要部署。按照贵州省委宣传部和贵阳市委宣传部的要求，我们全力冲刺做好乌当区融媒体中心在机构、人员、场地、设备等方面的建设。2019 年 3 月底，乌当区融媒体中心正式挂牌成立。在建设过程中，乌当区融媒体中心的建设坚持从“相加”到“相融”，牢牢把握“融”这个关键点，让媒体的融合不是简单的堆砌式的“物理变化”，而是真正产生“你就是我、我就是你”的“化学变化”，让媒体融合产生“1＋1＞2”的效果。

一、思想融合，打好媒体融合建设的基础

媒体的融合发展，是巩固宣传思想文化阵地、壮大主流思想舆论的战略举措。要做好融媒体中心建设，首要的就是要做好新时代宣传思想的融合，关键在于学习。习近平总书记一再强调，必须坚持把学习作为全党一项十分重要的任务，读书是党对领导干部的要求，读书学习是领导干部胜任领导工作的必然要求。毫不避讳地说，乌当区融媒体中心的人员其实都是原乌当区新闻传媒中心的人员，是过去的区电视台、《新天通讯》等传统媒体领域中转接过来

的,在思维方式、认识水平上难免还停留在传统媒体的时代里,造成了对媒体融合的思想认识不高、不深、不全的困境。所以,在乌当区融媒体中心进行场地建设、设备采购、安装调试的同时,我们组织所有新闻中心的职工采取集中学习和主动自学的方式,开展"头脑风暴",深入学习习近平总书记关于宣传思想工作特别是关于媒体融合发展的重要论述,深刻领悟习近平总书记重要论述的核心要义、精神实质,切实提高政治站位,在深度把握宣传思想文化工作的本质、目的和意义上下苦功夫,从根本上深刻认识宣传思想文化工作"两个巩固"的必要性,强化对宣传思想文化工作的政治认知,提高从政治角度思考、认识媒体融合的能力和水平。深入学习全国、全省、全市宣传思想文化工作会议和宣传部长会议等宣传思想文化系统内重大会议精神,彻底领悟好宣传思想文化工作的重点、要点、难点,真正从思想上提高执行力。大力学习现代媒体融合的创新知识,毫无疑问,媒体融合是手段,用得好才是真本事。融媒体中心建设的核心问题是融媒体中心的内容生产,从某种角度上来说,内容生产的质量决定了县级融媒体中心的成败。做好县级融媒体中心的工作,有一点是很明确的,绝不能用老办法干新媒体,必须要适应现代分众化、可视化、互动性的要求,按照不同平台受众的接受方式进行同一内容的不同产出方式的生产,才能真正提高县级融媒体中心的传播力。

我们通过不断地学习和统一思想,实现了机构未融、思想先融的良好局面,给正式融合打下了坚实的思想基础,也为融媒体中心的工作指明了方向。

二、业务融合,强化融媒体建设的核心

县级融媒体中心建设,不仅是科学技术发展的必然要求,更是新时代新闻传播格局深刻变化的必然要求,同时,也是新闻传播规律的必然要求。习近平总书记在中央政治局第十二次集体学习时深刻指出,传统媒体和新兴媒体不是取代关系,而是迭代关系;不是谁主谁次,而是此长彼长;不是谁强谁弱,而是优势互补。因此,传统媒体阵地不能丢,新媒体领域的阵地必须强化,而且,毫不客气地说,传统媒体在某种层面上具有舆论压舱石的作用。内容成为县级融媒体中心制胜的关键,县级融媒体中心要在把握"党性"和"人民性"两个原则上下功夫,始终坚持政治标准,牢牢扛起"引导群众""教育群众"的使命担当。深度把握不同传播平台受众的阅读、观看特点,然后进行有针对性的同一内容的不同表达,才能最大限度地提高传播力、影响力,进而提高公信力。在传播平台众多的今天,我们要把握好每个传播平台的定位,发挥好县级媒体贴近群众的优势,将每个传播平台作用最大化。

区融媒体中心是业务机构。必须要做好新媒体和传统媒体的业务融合,才能让媒体融合功效产生1+1>2的效果。乌当区融媒体中心建设,从人才、信源、渠道、采编等多方面进行全面融合。一是人才整合。我们整合现有采编人员,打破报纸、电视、微信编辑记者队伍分工,按照采访、编辑和技术等不同工作职能分工。实现一套人马、多产品生成、多渠道分发的采编模式,培养并打造一支符合融媒体传播需求的人才队伍。二是信源融合。对各类信息源整合,实现信息来源多元化,包括中央、省、市涉区工作,区委中心工作,各乡镇、区直各部门工作阶段成果,以及编辑记者所策划、记者报送、大数据分析等信息来源,实现公共信息平台资源整合、信息互通。三是渠道融合。全力打造新型主流媒体,与中央、省、市媒体,各乡镇、区直各部门建立渠道,实现统一宣传内容在多渠道"同频共振"。同时,各媒体之间形成"记者一次采访、编辑多种生成、渠道多元传播"的新闻产品生成渠道。四是采编融合。把原有的报纸、电视、网站、微信等采集到的信息,都向一个编辑部供稿,把编辑部作为多媒介产品的统一输出口。由编辑部采编提供纸质文字、网络文字、图片、视频和其他多媒体产品,根据不同的媒体形态,制作相应的新闻产品,向各媒体终端供稿。

三、机制融合,为融媒体建设提供动力

融媒体建设没有模板可循,摆在融媒体面前的是一条还未开拓的新路。我们认识到要破除过去区电视台实际上属于纯粹的时政新闻传播平台的单一境地,要破除过去区电视台、《新天通讯》实际上很少有人看的尴尬境地,要破除过去区电视台只有单一传播平台的孤独境地,就必须按照县级融媒体中心建设的要求打破重组,包括在机构设置、人员调配上都要紧扣目标、任务,围绕目标、任务要政策、要人员、要资金,要树立矩阵意识,打造多矩阵传播格局。一是进行可持续的人力资源挖掘,充分释放人的聪明才智。当前的县级融媒体中心人员构成存在新老同志并存的格局,新老同志各有优势,我们从"全程媒体、全息媒体、全员媒体、全效媒体"的高度思考问题,进行人员组合,促使新老同志发挥应有作用,让所有人参与到新闻的采集、生产、传播中来,最大限度发挥人力资源的作用。二是深入开展媒体融合的内容生产实践,所谓的"互联网+新闻+政务+服务+电商"的要求,绝不是空话,而是实实在在的实践要求。我区是贵阳市的六个主城区之一,省市媒体直接覆盖了我区,能否做到内容生产覆盖全区的互联网用户,将用户吸引到我们的媒体上来,直接关系到区融媒体中心的影响力。县级融媒体中心生产的内容如果只是公务系统的人在

关注,那么这个县级融媒体中心未免太狭隘了,这也不符合当初建设的初衷。因此,县级融媒体中心要坚持内容为王的原则、秉持移动优先的战略、打造多形式的传播矩阵,坚持以人民为中心的发展思想,短期内我们推出多条爆款新闻,在"两会"报道等重大采访活动中不断尝试用新的传播方法进行创作,提高了关注度,进而提高了传播力、影响力和公信力。下一步还将探索"新闻+"运行模式,把区级融媒体中心打造成"新闻+政务""新闻+服务""新闻+文化""新闻+电商"的信息服务综合体,为群众提供多样化服务。三是开展媒体经营发展的实践。在过去的思维模式下,我们对做好媒体经营并不重视。当前,很多县级融媒体中心建设都提出了"事业单位性质、公司化管理"的要求,我们也在筹备成立公司,强化市场经营的能力,提高自我造血的功能。

总而言之,媒体融合是篇大文章,我们将持续深化对县级媒体融合发展的认知,努力推进县级媒体融合发展,真正把乌当区融媒体中心的功能作用最大化,让媒体融合发展成果更好地惠及群众,让融媒体中心真正成为党委政府和群众的桥梁纽带。

地市广播的互联连接、转向与融合

——基于丽水广播媒介融合实践的探析与思考

浙江传媒学院文创与管理学院　严晓蓉

在互联网的强大冲击下，媒介融合成为不可逆的趋势。其中，地方广播的转型现状，是考察地市媒介融合问题的重要横截面之一。丽水广电于2018年7月26日成立融媒体中心，也是浙江第一个尝试省市合作范式的融媒体中心，因而，探析融媒体中心在丽水媒介融合中所起的作用，及此范式下丽水广播媒介融合的现状如何，对于考察当下县市广播媒体的融合问题具有一定的参考意义。基于此，本文着重从丽水广播媒体融合实践的角度进行考察、梳理和分析，以期为进一步探讨地方广播媒体融合作抛砖引玉之用。

一、丽水广电媒介融合的困境

移动互联技术对媒介生态的改变主要表现在两个方面，即：传播的分众化以及内容需求的多元与差异化。媒介边界的打破，使得融合成为必然，对传统广播而言，除了需要改变“声音”产品的线性传播方式外，还需要调整内容结构，并建立更适应移动互联时代的平台和内容生成体系。

对丽水广播而言，当下亟须解决的困境如下。

（一）广播传统播出模式与融媒体泛传播的交叉流变

对地理位置相对偏远的丽水广播来说，单一“在地性”信息内容生产及线性传播模式，在相对闭合的传播环境里可以保有既定的本土受众。但移动互联时代受众选择与接收信息的平台、模式都发生了根本变化，广播传统的线性传播模式下，受众的持续性流失成为常态。

当下并不能完全否认现有地市广播播出体系存留的可能性。地域性信息是地市广播媒体的优势所在，传统媒体强大的采编能力，使得新媒体平台上的很多内容都是基于传统媒体内容的再传播。由此，广播传统播出模式既面临重大的生存困境，但也延伸出另一种转化与变革的可能性：广播传播模式的全媒体化。

(二) 理念的转向困境

媒介融合是地市广播媒体无法规避的必然趋势,但融合却并非只是技术的简单叠加,它更需要理念的深度认知与转向。在全媒体时代,广播内容已不再只是单一的"声音"信息,而是围绕用户中心包括更多内容元素、符合更多需求层次的产品。从信息传播到产品的理念转向,也直接涉及广播人才的理念转型,如广播的视频化、广播主持人多重身份的转变等。

因此,从信息传播到产品生产与运营的理念转向,是丽水广播作为地方广播媒体需直面的另一个重大困境。

二、丽水广电的媒介融合实践

传统广播模式和融媒范式续存与接转的过程,正如媒介学者麦夸尔认为的那样,"广播媒体的逻辑在被拉入数字网络范式的过程中依然存在并不断作出适应与调整"①。在丽水广播的媒体转向过程中,融媒体中心首先以"连接"为关键词主导媒介融合实践:在广播与互联网技术连接的基础上,实现广播交流与互联交流共性的连接,为进一步的转型及融合作准备。

(一)跨媒体平台建构与连接

考察当下的丽水广播平台分布,主要沿着"二微一端一网"的传统模式展开:微信公号与微博账号、移动客户端、丽水在线网站。四个平台细分情况如下。

其一,微信平台"丽水综合广播""动听丽水"公号的建立;微博平台上,以"丽水广播"为关键词搜索,与广播有关的账号共有 7 个,其中包括综合账号 1 个:"丽水在线";频率或栏目注册账号 3 个:丽水 FM94"百姓热线"、"丽水新农村广播"和"丽水新闻广播";主持人注册账号 3 个,分别是"胡杨丽水"、"交通广播天铭"及"DJ 贝小美"。

其二,移动端"无限丽水"APP 上加载广播板块,分别包括广播栏目与广播直播两大板块内容。

其三,丽水在线网站首页菜单上标列"广播节目"条目,下设三个频率:"新闻综合""交通音乐""新农村"的直播,可以拖动回听。

---

① 斯科特·麦夸尔. 地理媒介:网络化城市与公共空间的未来[M],潘霁,译. 上海:复旦大学出版社,2019:51.

考察四个平台的现有存续情况可以发现，丽水广播的移动客户端“无限丽水”APP相对较强。自2018年7月26日丽水广电融媒体中心成立以来，其产品框架主要以“无限丽水”APP为中心，打造广播全媒体平台。从“无限丽水”APP的功能设计来看，应用界面上的“栏目”与“直播”菜单非常清晰地列出了丽水三个主要广播频率的直播及回听，且信号清晰。由于丽水地理位置较偏远，其广播信号相对较弱，收听困难；相较于以往按频率收听的路径，“无限丽水”APP和“动听丽水”公号等移动端基于网络的非线性传播方式，显然大大拓宽了受众的接收可能性。

丽水广播以较常规的平台连接方式实现了广播与互联网用户的连接，并为进一步的融合做了平台上的准备。

(二)内容的新媒体连接

在内容构成上，传统广播以声音为载体的单一产品形式，其核心在于“听众”的信息诉求。而新媒体时代的核心思维，则要求以“用户”为中心建构内容体系，互动性、视频化、社交性成为新的消费表征。由此，丽水广播以“用户”中心建立的新媒体化内容连接，主要表现如下。

其一，利用移动端平台，实现广播内容的视频化、图文化，如“无限丽水”APP上加载的丽水综合广播的“百姓热线”栏目，就百姓关注的一系列问题对栏目内容进行视频直播，如6月13日“丽水经济技术开发区环境保护局副局长郑佳”直播间访谈直播(阅读量为2496人次)。如上的广播直播处理，做到音视频同步，直面受众，进一步延续并更直观地增强了广播的公信力；又如“一起朗读”栏目，“音频+图文”的模式，也建构起声音与图文往复的丰富层次，从而突破了广播节目声音介质的单一和内容的单向性。

其二，尝试完成广播与新媒体平台社交属性的链接。如“无限丽水”在广播直播界面增加了评论、点赞、分享功能，呈现了新媒体广播的社交属性。但是，平台虽然完成，但目前绝大多数节目评论区的互动数据为0。若从“互动”与“参与”两者的关系来看，“‘互动’指经设计实现的技术用于帮助用户进行有意义的选择或实现个体化体验(如在APP中)，‘参与’指的是人们能够进行集体的或个人的选择进而对共享经验产生影响的文化属性”[①]。从数据看，丽水广播对新媒体互动属性的考量和尝试虽然值得肯定，但从某种意义上来说，“互动”为0，也意味着“参与”的共享经验可能产生的影响极其有限，从而影响

① 亨利·詹金斯，等著.参与的胜利——网络时代的参与文化[M].高芳芳，译.杭州：浙江大学出版社，2017：12.

到“互动”的积极性。

其三,新媒体平台上服务模式的探索。丽水广播主要在“无限丽水”APP端加载了服务菜单,主要内容为热点推荐及生活服务两大板块,构成分别为:房产、瓯江旅游、法律查询、快递查询、火车票和丽水天气。这些服务项目的加载,是丽水广播与移动服务端口的连接实践,它尝试通过本土化服务以强化用户黏性,体现了丽水广播对互联时代“用户”概念的认知和实践探索。

综合而言,丽水广播的互联网连接与变革,发挥了传统电台直播基因,强化了广播交流性强的特点。在此基础上的新媒体转化与尝试,实现了广播内容呈现方式和生成方式的变革,使得传统广播与移动端的一体化交互成为可能。

三、基于媒介融合实践的问题及应对路径

丽水广播的媒介融合实践,尤其是融媒体中心成立后,以覆盖全媒体的内容生产为导向,跨越广播、电视、网络边界,实现融媒传播,大大拓宽了丽水广播的受众范围,凸现丽水广播媒体积极的转型和“融合意识”,并为未来更进一步的转型融合提供了新的动能。但若从深度融合的角度来考量,其存在的问题也非常明显,其应对路径如下。

(一)跨媒体平台的路径拓宽与效度提升

当下丽水广播现有的“两微一端”是常规的平台设置模式,从当下的运营情况来考量,其中“无限丽水”APP无论从内容、形式及效度上都更具融合表征,即以“用户”为中心,打造内容服务体系。而微信与微博平台则表现相对弱势,只具形式化的新媒体技术平台,而缺乏新媒体时代“融合”运营的内里。以丽水广播的微博平台相关账号为例,相关数据如表1所示。

由表1数据可见,相对影响力较大的“丽水在线”,涉及的广播内容并不太多。相对而言,粉丝量较大的丽水FM94和交通广播天铭,分别是栏目微博与主持人个人微博,粉丝量均未过万,相应的互动影响力也有限。而如丽水新闻广播、丽水新农村等账户,从建立开始就处于废弃状态,完全形成不了账号合力。

此外,除了“两微一端”外,在其他主要音频台还是相对难觅丽水广播的身影。以喜马拉雅为例,用“丽水广播”为关键词搜索,目前可见的只有“赤骥文化”账号下的一则“丽水广播新农村频道FM88.3:‘丽水徐家别院专访’”内容。而考察这个账号本身,与丽水广电并没有太大关联。

表 1　丽水广播的微博平台相关账号数据

微博账号名	微博总数	粉丝数	最新微博发布时间
丽水在线	6830	120000	2018.6.17
丽水 FM94 百姓热线	1742	4714	2015.3.18
丽水广播新农村	1	8	2012.11.13
丽水新闻广播	1	9	2010.11.19
胡杨丽水	671	4111	2018.6.12
交通广播天铭	2788	9312	2018.9.30
DJ 贝小美(交通广播)	596	506	2019.6.14

截至 2019/6/17 微博对应数据

因此,就广播的全媒体传播路径及其产生效度而言,作为地方广播若要形成更大的影响力,还应从宽度与效度上加强互联平台的集群化建设。

(二)立足本土:用户与产品理念的深度转接

立足本土是地方广播的生命线,地域化的本土信息是留存用户的根本,也是地方广播良性发展的关键。但若从媒介融合的角度考察,丽水广播当下的本土化服务主要集中在“无限丽水”APP 客户端。但两块服务内容无论在服务层次还是类型上都相对单薄,更多地呈现为信息提供,并不具备更强大的互动与参与可能性。况且,这两部分的服务设计与“无限丽水”APP 内容设置缺乏相应的关联性,从而不利于形成合围式、可持续的商业模式。

丽水广电融媒体的内容生产能力,尤其是在“产品”理念下的内容生产能力相应缺乏。这不仅表现在以“无限丽水”APP 为中心的平台内容生产能力薄弱,还表现在广播主持人的自媒体运营及品牌构建的缺失上。广播的直播属性,决定了广播主持人对本土受众相对强大的交流与引导能力。基于丽水广播各平台的账号运营现状可知,仍以微博为例,广播主持人的个体账号粉丝运营要好于栏目或频率的运营情况。但无论是微博还是微信,丽水广播的跨媒体账号基本处于缺乏整体管理的无序状态。由此,基于地方电台主持人专业领域标签化的基础流量,整合优势资源,并以此建构社群式的广播互动平台,是提升互联网时代广播本土服务能力,且扩大广播媒体影响力的重要路径。

综上,融媒体在丽水广电融媒转型的过程中,以移动端产品开发为中心,促进和推动丽水广播建构起融合转向的基本框架,为形成更具全媒时代特性的广播媒体做了技术与平台的准备。但从丽水广播当下的运营现状来看,更深层的融合,还需进一步打通信息、平台终端、人才的共融通,实现真正的互联转型。

重构与转型:县级融媒体中心的使命与担当

浙江长兴传媒集团总编辑　王晓伟

媒体融合发展是一篇大文章。“融合发展关键在融为一体、合而为一。”党的十八大以来,以习近平同志为核心的党中央高度重视传统媒体和新兴媒体的融合发展。习近平总书记从提出“推动媒体融合发展的重大任务”到“推动媒体融合向纵深发展”,从加强顶层设计到提出采、编、发流程再造,从提出加强县级融媒体中心建设到推动媒体融合发展、建设全媒体成为我们面临的一项紧迫课题。习近平总书记的系列重要论述已经为媒体融合发展提供了强大的理论指导和思想武器。尤其是习近平总书记明确提出“要扎实抓好县级融媒体中心建设,更好引导群众、服务群众”。县级融媒体中心建设已经上升为治国安邦的国家战略,开启了我国基层媒体大改革大发展的新时代。

一、九年融合,创新驱动

2011 年 4 月 15 日,长兴传媒集团由长兴广播电视台、长兴宣传信息中心、县委报道组、“中国长兴”政府门户网站(新闻板块)跨媒体整合而成,是全国第一家整合广电和报业资源的县域全媒体传媒集团。目前,集团旗下有电视、广播、报纸、杂志、网站、两微一端等全媒体平台,其中两微一端用户超过 65 万,另拥有有线电视用户 18 万户。集团总资产 9 亿多元。2018 年总收入 2.32 亿元,较 2017 年增长了 10.5%。2019 年全年度目标任务 2.5 亿元,上半年收入 1.1064 亿元,同比 2018 年增幅 4.49%。

集团在党委会领导下,设管委会、编委会、经委会,实行绩效管理,构建形成责权利清晰的领导体系。基本思路是不断完善党委会领导下的事业法人治理结构,按照采编、经营两分离原则,充分发挥媒体的宣传功能和社会功能。多次调整内部架构、优化采编流程,2011 年设立全媒体采访部,2013 年组建全媒体新闻中心,2014 年组建全媒体新闻集成平台,2016 年组建融媒体平台,2017 年打通各媒体平台,成立融媒体中心,建设“融媒眼”智慧指挥平台,强化“一次采集、多种产品生成、全媒体传播、全领域评估”的传播模式,促进融合发展的管理扁平化、功能集成化、产品全媒化。

2017 年，被浙江省委宣传部和浙江省新闻出版广电局列为媒体融合“长兴模式”，在省内推广。

2018 年 9 月 20 日至 21 日，中共中央宣传部主办的县级融媒体中心现场推进会在长兴县召开，将长兴的融媒体中心模式作为示范样板在全国推广。

二、破壁机制，深度融合

（一）激活体制机制，破壁融合发展

长兴传媒集团在成立之初就坚持深化改革，推动形成一体化发展的体制机制，有效激发全员创新创业活力。

集团是县政府直属公益二类事业单位，实行事业单位企业化运作，这在深化文化体制改革、推动地方新闻事业发展方面，做出了积极有益的探索。县委、县政府在将传媒集团纳入全县党群考评组序列进行统一考核的同时，另由县委宣传部、县政府办、县国资委、县政府办四家单位联合出台针对传媒集团领导层年度目标责任制绩效考核办法，既考核集团作为党和政府喉舌的主题宣传、对外宣传等方面内容，也按照企业化运作的思路，考核广告营收、产业拓展、国有资产保值增值等情况。2011—2018 年，集团 7 次获得县级机关部门综合考评一等奖。

（二）推行人才强企，绩效激发活力

打破编制内外人员身份，实施以双聘机制为基础的五档薪酬体系，实现按岗定薪、同岗同酬、量化考核、多劳多得、优劳优得的分配模式。2017 年，出台“积分制考核办法”，进一步细化完善五级薪酬体系，逐步建立注重能力、注重实绩、坚持标准、保证质量、科学量化、全面考核、择优晋升的分配激励机制。连续多年开展“万物生长”融媒人才养成计划，每年投入资金超 100 万元，还被评为浙江省 2016—2017 年度媒体融合创新案例二等奖。成长轨迹双管齐下，双轨制用好人管好钱。实行管理和业务提升双轨制。在人才选拔提升方面，建立起中层管理人员和业务骨干人员双轨提升机制。对于具备一定管理协调能力的人员，结合双聘机制、中层选拔机制，进行严格筛选，纳入到中层岗位，并实施中层年薪制。对于业务能力较强的人员，往业务骨干的方向去培养，并出台配套的特殊人才年金制和首席人员首席待遇制度，使员工获得最大化的提升空间，有效稳定了人才队伍。

(三)实施管理提质,推行降本增效

2019 年 5 月,集团发起了以“降本增效,我是当家人”为主题的意见建议征求活动,发动全体员工以主人翁的姿态积极建言献策,全面梳理内容生产、产业运营、业务拓展和后勤保障等方方面面,集聚智慧、聚沙成塔,收集了开源、节流两大类的“金点子”共计 85 件,经评审后,共有 14 件作品入围,并将继续推进下一步落实。面对媒体生存的严峻形势,以及媒体转型的投入需求,从强化管理、开源节流做起,以务实的精神脚踏实地,不断做优做实产业,继续保持全年营收逆势增长。

三、移动优先,提升四力

(一)深耕本土,以优质产品抢夺舆论话语权

在推进融媒建设过程上,集团转变理念,将融媒体中心建设成为优质内容的生产车间,不断创新内容生产,并实施移动优先战略,策划生产优质融媒体产品。

作为新闻媒体,内容永远是根本,是“硬通货”,是核心竞争力。传媒集团始终坚守“内容为王”“形式是王后”的理念,以内容优势赢得发展优势。

同时,加快移动端布局,各类资源向移动端倾斜,如人员上,组建“移动事业部”打造尖兵连,实施“万有引力”融媒产品生产行动;技术上,通过招引和柔性挂靠吸引技术人才,增强移动智力端技术力量储备,强化新兴技术应用和研发;流程上,颠覆传统思维,以移动端为主,全新设计整个生产流程,大幅提升移动端的“应变”能力和内容的“吞吐”能力,等等。2019 年,集团还成功获得了全国县级融媒体中心首张互联网新闻信息服务许可证。

1. 主题主线出新出彩

每年推出切合县委县政府中心工作的重大主题报道近 40 个,小型报道栏目 60 多个。从形式上,把生硬的主题报道进行“模块化”的设置,增强可看性;把日常报道按照时间节点集中采访、精心采制、全媒体密集推送,增强影响力。

2. 充分发挥市民作用,栏目民生化

开设民生栏目《小彤热线》,发挥“市民拍客团”“市民爆料团”“市民督导团”“市民考察团”“市民问政团”“市民网格团”六大载体的作用,《小彤热线》栏目获评浙江省新闻名牌专栏。

3. 公益宣传,充满正能量

整合电视《温暖》栏目、报刊《星星公益》、广播《和美之声》、新媒体《为爱发声》四大公益品牌,筹集 200 多万元爱心款,成立“温暖公益基金”,常年组织开展或报道各种公益宣传。

4. 做好舆论监督,用舆论监督的力量推动社会进步

自 2017 年以来,每个季度推出大型融媒体舆论监督节目《直击问政》,直面社会热点问题,节目收视率屡创新高,推动解决了大量社会问题。

5. 强化活动兴媒,活动品牌化

每年举办各类活动 300 多场,同新华社、《人民日报》、新浪、腾讯等新媒体平台的合作逐步深化,活动紧紧围绕县委县政府中心工作和本地民生,以“用户思维”指导并开展各项活动,传媒大型活动在本土已获得品牌口碑。我们在每年初就主动策划对接,对全年活动进行梳理和论证。围绕用户最新需求,活动也逐渐向定制化、全网化、高端化、系列化发展。

6. 提升专题制作业务,讲好长兴故事

每年完成 100 部各类专题片或纪录片,如《老兵无悔》《我们的村干部》《了不起的企业家》《摆脱贫困》《你的样子》《一弯清水向太湖》《时代的答卷》等有影响力的电视专题片。

7. 直播融媒化,扩大影响力

自 2014 年开始探索,以重大活动、重要事件或突发事件以及特定时间节点等为主题,利用融媒直播技术,在多个平台进行呈现,既有传统的电视荧屏,又有互联网 PC 端、移动手机端,以及广播频率等,对重大新闻事件进行融合式多平台直播。这类直播要求多部门迅速联动、协同作战,多平台形成传播合力。近年来累计开展 40 多场。通过结合本地特色的直播,每场收视率均出现了大幅度上涨,最高超出 300%。如,连续多年推出《高考揭榜夜》融合式直播报道。2019 年 6 月 22 日,高考成绩查询当晚,推出《高考揭榜夜》第四季,融媒体中心多部室联动,通过电视直播+客户端直播相结合的方式,双演播室,双直播窗口,各自单独直播,又相互引流,实现人员融合、内容融合、直播平台交叉引流。在文明创建、抗击暴风雪、台风“山竹”来袭、直击执法现场等各类主题直播时,打破传统的传播方式,使各项中心工作能够以更加平民化、网络化的形式,被广大市民接受,获得支持与喜爱,为党和政府工作的开展提供了支持与保障。《河长带你去治水》总观看人数超过 11 万,《高考揭榜夜》观看人

数突破 30 万。

2019 年 6 月 25 日,《三服务市民热线》采用广播直播、新媒体视频直播同步进行。嘉宾进入直播间,通过电话连线、微信、新媒体互动,现场感、互动性、交流性极强。

目前融合的直播形态已经形成一套相对成熟的运行机制,成为收视增长的最大利器,《创二代重走长征路》《铁军红流》《温暖回家路》《春华秋实》《红旗美如画》等主题报道连续多年开展直播,已形成品牌。

8. 移动产品多样化,赢得市场青睐

强化短视(音)频生产,2012 年就开始试水短音频和短视频。2018 年推出掌心视频、掌心音频栏目,每月短视频生产量突破 100 条,最高阅读量突破近 9 万。主打移动直播,主打各类突发、服务、新闻、创意类直播,尤其是融媒体为应急直播增添了无穷魅力。在 2018 年的台风"山竹"影响长兴时,采用融媒体全方位呈现灾情,多方借力推进融媒体传播,第一时间报道应急抢险工作。拓展了 H5、小游戏、小程序等新兴业务。

2015 年,《浙江知性女县长隔空喊话河南任性女教师》,结合网络热点宣传推介长兴,3 天内阅读量突破 300 万,最后传播量破千万。2016 年制作 H5 作品《寻水的鱼》,以互动形式推广治水理念,访问量达 50 万。2017 年制作的 H5 作品《秸秆漫游记》荣获浙江省重大主题报道新媒体作品奖和省广电新媒体奖项二等奖。2018 年策划制作的《紫笋茶的前世今生》,大大推广了中国茶文化在国际上的影响力。2019 年,《专访县长石一婷》浏览量接近 10 万。

H5 产品层出不穷,精彩纷呈。

VR 产品不断上线,传播广泛。

微电影源源不断,赢得用户青睐。

短音频拓展音频领域,抢占耳朵经济。长兴广播电台多年来一直在开拓短音频。从 2010 年 12 月 28 日开始,《生活在路上》的 3 分钟采访短片,主持人边走边想,挖掘身边的故事,让平凡"创造"精彩,吸引了听众的喜爱。

9. 大力拓展对外传播,努力讲好长兴故事

整合采编队伍,实施内外宣联动机制。近年来,广播、电视外宣排名年年位列全省县级台前茅,在央视新闻联播播出的条数连续 7 年排在全省县台第一,长兴传媒集团连续 7 年被浙江广电集团评为新闻协作优秀单位。

10. 节目季播化

打造季播概念,阶段性地策划生产某个亲民主题的系列视音频内容,通过

全媒体传播进行刊播。原创的纪录纪实短视频开始频频发力。《早餐长兴》系列短片于2019年7月初推出第一季。该系列从设计就是奔着新媒体端传播去的。包括拍摄的手法、切入的点、行文的逻辑、采访的方式、后期包装的花字等等,全部符合新媒体手机端受众的习惯,第一季共9集播出后,引起全城热议。微信阅读量最高的如《煤山馄饨》《师兄面馆》,每篇平均阅读量有25000+。视频播放次数最高的是《水糕饼》,有5171次,其次是《师兄面馆》,有4953次,《早餐长兴》的完播率远远高于其他短视频。此外,直播关注度都在5000以上。

《深夜食堂》系列短片于2017年7月15日推出,"美妙的食物温暖了肠胃,美丽的故事温暖了人心",该系列的设计是以美食和故事相结合,通过璀璨的霓虹灯,还有嘈杂的小吃摊,以老板和食客们的故事作为短片的主线,加上美食这条支线的辅助,从拍摄的镜头手法以及记者的参与,再到最后的剪辑,为观众呈现了色、香、味、情俱全的系列短片,一经在电视、报纸、微信推出,便引发了强烈的反响。台苑新村王小伟油炸串串微信阅读量10000+,微信下互动留言也非常热烈。

2019年3月8日,《世相》推出第一个人物纪实短视频——《跑腿小妹》,集团自有链接播放量达到7310次,此外,还在"学习强国"APP等其他平台播放。后续,我们相继推出星星的孩子的母亲、"摆渡"夫妻、塔吊女司机、篮球教练、陪读妈妈、男护士等人物,全部都是按照特定时间、节日、节点进行推送,目前点击量最高的是男护士,达到9054次,所有人物短片总点击量为45163次。

《古墓笔记》系列短片,在一个月的拍摄周期内,选取了五处长兴范围内最具有代表性的古代墓葬进行拍摄。为强调移动端传播效果,拍摄制作手法迥异于电视纪录片,通过散文式的解说词、最真实的主视角古墓实景,在历史的厚重感与观众的兴趣点间找到平衡。系列短片推出后,不仅得到群众的广泛关注、转发(阅读量破万),还掀起了一波席卷全城的文博热,长兴博物馆的参观人数也出现明显增长。

接下来正在策划制作《宵夜长兴》《长兴秘境》《夜长兴》《小别离》等多个季播内容,使优质内容形成一波未平、一波又起的传播态势,不断提升传播影响力。

(二)坚持原创,有意义和有意思双管齐下

在原创节目创制上,目前有新闻类、生活服务类、娱乐类、音乐类等节目。

新闻栏目:《长视新闻》,时长30分钟,自2010年起周一至周六为直播,周日录播,自2018年改为男女双播。《小彤热线》,本地民生栏目,是浙江省新闻名专栏。此外还有《走乡村》《新闻早班车》《天天八点档》等。

少儿栏目:《解秘吧真相》。该栏目是我们的自创栏目,以情景剧、新闻事件、海采、实验操作、专家论证、强后期制作等方式,全程让小朋友参与科学实验去证明观点,解密青少年在学习生活中遇到的各种误区和不良习惯带来的危害,用生动的实验讲道理、解现象、做科普,内容涉及国民政策、食品安全、健康养生以及民生服务等诸多领域,连续多年获评浙江省少儿参评二等奖;并成为2016年度、2018年度获得国家新闻出版广电总局少儿扶持资金唯一的县级台栏目。此外,还有广播的《在路上》栏目,为晚高峰期间的重点直播栏目。

娱乐栏目:广播早间脱口秀节目《东成西就》以娱乐脱口秀的方式吸引早间有车族,互动是一大特色。《爱旅行》自2015年启动以来,已经延续5年,目前已成为长兴传媒集团的品牌,栏目结合线上线下,进行保底加分成模式运营,带动了当地的旅游市场,成功塑造了品牌的公信力和影响力。

(三)围绕中心服务大局,注重内容差异化发展

1. 在民生服务上,将社区服务业务引入"掌心长兴"APP。通过开发用户反馈、发起话题等社交互动板块,吸引本地用户进行深度网上互动,着力打造"未来社区数字服务"平台建设,建设包含居民诚信指数评价、"掌心生鲜"、健康医疗、幼儿教育等九大应用场景的60多项服务,实现城市社区服务全覆盖,让群众足不出户解除生活困扰。同时,还可以借助线上线下"爆料+曝光"的互动模式,为本地城市管理、志愿服务、乡村振兴等工作凝聚社会力量,逐步实现从渠道型媒体向平台型媒体转变。

2. 在政务服务上,自2017年9月起,策划推出季播节目——大型融媒体舆论监督节目《直击问政》,持续开展舆论监督,直面社会热点问题,以县委县政府中心工作为主题,开展直播问政,突出"百姓参与、百姓评说、百姓监督"的精神,推动解决了大量社会热点问题。每期栏目都吸引了市民广泛关注,影响广泛,意义深远。

3. 在娱乐服务上,长兴传媒集团始终倡导活动兴台。融媒体中心全年举办300多场大型活动。在融媒体时代,在开展娱乐生活类节目或活动时一切以移动优先。节目与新媒体结合,《走乡村》节目推出"小货郎",以诙谐幽默的轻松方式售卖农产品。活动贴近大众,策划雉城街道纳凉节、吕山音乐啤酒节、虹星桥水果采摘节,把移动端的互动游戏结合进去,打造全民可以参与的娱乐生活新体验。

四、技术引领,保障升级

媒体要融合,技术是支撑。组建融媒体中心时,将原本脱离于采编一线的技术部纳入中心,紧密联结技术力量,强化新兴技术在媒体融合多个层面的应用。

(一)紧盯前沿技术,创新内容呈现形式

充分运用4G传输、流媒体传输、移动直播、无人机采集、全景拍摄等技术,实现内容从可读到可视、从静态到动态、从一维到多维的多媒体化展示形式,积极探索新技术新媒体下的传播新形态,如全媒体融合式直播等,不断丰富新媒体传播样态。

(二)自主研发融媒体智慧系统,极大地提高生产效率

强化传统技术和新媒体技术力量,联合组建软件研发团队,搭建融媒体中心运行中枢神经——“融媒眼”智慧系统,实现集中指挥、采编调度、信息沟通、稿库资源共享、热点搜集、传播效果反馈等功能。

建立信息系统网络安全机制,通过了总局信息安全测评中心的信息安全等级保护第三级的测评。定制开发了融媒体移动子模块,编辑人员可以获取和使用融媒体平台庞大的视频与稿件资源,也能完成选题审核和选题指派业务。打通直播通道。流媒体直播系统将制作后的直播信号分成三路:一路送集团总控系统,通过矩阵调度到集团各演播室,实现演播室与新媒体直播的实时互动;一路送分布式指挥调度中心,经IP矩阵调度至大屏及任何地点的可视终端上进行展示;一路送云直播服务器实现网络分发。根据新闻内容发布和审核管理的要求,建立了严格的编辑、责编和编审三级审稿流程。定制公有云大数据舆情监测系统。针对全国、长兴县以及辖内各区,我们建立了每一时刻的热点、主题词和事件分析的数据模型,为融媒体业务提供了各类数据支撑,等等。

(三)技改投入,不遗余力

加大投入,硬件更新,着力补上技术支撑短板,投入近7000万元,全面完成集团高清化改造,完成中央广播电视节目无线数字化覆盖工程——调频频段数字音频广播等项目建设。目前正在对融媒化广播进行全新改造,融媒时代的广播不再局限于传统的收听方式,通过图文、视频、互动等多种表现形态,可以充分满足用户的感官体验。可实现便捷的场内、场外多场景切换,同时可实现多源采集和多终端发布。

(四)移动端研发,走在前列

积极开发新的传播平台和移动终端,重点打造的“掌心长兴”APP已演进到3.0版本。在APP的升级换代中,全新定位,搭建起长兴本地最优质的“新闻+政务+服务”平台。

加大新媒体软件开发技术投入,形成固定可复制的技术输出模式,为集团增加新的营收途径。2019年以来,技术模式输出更加频繁,目前掌心生鲜、幸福家园卡、文明诚信、文化礼堂、掌上议事厅功能等模块均已上线运行,接下来将会进一步加强应用开发以及应用商业化。

五、参与社会治理,打造综合服务主平台

长兴传媒集团积极配合县委县政府,强化本地综合类政务新媒体建设,加大移动传播渠道和传播平台建设,最新研发的“掌心长兴”客户端已于4月8日正式上线,目前已完成安装量近15万。“掌心长兴”客户端以“新闻+政务+服务”为主要定位,重点搭建长兴本地最优质的“政务+”民生服务平台。

(一)巩固主流舆论阵地,做正能量的传播器

坚持丰富多元的传播形态,不断扩大融媒体影响版图,目前“掌心长兴”APP有新闻、活动、直播等多个内容板块,有效提升了本地新闻的即时性、可看性。同时,借力权威媒体资源优势,顺利完成“掌心长兴”APP与《人民日报》党媒平台的对接,在“上接天线”多层次传播正能量、弘扬主旋律的同时,有效拓宽了本地优质新闻被党媒及时抓取的渠道。

(二)打造综合服务平台,做联通政府的连接器

聚焦群众关注的重点领域和热点事项,借力技术杠杆打破信息隔离墙,通过一站导引、一网通办和一端服务,推动“最多跑一次”为“一次都不用跑”。目前,“掌心长兴”客户端上所有的政务服务办事项目都是整合自长兴政务通。长兴政务通是长兴梳理本地政务办事事项后开发的网上办事平台,并且在浙江省“一网通办”要求下已经整合到浙江省政务服务网内。“掌心长兴”APP目前已经接入20余个部门共计250余项本地自建事项,目前,多项服务日均使用量都在1万以上。同时,致力打通乡镇(街道、园区)、机关各部门乃至村社一级的服务连接。

(三)布局智慧产业,扩大数据运营

集团坚定不移推动智慧产业布局,建设运维云数据中心构建“智慧枢纽”,

如集团慧源公司、科技公司,通过各种新兴技术,如提供技术和平台支撑,搭建云数据中心与CIG平台,云数据中心为部门提供弹性可伸缩的基础云服务。为长兴政务和民生提供基础数据服务,并直接参与到县政务服务建设中。通过传媒提供的上云技术支持,部门可以快速将自己的IT业务、平台或者APP运营迁移到云端。CIG数据交换平台可对跨部门、跨层级的海量数据进行交换、清洗、转化和标准化处理后提供泛在服务。

云数据中心与CIG平台整合在一起,可以初步形成智慧长兴的政务大数据,可以为各类政务、民生应用提供基础数据支撑。

六、构建社区信息主枢纽,做社群民意的收集器

在加强专业内容生产的同时,"掌心长兴"APP通过开发用户反馈、发起话题等社交互动板块,吸引本地用户进行深度网上互动,不断增强用户的活跃度,并采用线上线下"爆料+曝光"的互动模式,为本地城市管理、志愿服务、乡村振兴等工作凝聚社会力量,逐步实现从渠道型媒体向平台型媒体转变。

七、拓展产业发展,为集团发展提供强有力的经济保障

目前,集团营收由五个部分组成:网络公司、科技公司、慧源公司和品牌营销中心、产业发展中心,主要经营业务为有线电视业务、智慧数据类项目、媒体广告业务及媒体服务项目等。整体营收每年呈现8%以上的增长。

(一)传统产业做稳

近年来,传统媒体广告收入每况愈下,特别是四级办台的末梢——县级广播电视台广告经营创收普遍处于"断崖式"下滑的状态;有线电视同样受到移动、电信的新业务冲击,基础用户流失严重。2011年组建集团后,我们树立起"以用户为中心"的服务理念,充分发挥策划创意理念领先、媒体外联资源丰富、项目落地执行力强等优势,定制服务了一批政府项目和商家企业。每年举办各类活动300多场,创收1300万元以上;先后尝试推出"媒体+会展""媒体+教育""媒体+车险""媒体+旅游"等项目,并深度介入汽车、家装、房地产等行业,通过跨界合作的形式实现创收。网络公司则打响用户保卫战,同时主动出击拓展新业务,最大限度地保住了传统产业收入。

(二)信息产业做大

自2015年起,集团开始布局大数据产业,介入县域数据服务配套项目筹建县级云数据中心,支撑智慧城市建设,着手布局未来智慧城市项目。2017

年成立了从事智慧产业开发建设的长兴慧源有限公司,2018 年又成立科技公司,两公司通力合作,承接政府社会投资类信息化项目,投身于智慧城市建设,并逐步参与到社会化商业类信息项目建设中。2019 年,成立浙江智长城大数据有限公司,通过应用容器云、网格计算、数据挖掘等技术,力争将长兴打造成区域块数据融合与应用、大数据产业繁荣发展的样板,并实现 CIG 社会综合治理系统的对外输出。目前,集团正在规划布局 5G 基础设备建设,努力开拓引领智慧化、信息化、融合化发展的新业务。

(三)融媒产业做强

不断开发培育融媒产业,形成新的创收增长点。如于 2019 年 3 月成立融媒学院,通过定制培训方式输出媒体融合经验,截至 7 月底,共计开办 16 场次的培训班,学员达 1000 人次以上。同时以融媒学院为载体,拓展对外模式输出,包括体制机制柔性输出、团队现场驻点指导,以及到集团实践跟学等多种形式,已经与全国各地的 50 多家媒体达成合作,实现服务创收。此外,持续培育从传媒好项目大赛中脱颖而出的潜力项目,目前已立项培育的少儿产业、传媒艺考等稳定发展,成效显著。

八、未来可期,前景广阔

当前,集团坚定“打造全国一流现代智慧型区域融媒体集团”这个目标,全力向移动互联网信息服务供应商领域深度转型,突出“新闻宣传”和“经营创收”两大主业,实施“深度融合、移动优先、人才强企、创新驱动”四大战略;开展“精品力作、‘掌心’推广、用户拓展、模式输出、管理提质”五大攻坚;筑牢“政治立场、安全刊播、债务防控、廉洁自律、道德舆论、安全生产”六大底线。

5G 时代已经到来,新的商机正在召唤。

当下县级融媒体中心肩负着打造主流舆论主阵地、综合服务主平台、社区信息主枢纽三大职责,肩负着推进国家治理体系现代化建设的历史使命,面对这一重大历史机遇,当下,长兴传媒集团正在奋力把移动互联网这个最大变量转化成为事业发展的最大增量,开创新局面,创造新辉煌。

凡音说融媒

一、外出学习的价值不是复制，而是激活

目前，我国的县级媒体都在加快媒体融合进程。在这个过程当中，你会发现，很多台其实对于融媒体中心建设并没有清醒的认识，对这道“菜”并不知道怎么“下筷子”，在和很多县级台同行进行探讨时，我发现，每个地方都有自己的建设模式和成绩，但也有困惑，还有一些共性问题。

譬如县级融媒体中心是建成一个新闻宣传的集成平台，还是建成一个综合智慧的治理平台？如何协调社会效益和经济效益？等等，以后我们会一一探讨。作为凡音说融媒的第一期内容，我们这期聊的是最具共性的话题，也是大家在融媒体中心建设中首先会遇到的问题——外出学习。

我们广电系统一直有着优良的传统，那就是向优秀的台借鉴取经。不管是经营还是节目制作，只要是优秀的，我们就会去学习借鉴。虽然外出学习的侧重各有不同，但传统的外出学习总结起来流程大概如下。

首先从业内得到一个消息，比方说某某地方的融媒体中心建设不错，那么有了外出学习对象，就跟对方联系约定参观时间，之后单位组织人员赶往目的地。到了之后，由“东道主”带领走一个类似景区参观的流程，也会有类似解说词的流程介绍，之后双方进行交流座谈，然后拍照留念。

这种传统的外出学习方式的结果是，往往热热闹闹地学习一场，看的时候热血沸腾、感慨良多，回去之后仍不知从哪里下手。举个例子，河南某融媒体中心一年接待来学习的台将近300家，可是这些台回去之后，几乎没有一家可以真真切切地干起来。对于县级台而言，外出学习的成本是很高的，如果仅仅流于形式没有落地，真的是在浪费自身资源。

当下，融媒体中心建设，我们的行为习惯是建立在互联网思维上，这意味着传统的广电外出学习方式也需要迭代和升级，为了更行之有效地外出学习，我认为，应该做好以下几点：

出发前做好准备工作，首先要对外出学习对象有着充分的了解；其次是带

什么人外出学习,一般建议带中层管理人员,同时也要注意跟外出学习内容的匹配;然后准备一些问题,比如到了之后看什么?听什么?问什么?出发前要规划好这些问题。

到了之后,如果还是按照之前的外出学习方式,按照景区流程走一遍的话,基本上只能看到“装修”,是看不到内核的。所以看什么很重要,要看的是细节。举个例子,有些有想法的外出学习者,除了跟对方高层领导交流外,还会去接触学习单位的中层和一线员工。同时他们也不会放过任何细节,比如可以跟门卫、保安交流,得知员工的上下班时间,侧面了解该单位的管理机制。因为现在融媒体中心的要求,不是朝九晚五的工作节奏,而是由内容和用户需求决定工作时间,从这个小细节,就足以了解对方的考核机制。

除了看,听什么也很重要。如果只是去听对方领导的“先进事迹报告”,那带回去的恐怕只有激情。除了听领导介绍,更要和一线员工交流,从一线员工身上可以了解学习对象的制度和生产要求,这些是简单的参观学不到的。

除了看什么、听什么,问什么也至关重要。带着问题去看去听,把整个流程中会出现的问题,以问题清单的形式准备好。

参观学习之后,回去如何做才是重中之重。不要感叹自愧不如,或者直接归因,说自身体制机制不灵活等,而是要想办法,思考如何因地制宜,让学到的东西在自身的温度和湿度下存活下去。

所以科学的外出学习分为四个阶段:观察、思考、行动、总结。根据这四个环节,外出学习才可以学习到核心的东西。

除此之外,外出学习对象的选择也非常重要。我认为,选择同级别或者情况类似的学习对象价值更高。比如沿海发达地区到内陆地区学习,由于各方面存在着巨大差异,收获不会太大。

但是,这并不意味着我们要囿于自己的“一亩三分地”,思维局限在广电只能向广电学习,其实现在很多地方上的自媒体也值得我们学习,他们在图文、视频、直播、音频的处理方面都有特长,这种突破广电系统的“走动”学习会让我们收获更大。

现在,在融媒体中心建设的过程中,需要知识和信息的快速补充,这就要求我们转换思维,实现学习的常态化和制度化。对县级媒体而言,之前,外出学习的机会像“过节”一样,一年没几次。现在不同,学习渠道非常多。

举个例子,打开抖音就可以学习到从视频创意、视频生产到后期剪辑的课程,非常全面,而且好多都是免费的。所以应该建立科学合理的学习制度来实现监督,比如成立学习小组或者三五成群的小圈子,让学习成为一种习惯。

最后,我要着重提出一点,我们外出学习并不是为了简单复制,而是为了激活。我们应该清楚,由于存在着个体的差异,简单复制其实是非常难的。像海底捞,它所有的菜品、服务都在你的眼前,并且他们还出了书,叫做《海底捞,你学不会》,把所有的经验、流程、环节全部呈现在我们眼前,可是,实际情况是,大家真的"学不会"。

所以说,我们外出学习并不是为了简单复制,而是用听到的、学到的创意来激活团队,根据自身情况来开展我们的工作,这才是外出学习的最大价值所在。

二、你们到底需要怎样的复合型人力

在融媒体中心建设过程中,对复合型人力需求的呼声越来越高。复合型人力到底是怎样的人力,这取决于用人单位。

用人单位不同,对复合型人力的需求也就迥异。

比如,央视需要的复合型人力就与卫视、城市台、县级台等都不同,他们之间有一些明显的差别。

对于县级融媒体中心而言,如果要求既能妙笔生花,又能拍出纪录片品质的片子,又要像央视主播一样能够思维敏捷地清晰表达,又可以做非常出色的后期,这样的复合型人力是靠缘分的。

即便有,县级台的机制体制与硬实力也很难留住这样优秀的人才,当今媒体圈的人力流动性还是非常大的。

那么如何解决县级融媒体中心复合型人力的问题呢?

这里就是我一直思考的"四能人力"的概念,即能写、能说、能拍、能剪。

当然"能"和"精"是两个概念,在县级融媒体中心建设初期,为了解决人力的紧迫性问题,就要先从"能"入手,再往"精"上发展。

同时,在融媒体中心建设初期,传统广电迭代升级进入融媒体时代,体制机制的问题以及薪资待遇的问题都没有彻底理顺。这就导致融媒体中心没有足够的能力一口气吸引大量的人才入驻。

在这种情况下,我认为最好的方法是"培养大于招聘",对现有的人力进行培养"改造",为融媒体中心目前的生产需求所用,这是解决初期人力困境的最行之有效的办法。

对于人力"改造"的问题,我们借助多年广播模式复制所积累的经验研究出了一套适合"四能人力"培养的模板。

模板复制的方式能最大程度上节约培养人力的时间,同时又可以实现零基础操作,就像我们小时候学毛笔字,先练习描红。

比如拍摄,可以把一个短视频分解成多少个全景、中景和特写,去掉推拉摇移,按照这个模板学习就可以进行短视频拍摄和制作了。

同时,在实践中我发现,“四能人力”的模板化培养,对于县级广电有着更深远的意义,它可以突破现有人员对新事物的排斥心理。

因为在融媒体中心建设迭代升级的过程中,很多广电传统的工作人员内心是非常恐慌的,之前广电精细的分工,让他们在全能人力的需求面前显得“偏科”。

当然也有一个好的现象,就是传统广电中的采编播控合一的广播人力,在融媒人力的转型迭代中特别适应。

所以,才有了像白岩松、崔永元、柴静等一批优秀的从广播出发的复合型人才。

模板化的培训会消除大家对新知识的恐惧。我曾经在河南项城融媒体中心的人力培养中,使用“四能人力”模板对中心的人力进行“改造”,当时也是剑走偏锋,我选择了台里的一个司机刘子凡,对他进行“四能人力”培训。

不会写稿子填空题总会做吧,不会做片子给你个模板依样画葫芦总可以吧。一个月不到的时间,神奇的结果在他身上发生了:从零基础做到独立出镜、采写、拍摄、剪辑,这个变化很好地鼓舞了全中心的士气,快速地推进了人力的升级迭代。

除了“四能人才”模板化培养,互联网上音视频及图文处理的工具也在快速地发展,这也让县级融媒体中心的人力培养变得简单起来。

现在手机已经完全具备摄像摄影功能,也就代表着我们之前认为的广电生产技术和工具已经普及化、民用化。换句话说,会玩自拍,会发朋友圈的就已经具备了复合型人力的基础。

同时,现在手机上也有众多工具类的APP,可以辅助我们进行拍摄制作,借助这些工具,没有多少拍摄经验的自媒体人,也可以制作出让干了十年、二十年的摄像师目瞪口呆的片子。借助这些全新的科技手段,融媒体中心可以快速实现高水平的生产制作。

所以,在现在的实际情况下,借助模板、新工具等先培养出“能”的人力,之后再借助生产经验,去提升业务能力。

总之,制造出“四能人力”不难,难的是“四能人力”如何生产出有传播力、影响力的内容!这就需要系统的、长期的学习与实践了。

三、你真的了解 APP 吗

目前，国家在全力推进县级媒体融合，而在融媒体中心建设中，有很多绕不开的话题，APP 便是其中之一。

不得不说，APP 这种应用程序对于广电来说至关重要，是融媒体中心不可或缺的“配置”。但是，你真的了解 APP 到底是什么吗？真的会有效使用吗？

据了解，大部分广电人对它的认知停留在“一款很互联网的产品”“很烧钱”，那我们就来聊一聊 APP。

如果把互联网比作一条街，那么 APP 就是开在这条街上的店。一条街上的店，可以有建设过亿的五星级酒店，也可以是投资几万元的早餐馆，淘宝这样的巨无霸也不过就是一个 APP，几个菜鸟级程序员写几个晚上的也叫 APP。所以不要一说到 APP 就想到微信这样量级的产品，目前市场上有很多成熟的 APP 配件供应商，如果能合理利用好现有已普及的技术，同样能实现流量聚合的作用。而决定这个 APP 运维费用的更大一部分不是开发，而是流量引发的第三方费用。所以 APP 所花的钱，很大的一部分是水涨船高的第三方费用。如一场直播，如果同时在线一万人与同时在线一百人所产生的费用是截然不同的。

在一个县级融媒体中心投入建设的互联网产品中，笔者建议不要以突破技术为成本，而是应该去了解现有的非常成熟的技术，然后以现有的技术为框架再来设计我们的日常应用，这样就可以很好地控制投入的成本与风险。

当然，像 APP 这样的互联网产品跟我们平日里说的产品还是有本质上的区别的，因为互联网产品是动态的，它会根据网络环境与技术的迭代不断地升级更新，不然，你前面的投入就会变成无用的垃圾。

为什么说 APP 是融媒体中心的“必配”？媒体融合要做的是“融合”，而不是“融化”。如果把自己的媒体“融化”到互联网里，这是极其可怕的，当大家把微博、微信、抖音等作为自己的生产方向时，就会走入“融化”状态，最后变成了内容提供商。

那样，我们拿不到深层数据，也就无法形成用户画像，更无从了解用户习惯，最终会失去核心竞争力和话语权。

所以，广电的融合需要“聚合体”，而 APP 恰好具备了这项功能，把 APP 建设好，把广电在各个媒介上积累出来的传播力和影响力导入“聚合体”。这样，即便广播、电视的传播力弱化了，媒体的影响力与传播价值会在新的聚合体上依然存在。大家对 APP 存在着的印象,就是“烧钱”,是的,它是个烧钱的家伙,因为它不是一个可以一次性投入永久使用的产品。它的建设是动态的,它必须随着网络环境的变化随时更新迭代。但也是可以科学地掌控好它的投入与产出比的,只要你多加学习与了解,真正成为一个互联网工具的驾驭者。

其次,作为一款互联网产品,APP 的互联网属性的确很明显,那就是垂直细分、功能明晰。就像京东就是购物用的,今日头条就是浏览资讯用的。购物就是购物,信息浏览就是信息浏览,社交就是社交,游戏就是游戏。同时,APP 越是垂直细分,它就会越精准。你会发现在互联网的 APP 中,很难出现像“百货大楼”这样的品类,这种综合类的 APP 是很难生存和获得推广的。

几年前我们认为市场上有淘宝,有京东,就再也不需要别的购物网站了,但是今天你会发现,拼多多出现了,它细分了低端购物市场,网易严选也出来了,它细分了高端购物市场。淘宝这样一个庞大的综合购物平台,今天也要面临着被这些精准细分的购物平台细分掉一部分市场。所以说,APP 不是越综合越好,而是越精准越好,越细分越好。

现在融媒体中心建设过程中也遇到这个问题,既要承载政务宣传的功能,比如“新闻+政务”,又要服务对接百姓生活,比如“生活+服务”,又要实现商业价值转化,这就相当于在 APP 上建“百货大楼”,这是很难实现和推广的。这让我们不得不思考另外一个问题,在融媒体中心建设过程当中,只能建设一个 APP 吗?其实,并不是。

APP 的垂直细分的属性,决定了融媒体中心并不是只能建设一个 APP,目前微信上的小程序也是一个不错的流量聚合体,县级融媒体中心是可以同时进行多个聚合体的运营的。

像政务的聚合体专门做好政务,服务的聚合体专门服务好百姓生活,每个聚合体有着清晰的定位和独特的标签,并完成定位领域的服务,从而带来价值。只要合理解决流量聚合体建设的费用和技术问题,合理分工、科学运营,这个事情就可以实现。所以,我认为,未来我们可以突破对流量聚合体认知的局限,在这个方面进行有效尝试。

四、想吃鱼,还是要学会自己去钓

目前,全国有一部分县级融媒体中心开始进入到了改革的下半场。在这个过程当中,你会发现,大家其实对于融媒体中心的下半场建设没有太清晰的方向认知,对这道“菜”并不知道怎么“下筷子”。在和很多县级台进行交流探讨时,我发现,每个地方都有自己的建设模式和一些成绩,但也有困惑,还有一些共性的问题。但有一个问题我认为非常重要，那就是，目前在县级融媒体中心建设过程中，大部分的台首先考虑的是“问政府要多少钱”，通过打申请报告希望市里、县里能给出专项资金，来解决融媒体中心建设的资金投入问题。这个无可厚非，因为“无米不成炊”，但是需要提醒大家的是，千万不能认为融媒体中心建设的未来就是靠财政不停地供养。

媒体融合说到底，它的主导动力之一还是解决传统媒体日益加大的生存危机，通过加速深化改革实现新的效益来源。具体来说，就是形成全新且有效的“造血”系统。以绩效考核为例，大部分广电体系还是沿用之前的绩效考核体系，注重过程考核。我们以一个新闻记者作为分析对象，如果按照之前的绩效考核，他每天跑两条或者三条新闻，完成之后统计到每个月可以拿到多少绩效奖金。

融媒体中心的考核是对结果进行考核，记者完成了一篇稿子，通过融媒体中心进行发布，以这条新闻的传播数据来决定记者的绩效考核。

这个看似简单的转化，其实就是内容生产的本质性变化：以前你只管做产品，现在做产品之外还要考虑产品是不是卖得出去。

所以，对于媒体而言，以前考核的是内容的生产能力，现在还要对内容的传播能力进行考核。这样全新的考核体系靠的依据就是数据，所以数据可以转化成融媒体中心下的任何岗位的考核依据，并形成推动自身系统良性运行的重要力量。

相反，一旦融媒体中心建设对财政拨款产生依赖，遇到困难就不停去要钱，这会破坏自身效益系统的良性重建，包括内容生产提高、队伍建设优化等，也会阻断融媒体中心的“造血”功能。

从另一方面来说，财政拨款启动融媒体中心建设，政府给了钱，这只是给了“一条鱼”，解决了临时“吃鱼”的问题，却没有解决长期“吃鱼”的问题。

所以要“吃鱼”还是要亲手自己去学会“钓鱼”的方法。这个道理有点像帮扶贫困，如果扶贫只是给予，今天给他一点，明天给他一点，这不能解决根本问题，我们只有教他怎么养家糊口，怎么致富，然后给他启动资金，让他能够形成稳定的收入，那么这个贫困户才能真的脱贫。

媒体融合说到底就是为了解决传统广电影响力不够、传播力不足的问题。同时，县级融媒体中心建设也是一项重要的政治任务，这就需要县级广电在融媒体中心建设过程中，协调好社会效益与经济效益的辩证关系。在“引导群众、服务群众”的同时，完成经济效益系统的有效建设与运转，具备“养活自己”的能力，这才是我们需要建设的健康的融媒体中心。

五、部长与台长的那点事

6月上旬在几个县级融媒体中心走了走,发现在建设中有很多值得思考的现象。这一期的凡音说融媒,咱们就聊聊宣传部长与广电台长之间的那点事儿。

自从县级融媒体中心建设在全国快速展开以来,全国一大批广电单位迎来了一阵忙碌,挂牌的挂牌、外出学习的外出学习。各种理论也像雪片一样飘来,几乎每天大家都能看到关于县级融媒体的各种推文。于是,就像一个习武之人,在各种的武功秘籍中遨游,一会儿少林的拳,一会儿武当的腿。一群从来不见在一线走动的融媒专家,一夜之间如雨后春笋般长满了融媒大地。

时间很快,从融媒潮起到今天大半年过去了,出发时的一腔热血开始在广电体制机制的旧疾上出现了疲态,于是,每到一地几乎都会遇上部长催、台长拖的现象。

我们先来分析一下双方的原因。

部长方:

融媒体中心建设越来越得到政府高层的关注,有些地方是市委书记、县委书记亲自挂帅并由地方财政强力注资。这样的天时、地利,是个宣传部长都想干点成绩出来。

台长方:

第一阶段是挂牌与大屏建设,花钱的事当然可以快乐为之。但随着融合的不断深入,开始触及广电原有的机制体制上的老问题,人才进不来,老人出不去;大家手头上的活多了,收入却老不见涨,有些甚至越干越少……

媒体融合需要思维转变、技术支撑、移动优先,而这一切都需要新生力量的加入。同时,还需要各项科学的制度托底,不能实现多劳多得、同工同酬,哪来长久的动力推进?在这么一大堆的问题前,我们的台长变得不那么用力了,因为建设速度加快,只会加剧这些问题的恶化。于是,部长急、台长拖;于是,部长愁、台长忧。

有些地方的宣传部长急得都自己出手了,从融媒学习到融媒理念梳理、从互联网技术到内容生产,把权力当专业,弄得上上下下都很累。

而我们台长在部长这么热情高涨的钻研下,却是能躲则躲,能拖就拖。因为谁当家谁知道柴米油盐贵,电视没人看了、广播没人听了、报纸没人读了,新媒体传播的效果又不如预想中这么强,创收数据又一天不如一天,眼见米缸里都快没米了……

其实啊，两方都没有对错。大家的出发点都是好的，谁不希望加快融媒体中心的建设。只是相互之间少了点实质性的沟通。机制体制的突破需要权力与方法，需要勇气与担当。部长的急不解决问题，台长的拖更不能解决问题。只有各尽所能，各司其职，专业的人来做专业的事，才是解决问题的王道。

首先，要清晰地看到自己目前融媒体中心建设的现状，是处在只挂了块牌子阶段，还是大屏参观用、渠道各干各的面融而内不融的阶段？是已经进入一稿多发、多渠道分发阶段，还是已经实现了移动优先、人力初步复合型阶段？

从组织架构的顶层规划到内容生产流程的底层设计。县级融媒体中心建设绝不是一件一步到位的事，它需要有价值的试错，更需要有担当的领导气魄。方向从来都比努力更重要！在没弄明白县级融媒体中心建设的方向之前，最好还是不要乱冲乱撞，与其做点应付的表面文章，还不如静下心来解决一些推进中的实际问题。从融媒体员工的角度出发，设计出更贴近、更实用的各项制度。

县级融媒体建设不是一个简单的、统一的模式，而是因地制宜、因人而异的百花齐放。只要围绕着“引导群众、服务群众”的八字方针，只要能提高传播力、影响力，就是媒体融合要建设的方向！

六、让一部分人先融起来

伴随着县级融媒体改革进入深水区，那些“发令枪”打响之后，第一批“跑出去”的广电，都普遍遇到了一个相同的问题，就是“外融而内不融”。

要解决这个问题，就要追溯到广电在机制体制上的方方面面了。今天我们就来聊聊融媒体建设中最重要的一个部分：人。大家都知道，全国的县级广电分三种：全额拨款、差额拨款、自收自支。目前，广电中最多的就是差额拨款。广电人力的组成也大致分为三种身份：第一种是在编；第二种是台聘（聘用工）；第三种就是临时工。县级广电人力大致是这样的情况。对于这几类身份的人力我们再逐一做下分析。

首先是在编人员。多年来一直有一个现象，比如，传媒院校有很多成绩优异的学生，毕业后进入县市级广电，一旦融入这套用人体制，他们会很快变得“平庸”。这是为什么呢？我们分析发现，这些人如果是带着编制进来的，那就基本有了身份保护。他们不再担心自己的生存问题，也就是“旱涝保收”了，这样使他们很快进入舒适的“安全区”。对于县市级广电而言，由于本身情况限制，人力学习与交流的机会就比较少。如果再没有提高自己业务能力的自驱力，经年累月，这些优秀“人才”身上的活力会慢慢消失，成为了没什么太大用处的“庸才”。另外一部分是台聘人员或者临时工,因为这部分人往往都是酷爱这个行业才选择进入广电的(当然不排除进广电来混吃等死的一部分关系户),当中不乏业务高手。可这部分人却很难留得住,为什么呢?

因为他们没有编制,所以没有“安全区”,当自身能力培养完成之后,他们会寻求外部发展。当中有很大一部分人因为有能力进入到了编制内,于是,也开始了温水煮青蛙的日子。这样的情况在中国的县级广电系统一直没有得到有效解决。加上,传统广电的人力体制机制长时间以来一直是“只进不出”。也就是,只要这些进来的人不犯大错误,或者说不主动离开,他们是不用担心会离开广电的,这样就产生了大量的人力积压。经年累月,导致我们广电的人力资源出现了人不少,能用的人很少的情况。这样的人力机制就给今天的县级融媒体中心建设带来了巨大的问题。那么,这样的局怎么破?本人提出在县级融媒体中心建设中,让一部分人先“融”起来。

从全国第一批进行县级融媒体中心改革的广电,他们所走过的路及目前面临的困境我们可以看到,在短时间内对整个广电上上下下进行“开膛破肚”的大动作改革,其实对很多台是并不合适的。

就像一个医生,没有全面考量,在手术进行到一半时,才发现里面的问题太多,让他没法再继续手术。这也是导致部分县级融媒体中心建设趋缓或者几近暂停的最主要原因。那么一部分人先融起来的好处是什么呢?

首先是这样不会直接触及广电最深层次的体制机制问题。这次我们和山东临淄台的合作及作为河南项城融媒体中心唯一合作商,就是采取了这种方式。因为年轻人更愿意接受新事物,所以我们先集结台里的85后(今天的90后都快30岁了,广电的年轻人太少,所以选择将范围扩大到85后),通过交流,让他们了解融媒体中心的生产方式和运营方式,让他们自愿报名,来参加“一部分人先融起来”的这个推进动作。我发现他们报名非常踊跃,目前已经超过了50%。

广电人内心其实谁都渴望改变的,包括在台里工作了几十年的老广电人也想变,只是对未知知识的恐惧让大家在改变的时候迈不开第一步。当真正了解新事物之后,会发现“也不过如此”。从报名人员中我们会挑选出十几个人进行融媒体的生产与运营的封闭式集训。经过专业打磨后,这些人会在以后的日子里像种子一样被撒回融媒体中心建设的部门和环节中去,在日常工作中发芽,并起到裂变的作用,去影响与渗透其他的广电人。这种方式最大的优势,是让融合有一个缓冲的过程。改革一定是痛的,但也要讲求方式方法。“一部分人先融起来”让传统广电人有了一个适应的过程,在循序渐进中实现融媒体人才的转化。不过，这里还要着重强调的是，在融媒体建设过程中以及今后的整体运营过程里，老广电人都是个“宝”。长期的政治敏感度培养，使他们在导向把握上具备年轻广电人无法比拟的优势，在思维转化之后，他们可以焕发出更为强大的热情和能量。像内容审核、导向把关、选题判定等融媒体中心的一些重大的工作节点上，只有老广电人才能非常精准地把握。换句话来说，县级融媒体中心改革不是让那些老人走开，而是必须把他们融进来。

所以，我们人力分配的原则是年轻人干“重”的活，老广电人干“重要”的活。让一部分人先融起来，再取得县级融媒体中心建设的全面升级。最终实现同工同酬、多劳多得的机制体制上的突破！

七、移动优先，你移得动吗

县级融媒体中心建设中的移动优先是大家经常讨论到的一个话题，今天的凡音说融媒咱们就来聊聊这个话题。

首先我们要先弄清楚，什么是移动优先。从字面直接理解，就是借助无线网络的通讯与传播技术，提高我们在传播生产中的速度与效率。现在的网络信息传播速度之快，超出我们的想象。家里装个摄像头，前脚人刚进门，几秒钟内录制的画面已经传输到你手机客户端上了。百度的李彦宏被浇在头上的水还没干，全国人民都知道有这么回事了。

再来看我们的电视生产过程，从接到新闻爆料到派出记者，再到扛着摄像机到现场拍摄，再赶回台里整理素材及文字，再后期制作，再由监制审核，最后到播出。

这样的生产流程，黄花菜都凉了好几回了。试问大家，现在的我们还有几个人的新闻是通过观看电视获取的。再加上我们的线性播出，没到这个点你还看不到，到了这个点，还得你刚好在看电视，更要命的是，你还得刚好在看我们的频道。所以，传统的电视节目无人问津是必然现象。更何况一个县级电视台生产的节目内容，从选题到质量更无法产生足够的传播力与影响力。要想做到速度与质量同步提升，恐怕不是喊喊口号就能实现的了。这个时代的内容生产，是一个要求速度与质量一样重要的时代。解决移动优先首先是解决人的思维移动化。重构我们的生产流程是最重要的，如何将速度与内容并存，如何在生产规则的范围内移动最大化，是我们要去思考并改进的。所以，每一个融媒体中心人员的时间管理，是急需研究的一个命题。

如果还是到了办公室先泡茶再想今天做些什么事，那就谈不上移动优先了。广电升级为融媒体中心，从某种意义上来说，就已经将自己放入了互联网公司的行列。那么相对应的工作时间、工作标准、工作要求等都需要发生变化,简单的朝九晚五是无法满足融媒生产要求的。互联网思维下的第一条件就是一切从用户需求出发,而用户需求不是只在上班时间内才产生的,所以融媒体中心的工作就得与生活无缝链接了。

记得一位在阿里工作的老友告诉我,难得年休假陪家人孩子去海南度个年休假,身体是坐在了美丽的沙滩上,但手上的活没休假,通过手机,各种文件的处理,各种事件的沟通……回来后的他一声感叹,干了互联网这一行,再美的假期,也都只是换了一个地方上网而已。

今天的融媒建设要想真正做到引导群众、服务群众,恐怕也是这样的一种状态才是工作常态。

移动优先中解决设备移动也是当务之急,目前市面上有一堆移动的影像设备,口袋灵眸、三轴稳定器、大疆飞行器、华为 P30 等,这些设备的价格一般都只是我们传统广电拍摄设备的十分之一或二十分之一。拍摄出来的质量已经不亚于我们的摄像机。

今天广电遇上的窘境跟影像设备的民用化也是有一定关联的。想当年,咱们广电风光的时候,没几户人家有摄像机,连照相机也少得可怜。可如今,手机在手,人人都是照相机、摄像机,还随身携带,手不离机。加上 APP 里铺天盖地的影像、图文处理类工具,是个爱好者都能捣鼓几个短微视频出来。更可怕的是类似于抖音的出现,模板式、傻瓜式制作方式彻底手撕了我们广电原先独有的影像技术含量。15 秒就能制造出一个精彩的产品还自带人人都爱得要死的美颜功能。这是完全超乎我们广电专业影像工作人员想象的。这跟当年微博出现的时候,很多玩博客的人一下子傻眼了一样,140 个字是极限,怎么可能写出精彩的文章?但结果却就是这样的规则替代并淘汰了很多这个行业的人。这就是神奇的互联网,这就是残酷的互联网!

所以,要想提升融媒体中心人员的移动生产,除了移动硬件的投入,还要有移动生产软件的投入,大量的互联网影像处理 APP 的会员费都是不高的,从几十元到几百元。可就是有很多的广电单位在这方面的投入少得可怜,甚至可以说很吝啬。想想广电的设备房里那一堆当年所向披靡的“垃圾”,那才叫一个心疼啊!设备移动了、软件移动了、思维移动了,但如果工作制度不配套,干多干少一个样、干快干慢一个样,县级融媒体中心建设中的移动优先,移得动才怪!

八、作品、产品、快消品

县级广电升级为县级融媒体中心之后,就不仅仅是一个名称上的改变了,有很多理念、机制体制、心态、工作流程等都要跟着发生变化。今天的凡音说融媒就跟大家聊聊，在融媒生产中的作品与产品与快消品的概念与区别，希望能给大家带来一些启发。

自从各地建立了县级融媒体中心以来，大家首先遇到的巨大问题就是人力。人不够用是各部门在会议上跟主管领导喊得最多的一件事。各种新媒介的通道打开了，各种活动跟进了，活自然要比以前的广电多多了。甚至自很多融媒中心成立以来，广电的弟兄们都很久没见过周末长啥样了，大家都连轴在转。但人力短缺的现象还是没有很好地改变。看看每家广电花名册上的名字都不少，但可用的人是真少。想要招人吧，现有的各种招聘条件又很难吸引适用的人才进来。就算招进来了，台长又发愁了，米缸里的米本来就不多，又新增人力开支，真是进退两难。在这样的情况下，要做的恐怕不是尽快地招聘到适用的人力。对现有人力进行升级改造其实要比招兵买马更实际些。班子坐下来，好好研究一下现有的人力中还有哪些值得改造与升级的，再重新排兵布阵，才是解决人力短缺的当务之急。

在目前县级广电的困境下，还能留下来在单位按部就班的工作人力有以下几种心态的分布。

一、混日子型。在单位都这么多年了，只要单位还在，他们就一直守着，能守一年是一年。

二、里外都占型。凭自己的人脉与手头的岗位技术，在外接点私活，开个小主持人培训班，每个月红白喜事来几场贴补家用的大有人在。单位里的事只要能交差，以不出问题为标准，能应付则应付。这些人还有一个很充分的理由，单位里就这点收入，再不出去赚一点，怎么过日子。话是没错，可也得想想如果广电人都这么干，单位还能有啥未来。

三、观望型。这边干着，外面看着，人脉跑着，一旦时机成熟就逃离广电。这样四分五裂的价值观组成的一支队伍能打胜仗才怪！陈旧的工作流程是导致人力不够的一个关键问题。

广电是升级到融媒体中心了，可我们的生产流程还是老一套，组织架构还是十年前的，各种制度都还是停留在“解放前”，怎么可以带动新的生产力与生产效率。就拿我们合作的河南项城融媒体中心来说，短短的一年多时间里，光组织架构的调整就好几轮了。互联网唯一不变的就是变化，不停地变化。如果你还抱着以不变应万变的思维方式，被淘汰的当然就是你！

扯回到今天的话题：作品、产品、快消品。广电人习惯了生产作品，每一帧都想精益求精。当然认真的工作态度是值得提倡的，但也要想想移动优先的融媒，很多时候需要的是快消品。不是每一次推送都能成为作品的，也不是每一次推送都需要作品的。拿我们区域媒体的微信平台的推送来说，发布一天后基本上就带动不了太多的阅读量了，能反复阅读的内容其实少之又少。所以，我们更应该在“快”这个字上下功夫，设计出最优化的生产流程，在导向精准、内容健康的前提下，实现时间上的最短生产过程，才能突破传播力与影响力不足的困局。当然，像参评评优的作品，是要精细化劳作，容不得半点快消性。听众、观众即是用户，收听、收看就是体验。既然我们需要通过创收来养活自己，自然不能忘了产品。满足甲方需求，提高甲方满意度，才是我们需要做到的。越来越多的广告不再是传统的硬广了，要花心思，想创意，才能对得起我们的广告金主。越来越多的商家放弃了我们的广告，是因为我们无法对广告结果负责。

只管播出、不管结果的商业模式正在被越来越多的人放弃，这方面的思考与尝试，也是我们需要去试错与改良的。最后想说的是，不要逃避越来越低的电视开机率，顺势调整姿态，全面向互联网传播进发，占领小屏才是方向。这是一个适者生存的媒体时代，全力打造我们的传播力与影响力，才能成为真正的县级融媒体中心！

九、阅读者即是生产者

对一个县级融媒体中心来说，最大的一个建设环节，就是如何解决新闻线索的来源。广电传统的做法无非以下几个渠道：

1. 通过记者多年的人脉积累，形成自己的本地供稿源；
2. 开通热线电话或微信平台端的爆料；
3. APP或小程序端设立爆料板块；
4. 相关部门提供的新闻源，如会议、事件等。

对一个县级的媒体来说，通过以上的渠道，每日获得的新闻源数量是极其有限的。那么如何在融媒体中心的运营下建设出一个更有效、更科学的新闻池，这是非常重要的一件事。只有在充足的新闻源下，生产才能有所选择，只有在充足的选择下才能制造出有传播力的内容。

除了以上的这些传统的渠道外，河南项城融媒体中心的一种做法值得大家借鉴。

当初在建设项城融媒内容生产时，我们也遇到了同样的一个问题，就是新闻线索的有限限制了内容的生产。于是，我们尝试将记者进驻到当地政务、社团等单位的工作群中。在微信普及的今天，一个普通人的微信上都有10个以上的微信群。相比互联网上的各种发布渠道，如果把互联网上的各种交互空间比喻为一座城的话，那些无孔不入、无处不在的微信群就是这座城的地下工程。它们像一个神经系统一般，密密麻麻地分布在各个角落。

我们的记者通过分组分片，分头进驻到这些微信群里，通过实时的阅读与分析，在上千个微信群里理出大量的新闻线索，从而为每天的融媒生产提供大量有价值的新闻线索。当然，这些动作是需要一定的行政命令支持的。同时，也需要大家对融媒记者入驻的理解与支持。当然，这只是项城融媒的一种适合他们自己的方法，除此之外，还有没有更好的路径呢？有，那就是如何实现阅读者即是生产者！阅读者即是生产者，是典型的互联网思维的一种体现。号称 6 亿人都在玩的快手，还有人人都在抖的抖音，都是阅读者即是生产者的经典案例。早年的博客还有现在的微博；微信里的朋友圈、公众号，都是阅读者即是生产者的老司机。你想，腾讯提供了什么？平台！平台上的内容哪里来的？不都是千家万户的内容生产者完成的吗？微博做了什么？只是提供了 140 字加图片视频的发布平台，成千上万的阅读者都变成了生产者；快手、抖音如此，今日头条也是如此。一个县级融媒体中心更该如此！

在小的县级城市也都是几十万的人口，只要我们制作出有共鸣、有模板的互动主题，就会有源源不断的内容被广大的、充满智慧的人民群众生产出来，《给城市一个笑容》《给爸妈合张影》《晒晒你餐桌上的美食》《你抬头的那片天》《城市不文明你来拍》《70 周年祖国美》，只要你制造出强交互的模板，大家就会跟你一起玩。既丰富了内容，又增强了黏合；既实现了贴地飞行，又弘扬了主旋律。

发现力大于创造力，很多脑洞大开的创意，只要你多浏览、勤发现。适合本土温度、湿度的点子只要稍做修正，就可以拿来落地开花。县级融媒体中心的创意与策划能力，只有通过不停学习与发现，才能有一天实现从复制到创造的提升。媒体融合不是简单地将媒介通道集结，而是打造平台！

只有用心、用力打造平台，才能提升媒体的传播力与影响力，真正实现引导群众、服务群众的融合价值！

新泰市广播电视台:弘扬主旋律,服务大发展

新泰市人民广播电台、新泰电视台自1987年7月1日正式开播以来,经历了从小到大、由弱到强的蜕变。2008年新领导班子上任后,牢固树立"团结、包容、实干、提能、创新、创先"的工作理念,培养和锻造出了一支高素质、高技能、业务好的广播电视和谐团队,使软硬件设施得到了前所未有的发展和提升。新泰市广播电视台逐渐被打造成全省综合实力名列前茅的县级媒体,并成为全省乃至全国县级广播电视台学习标杆。

新泰市广播电视台现有干部职工240人,其中高级职称1人,副高级职称24人,中级职称55人,初级职称108人,党员102人。目前设有"新泰新闻综合""新泰乡村"两个电视频道和调频89.6兆赫广播频道。自办《新泰新闻》《民生在线》《关注60分》《天下新泰人》《乡村故事会》《艺海寻踪》《广电大舞台》《快乐集结号》等36个新闻、专题、信息、娱乐类栏目,广播电视综合覆盖率100%。先后荣获全国巾帼文明岗、全国县级广播电视系统十佳广播电台、全国县级广播电视系统十佳电视台、全国县级广播电视系统百家先进局(台)、省级文明单位、首届全省县级广播电视系统十佳广播电视台、山东省县级广播电视系统优秀广播电视台、"2018年山东省县级广电融媒体主流影响力奖"、"改革开放四十年全国百佳县级广播电视台"第十位等荣誉。对山东广播电视台发稿成绩突出,全省广播电台供稿实现一等奖第一名五连冠,全省新媒体宣传实现一等奖第一名两连冠,全省电视宣传实现连续两年一等奖。2019年荣获"山东省广告优秀播出机构"荣誉称号。

2016年11月,台长葛涛被推选为中国记协第九届理事会理事,作为全国县级媒体的唯一代表,11月7日在北京人民大会堂金色大厅受到习近平等党和国家领导人的亲切接见。

近年来,新泰市广播电视台牢牢把握新闻立台、服务强台的发展方向,围绕中心、服务大局,弘扬主旋律、传播正能量,全面推进适应县级融媒体发展的内部机制体制建设,提高媒体融合水平,不断改进新闻报道方式和手段,提高舆论引导能力,在新泰形成了主流媒体强势引导舆论的良好舆论生态环境。

2015年5月18日,杞人优添网——新泰市广播电视台综合门户网站建成并开通,这是新泰市广播电视台主动适应广播电视工作新常态,顺应传统媒体与新媒体融合发展新趋势,在现有市政务网大平台的基础上,投资120余万元自建的新媒体网络平台。新泰市广播电视台通过与齐鲁网专业团队的多次洽谈商榷,实现了与齐鲁网互融互通,信息、资源、技术共享。网站包括杞人优添网PC终端、掌上新泰手机客户端及微信公众平台。“两端一平台”体现了“融媒体”的发展理念,拓宽了传播渠道,能够满足不同受众的多元化、个性化需求。网站年浏览量已超过800万人次,为老百姓搭建了良好的服务平台。“新泰广电”“新泰视听”微信平台年点击量已达千万人次,发布各类信息两万余条。借助网站平台对开展的活动集中报道,做到了“线上活动有平台,线下演出有舞台”。

2017年,新泰市广播电视台报送的“数字高清节目制播网及融媒体平台建设”项目被评为山东省新闻出版广播影视产业重点项目。他们先后争取到中央资金200万元以及新泰市财政投资600万元,对现有的标清数字设备进行高清数字化改造升级,演、播、编、存管等设备全部实现了高清化,与省级电台及中央电视台的制播设备全面进行匹配,实现高清电视节目的交流互通,并建成了适合自己需求的轻融媒体汇聚、生产、发布平台。

2018年,新泰市广播电视台投资100万元实施广播设备数字化升级达标项目,升级配套微信、手机端移动直播设备。

目前,新泰市广播电视台投资近600万元,改建了面积450平米的新泰市融媒体中心生产调度指挥大厅,已建成并投入使用。与山东省广播电视台融媒体中心合作,利用其先进技术系统,采用本地部署和云端融合的模式,建设统一的县级融媒体生产调度指挥平台,并实现了与省融媒体平台的深度融合。整合广播、电视、报纸、杞人优添网、微信公众号、政务网站等业务,打通策、采、编、发、评全流程,实现“一次采集,多种生成,全媒传播”,极大提升了主流媒体的生产效率和舆论影响力。

后 记

本书组稿与成书过程中得到中视协县市委员会周绍成会长、张崇秘书长，中广联县市委员会陈少东会长、蔡小东秘书长，中国广电实战专家团高勇总监和山东新泰广播电视台葛涛台长的大力支持和宝贵帮助，谨致真挚谢意。同时还要感谢浙江大学出版社李海燕编辑，没有她的努力，本书呈现在大家面前是不可能的。

融合传播在中国市县的探索与实践，路还正长，我们将一如既往，竭尽所能，创造条件，搭建平台，开展交流，拓展视域，推动变革，也期待继续得到全国县市媒体同志们的厚爱与支持。

编者

2019 年 9 月 30 日